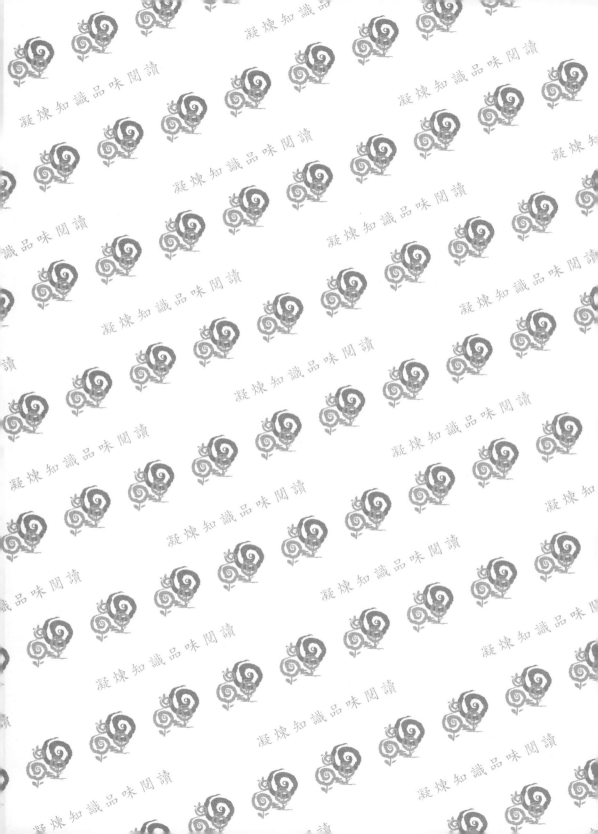

政府
資料治理

理論建構與個案演練

朱斌妤、陳敦源、黃東益、蕭乃沂、廖興中、曾憲立、黃妍甄　主編群

五南圖書出版公司 印行

推薦序

資料治理有智，數據公益有理

數位發展部部長 唐鳳

　　本書是繼《政府數位轉型：一本必讀的入門書》之後，數位治理學界與實務界再次攜手共創的智慧結晶。這次作者群聚焦於「政府資料治理」，再度展現出深厚的專業素養。

　　如果把數位轉型比擬為工業革命，資料正是轉動時代巨輪的新能源；也如能源的開發與運用，攸關產業發展的成敗一樣，資料治理可謂數位轉型的關鍵基石。

　　今日，隨著影音及語言模型的普及，舉凡翻譯、客服、行銷、創作等各行各業，都受到生成技術的衝擊。猶如精煉技術的躍升，讓化石燃料擺脫點燈取暖等原始用途，不但煉製出陸海空載具的強大動力，更產生無數塑化產品，進入食衣住行育樂各個生活層面；基礎模型（foundation models）的盛行，促使全球爭相投入資料的應用發展，揮灑出無窮無盡的創意。

　　然而，正如石化產品引發氣候危機與生態浩劫，以致追求潔淨能源成為世紀挑戰；基礎模型從訓練到應用都與巨量資料息息相關，如果沒有良善的治理基礎，數位生態浩劫可說是迫在眉睫，眼前的互動深偽詐騙只是冰山一角。

　　有幸的是，國際間正高度關注治理議題，期待法制倫理與技術齊頭並進。今年 4 月底在日本舉辦的七大工業國（G7）數位技術部長會議，即發表聯合聲明，宣示將促進「以人為本」的公益價值，反對威脅民主、自由、人權的不當應用。聲明呼應了《民主峰會宣言》與《未來網際網路宣言》的精神，指出建構「數據自由流通可信」（data free flow with trust, DFFT）的機制，是跨境協作的首要之務。

換句話說，面對基礎模型等快速發展的技術，即便對人權與民主的侵害存有疑慮，「自由流通」仍然是跨境資料治理的首要價值，而非深溝高壘地打造孤島，更不會返祖地透過政府監管，一昧拒卻數據流通，讓先進國家變成「先禁」國家。

　　聲明提出的「運用創新機會」、「法治」、「正當程序」、「民主主義」、「尊重人權」五大原則，一言以蔽之，就是「以人為本」──堅定捍衛個人作為資料主體的價值與保障。如同家喻戶曉的寓言故事，各國政府如果不能誠懇面對遺落的鐵斧頭，也就不可能得到金銀斧頭的獎賞。

　　數位發展部在各界期待下成立，肩負「政府數位服務、資料治理與開放」使命。作為法制與倫理規範的輔佐，我們推動隱私強化技術（PETs）、積極輔導電商及物流業者導入，正是為了降低個資外洩的風險。

　　而觀察國際趨勢，歐盟近來提倡透過隱私強化處理，主動將高應用價值的資料，轉化為無涉個資的資料（即「數據」，non-personal data），以促進各界應用、創造公共利益。

　　以我國而言，舉凡氣候環境、災害防救、交通運輸、健康醫療、能源管理、社會救助等公益應用，在 data.gov.tw 平臺上都有對應的「高應用價值」主題，啟發源源不絕的創新方案。過去十年，平臺吸引了 1 億 1,300 萬次瀏覽、下載超過 1,900 萬次，更透過「總統盃黑客松」等活動，成為全民共創的實踐。

　　換言之，本書引述的「石油論」怕只說對了一半；石油與礦產是競爭財，然而數據正好相反，具備「非排他性」和「非競爭性」，在健全法制與隱私強化技術打造的治理環境下，更能發揮「反競爭財」（anti-rival good）的特性：愈分享價值愈高，對個人和世界都有貢獻。

　　也就是說，只有在自由流通的可信環境裡，歐盟《資料治理

法》（*Data Governance Act, DGA*）提出的「數據公益」（data altruism）理念，才有落實的可能：由各方持有者自願提供數據，帶動社會發展，提升公共服務品質。

　　隨著基礎模型普及，本書第十章「資料民主化」的願景即將實現，每個人都可望成為生產者和使用者，「資料治理」也一躍成為數位發展的核心議題。相信本書的出版，必定能引領各界，讓資料治理有智有理——惟有集眾人之智，才能連結彼此、促成良善的共創協作關係，成眾人之事，實現有理有節的「數據公益」。是為序。

推薦序

行政院人事行政總處人事長 蘇俊榮

2022 年 11 月底，ChatGPT 面世，在兩個月內吸引了超過 1 億人使用，帶起勢不可當的狂潮。雖然以 AI 技術發展進程而言，ChatGPT 當時只是多前進了一小步，但是這一小步為世界帶來無盡可能：有些人討論著各種運用和「咏唱」的可能性，編織起無限的想像；也有些人懷疑著，擔憂著人類是否即將被 AI 給取代，甚至主宰。無論樂觀或悲觀、保守或激進，不可否認地，科技的發展，正在以無與倫比的速度帶著我們向前，無論是主動躍進或是被被動牽引。

然而，我們也需要明白，成就 AI 如此強大的基礎，「資料」是必要的。如同人類需要透過經驗學習累積知識、養成技能，AI，或者是演算法，如果沒有資料輸入，其本身就只是作為「工具」的意義存在，無法成就「價值」。如果接收的是錯誤不全的資料，也只會 garbage in, garbage out，產出無意義的結果。「資料」是重要的，從過去到現在都是。過去，政府機關、私人企業需要保存資料，以備業務需要時查證考據。現在，政府機關、私人企業需要保存資料，是因為透過資料的發掘，可以更客觀地瞭解過去，改善現況，有時甚至能夠洞察先機。甚至我們可以說，「資料」的價值，遠比過去所想像重要得多！關於這件事，善於盜取機密、竊賣個資的間諜、駭客，可是早就清楚得很！

二十多年前起，財政部陸續推動電子發票及網路報稅系統，就是從規劃、取得、處理、分析、保存到分享，讓資料走出檔案室的深宮秘院、步上雲端，透過積極建立跨單位、跨機關的橫向連結，充分運用政府資料，提供民眾更好、更便捷的服務，創造更多公共

價值。如今，公部門數據分析應用當道，業界更是毋庸多提，早已先行在前。那麼當新的時代來臨，大家都在摩拳擦掌、躍躍欲試時，難道說，只要 say yes 就能從此一切順利、幸福美滿？究竟，需要什麼樣的認知和準備？

本書從資料生命週期的觀點切入，結合國內及歐美國家的管理實況，從策略面、管理面、技術面和法律面帶領著讀者思考資料治理的本質，以及公部門資料治理的現狀、所面臨的挑戰和可能的方向。除此之外，亦納入了健保署、交通部、雙北、高雄等中央與地方、行政與醫療、服務與執法等不同面向的實務案例。透過結合理論和實踐個案的探討，相信將有助讀者對「政府資料治理」，描繪出更具體、清晰的輪廓。

編者序

資料治理，政府數位轉型的絕對必要基礎建設！

主編群

朱斌妤、陳敦源、黃東益、蕭乃沂、廖興中、曾憲立、黃妍甄

「資料是人工智慧發展的營養，
當人工智慧只能吃垃圾食物時，別期待它會有優質的表現。」
——馬修・艾馬瑞克；美國籍資料品質分析師 [1]

資料是什麼？一個尋找理論與實務知識進化的基準點（datum）

很多人可能不知道，英文的 "data" 是一個複數形式，它的單數形是 "datum"，這個字來自拉丁文 *datum*，其意義是「一個既存的基礎」（a given），它可以是一組不能隨意修改的標準，或是人類之間進行知識溝通時大家所同意的資訊基礎。比方說，文藝復興時代藝術家畫透視圖時會先畫出兩條「基準線」（datum line），就是這個意思；另外，在工程領域，所謂「工程基準」（an engineering datum），意指在幾何學的框架中，先設定一組基準點或架構，以利於工程師在開發物件時進行測量或評估的標準；甚至在 20 世紀上半葉，當時科學管理的風潮正夯，社會科學領域意圖向自然科學看齊，希望可以為自己領域找出類似自然科學學者溝通研究內涵時之一組屬於社會科學知識領域的「基準焦點」（primary datum; Bloch, 1943），作為知識進步的基礎；從上述所謂資料的語意考究之後，我們可以看見在知識發展的過程中，資料不只是一

---

[1] 原文如下："Data is the nutrition of artificial intelligence. When an AI eats junk food, it's not going to perform very well," by Matthew Emerick.

組被機器儲存的數字，而是隱含了人類知能進化的奧祕。

　　早在這一波 1990 年代末期因數位化快速進展而出現的大數據（big data）風潮之前，美國政府在 1970 年代就已經意識到政府當中儲存的大量資料，除了放在倉庫裡當作檔案之外，應該可以經過整理對於政府公共政策決策進行「事實的服務」（fact service; Wood, 1977: 33），它是政府資訊機構除了蒐集與儲存資料外，應用資料提供政府政策制定時「答案服務」（answering service），很明顯地，這是一種政府內部的幕僚服務，其目乃是經過系統性應用政府的資料，用以增加政府決策的客觀性的價值，以期能夠平衡公共決策時單單以政治權力競逐為決策的考量，如此才能真正處理棘手的公共問題；事實上，那時的有識之士早已看見，這將會是影響並且改變政府結構、過程與任務的一項不折不扣的「資料革命」（Shuman, 1975），這個預言在 1990 年代因為儲存科技的不斷精進、個人裝置的普及化以及運算能力的不斷突破下，資料革命重新以「大數據」之名，而真正降臨到人間。

人與資料之一：懷疑是智能的開端？（Wonder is the beginning of wisdom.）

　　21 世紀資通訊科技快速發展下，深深影響人類社會未來各個層面的福祉，政府高唱「數位轉型」（digital transformation）之下，一方面，不論政府想要追求什麼新興資通訊科技的做法，手中資料的良窳是數位創新成功與否的關鍵，英國政府資訊辦公室於 2020 年出版了一本名為《公部門 AI 應用指引手冊》（*A Guide to Using Artificial Intelligence in the Public Sector*）中，開宗明義就提出，AI 看似萬能，但卻無法在缺乏「量大、相關且質精的資料」（without a large quantity of relevant, high quality data; p. 10）下好好發揮；另一方面，當資料被政府用來推行疾病偵測、政治課責、新聞傳播、學術發表、競爭標準、犯罪防治等各方實務應用時，人

類當然不會只是接受資料控制，像是一個服膺廣博理性假設下的「理性笨蛋」（Sen, 1977）而已，相反地，即便有資料，人們還是會判斷錯誤，或是以隱藏、美化、甚至造假的手法來意圖影響他人。嚴格說起來，炫麗的科技樂觀論，需要扎實的資料治理來避免淪為幻想。

很多討論 AI 應用的科普書籍都會提到一匹名叫漢斯的馬兒，他是 19 世紀末 20 世紀初德國飼主奧斯丁先生（Wilhelm von Osten）的一匹馬，牠因為能在大庭廣眾面前算數而成名，人們不但稱這匹馬

圖 1　聰明的漢斯與牠的主人
資料來源：維基百科。

為「聰明的漢斯」（clever Hans），也對於動物智能的發展充滿期待。奈何一位名叫方格士特（Oskar Pfungst, 1873-1932）的心理學家用證據點出，那匹馬與飼主之間有特殊的暗號連接，因此他認為這不是訓練動物變聰明的技術，而是應該放到馬戲團來取悅觀眾的魔術。準此，政府導入 AI 技術協助治理（比方說，2022 年底面世即爆紅的 ChatGPT），不論是政府官員還是一般民眾，對於整個過程中機器是如何被訓練的認知是空白的，因此我們無法排除爆紅 AI 的戲碼存在被心理學稱為「聰明漢斯效果」（The Clever Hans Effect：意指生物或機器智能現象的成因，可能非自主地來自於其創造者的影響）的可能，而旁觀者無知的肇因之一，正是很少懷疑資料處理過程的黑箱裡到底藏了什麼東西。

人與資料之二：你不知道你無知的事 ？（You Don't Know What You Don't Know）[2]

　　當然，即便前述聰明漢斯的主人有欺騙的意圖，但是當人們將手邊既有的資料餵給機器，希望它們可以學人一樣長大的想法，也有發生無知偏誤的可能；事實上，不論機器學習的場域是在「監督或非監督式」（supervised vs. unsupervised learning）的場域中，為各種物質、生物、甚至人類自己進行分類命名，仍然是非常龐雜與困難的工作，不論是機器學習的監督者或是讓機器自己產生，都會有人類無法察覺的偏誤；這就是為什麼前面提及英國政府 2020 年提出的《公部門 AI 應用指引手冊》中，也有特別提到，政府導入 AI 處理公共事務，應該也像人辦事一樣，需要滿足「可解釋與透明性」（explainability and transparency; p. 12）的公共價值要求，其目的是讓該項含有 AI 輔助的政府服務或管制項目，對利害關係人（stakeholders）來說都應該是輕鬆可知的，這個時候，政府一方面應用手邊的資料協助治理的工作，另一方面要面對利害關係人訂出一套可以讓資料產製與使用過程完全公開之治理資料的行政流程。

　　在機器學習圈一直流傳著一個很有趣的實驗：「哈士奇或野狼」（husky or wolf），它是來自三位美國華盛頓大學（University of Washington）教授的研究（Ribeiro et al., 2016）。他們用非監督的方式訓練一個電腦圖像辨識系統（classifier），目標是分辨照片中的動物是野狼還是哈士奇。他們故意餵給機器的野狼照片的背景都是在雪地，很成功地完成測試後問同學對這個辨識系統的看法，大家看到結果後都表達非常相信 AI 能做這樣的事；當老師使用一

---

2 這兩句話：「懷疑是智能的開端」及「你不知道你無知的事」，都是希臘哲人蘇格拉底（Socrates）的著名金句。

張哈士奇在雪地的照片而 AI
錯誤指認為狼時再提問，同
學仍舊相信這樣的錯誤本來
就是可以被容忍的。不過，
當老師將這個辨識系統到底
是看見什麼畫面做判斷公布
出來時（圖 2），大家才明
白 AI 在有偏誤的資料庫中
做出看似高機率的正確判斷
時之內在邏輯可能根本是錯
的；不過，即便是如此直接

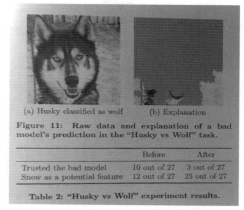

Figure 11: Raw data and explanation of a bad
model's prediction in the "Husky vs Wolf" task.

	Before	After
Trusted the bad model	10 out of 27	3 out of 27
Snow as a potential feature	12 out of 27	25 out of 27

Table 2: "Husky vs Wolf" experiment results.

圖 2　哈士奇或野狼的實驗
圖表來源：Ribeiro et. al (2016: 9).

告知，還是有大約一成的學生仍然相信這個「偏誤」的辨識系統。
因此，面對機器學習，我們不會知道我們無法窺知的機器分類細節
是否是錯誤的。

資料治理：開啓起資通訊科技有效應用的核心管理武器？

　　有趣的是，如果我們把本序一開頭所引用的論述，與前面談到
「聰明的漢斯」及「哈士奇或野狼」的故事連接起來看，政府組織
面對日新月異的資通訊科技發展，不論在人力資源的才能（talent）
還是創新知識的獲取上，都存在明顯的落差，因此，要如何確定漢
斯的主人沒有譁眾取寵、或漢斯吃到的飼料是否能增長智慧的關
鍵，在於政府組織是否能夠從內到外，建構一套嚴謹靈活的資料治
理政策框架；接著再配合上業務專業、資訊科技、財務資源、方案
管理、組織設計，以及績效評估等綜合性的能力，協助組織在「數
位轉型」的大旗下，當資料治理在政府導入各種 AI 工具時，不但
可以知道資料的來源、品質與其限制，還能夠藉由對外公開資料處
理的過程資訊，讓使用者可以迅速找出資料本身、演算法或資料處

理流程中偏誤之所在，當然，正因為政府應用資料的處理過程是可解釋且透明的，受決策影響之利害關係人會因權益被充分保障而信任政府科技應用的相關作為。

本書的出現，剛好是在 2022 年下半年中央政府成立數位發展部之後，除了早已經宣示未來在數位轉型上的政策：「資通安全」、「資訊產業發展」（數位發展部數位產發展署專門負責軟體部分）等大方向之外，臺灣數位治理研究中心藉本書提出「資料治理」當作數發展部另一個業務的重點，以延續過去從政府辦公室自動化、電子化政府，到數位治理的過程中，政府應用資通訊科技推進變革的傳統；當然，這也代表過去十五年間，本中心與政府協力推進各種數位轉型變革經驗累積下的一個綜合性倡議；事實上，正如前述 "data" 的字根意義，資料治理就是政府數位轉型在理論與實務上的「知識基準點」，雖然政府在資料治理的議題上已經零星地推動了開放資料及其相應辦法來回應所面臨的相關問題，而本書希望讓這些回應行動更加系統化，包括資料的法規、資料的跨域協調、資料的生產─保存─銷毀，以及資料庫維持的經費與人才管理，我們認為，資料治理不但是政府走向循證決策的關鍵，也是追求智慧政府的下水道工程。

本書囊括了九位不同領域的學者、七位政府第一線的實務工作者以及兩位實務工作者的集體智慧，以理論、行政、技術與法治的 10 個章節為經，另外以實務的八個個案章節為緯（包括健保、災防等領域），編織出共 16 章近 20 萬字組成的政府數位轉型之知識基準點，其目的有三：其一，如果智慧政府是各國無法回頭的未來政府發展態勢，那推動的公務人員們一定要有「沒有好的資料治理就無法建構智慧政府」的認知；其二，如果資料是未來世界的新能源，政府管理最重要的任務之一，就是推動政府組織新能源的良善開採、精煉與應用的功夫；其三，如果資料治理是政府數位轉型的

核心任務之一，推動的過程需要結合跨領域的知識才能成功落實其良善的本質，綜括來看，本書的基礎框架都在鋪陳在第一章之中，因此，我們強烈建議讀者應先讀完第一章，以便能迅速進入本書對於政府資料治理的論點經緯；最後，我們要感謝本書一年多來的成形過程中參與寫作的實務專家與學校老師們的大力協助，還有黃妍甄博士候選人以及數位治理研究中心相關人員在幕僚作業與聯絡上的幫忙，以及五南圖書劉副總編輯靜芬與其編輯團隊的大力協助，沒有你們本書是無法上市的。

2023 年 3 月 8 日完稿於貓空山下的政治大學

參考文獻

Bloch, H. A. (1943). A Synthetic View of the Social Individual as a Primary Datum in Sociology. *American Sociological Review*, 499-512.

Ribeiro, M. T., Singh, S., & Guestrin, C. (2016, August). "Why Should I Trust You?" Explaining the Predictions of Any Classifier. In *Proceedings of the 22nd ACM SIGKDD International Conference on Knowledge Discovery and Data Mining* (pp. 1135-1144).

Sen, A. K. (1977). Rational Fools: A Critique of the Behavioral Foundations of Economic Theory. *Philosophy & Public Affairs*, 317-344.

Shuman, J. N. (1975) The Data Revolution: Its Policy Implications. *Bulletin of the American Society for Information Science*, *1*(7), 11-12

Wood, B. L. (1977). *Review of Scientific & Technical Numeric Data Base Activities*. NSF Report C-878.

作者群簡介

（按撰寫章節排序）

朱斌妤 國立政治大學公共行政學系特聘教授（**Dr. Pin-Yu Chu**）

美國史丹福大學（Stanford University）工程經濟系統學博士，國立政治大學公共行政學系特聘教授兼數位治理研究中心研究員。主要領域爲數位治理、決策分析、科技管理等；並在 Government Information Quarterly（SSCI）、Technological and Economic Development of Economy（SSCI）、International Journal of Technology Management（SSCI）、Computers in Industry（SSCI）、Omega-International Journal of Management Science（SSCI）、Journal of Global Information Technology Management（SSCI）、Journal of Global Information Management（SSCI）、International Journal of Technology Management（SSCI）、Journal of Management & Organization（SSCI）等國際期刊與調查研究（TSSCI）、公共行政學報（TSSCI）、行政暨政策學報（TSSCI）、管理評論（TSSCI）、中山管理評論（TSSCI）等國內期刊發表相關論文。最新研究包括政府創新數位服務與個人資料應用、資料治理、政府數位轉型政策研析與推動機制。

李洛維 國立政治大學公共行政學系博士候選人（**Luo-Wei Li**）

國立政治大學公共行政學系博士候選人，現服務於臺灣警察專科學校秘書室，並爲該校行政法兼任講師。主要研究領域爲數位治理、量化研究、行政學、行政法、各國人事制度等。

陳敦源 國立政治大學公共行政學系教授（Dr. Don-Yun Chen）

美國羅徹斯特大學（University of Rochester）政治學博士（1997），國立政治大學公共行政學系教授兼數位治理研究中心的研究員。主要領域是民主治理、數位治理、官僚政治、公共政策分析與管理、健保政策等；曾任臺北市政府市政顧問（網路組），臺灣公共行政系所聯合會數位政府委員會召集人，並且協助考試院國官學院開發「智慧政府與數位創新」課程，並在 Public Administration and Development、Government Information Quarterly、Social Science Computer Review、《行政暨政策學報》、《東吳政治學報》、《文官制度季刊》發表相關論文，最新研究包括 AI 與行政組織、公共服務數位沙盒、公務人力的大數據管理等議題。

曾憲立 國立臺南大學行政管理學系助理教授（Dr. Hsien-Lee Tseng）

國立臺南大學行政管理學系助理教授，研究主題爲數位治理相關議題，如開放資料、網路輿情分析、個人資料自主應用、資料治理等。曾擔任交通部開放資料民間諮詢委員、國家文官學院基礎訓練講座、獲教育部數位人文教學計畫補助，有多篇開放政府與數位治理的研究發表於《公共行政學報》、《國土及公共治理季刊》、Journal of Global Information Technology Management 等期刊、研討會文章發表，此外，也關心空氣污染、能源使用等環境永續議題；長期參與民間社群和公部門協作的各項公民參與活動，如零時政府黑客松等。

蕭乃沂 國立政治大學公共行政學系副教授兼主任（Dr. Naiyi HSIAO）

美國紐約州立大學奧本尼校區（State University of New York at

Albany, SUNY-Albany）公共行政學博士（2000），國立政治大學公共行政學系副教授兼主任、數位治理研究中心副主任、臺灣公共事務個案聯盟執行長、中華系統動力學學會理事長，主要研究領域為數位治理、政府資訊管理、系統思考、政策模擬與決策分析。曾任臺灣公共行政與公共事務系所聯合會（TASPAA）數位政府委員會召集人，並協助考試院國家文官學院開發「智慧政府與數位服務」課程。近期研究議題包括政府資料治理（包括 open data、big data、my data）與資料市集、網路輿論立場分析、政府數位發展人才管理與人力職能評估與培訓等。

黃東益 國立政治大學公共行政學系教授（**Dr. Tong-Yi Huang**）

美國德州大學奧斯汀校區（University of Texas at Austin）政府學系博士（1998），國立政治大學公共行政學系教授兼數位治理研究中心（TEG）主任，美國南加州大學數位未來中心（Center for the Digital Future）訪問學者。主要研究領域包含公共審議、數位治理、民主行政、民意調查方法；曾任行政院研考會研考委員、法務部、原住民族委員會及僑務委員會開放資料委員，並在 Public Administration and Development、Social Science Computer Review、The Electronic Journal of E-Government、《臺灣民主季刊》、《東吳政治學報》及《文官制度季刊》發表相關論文，最新相關研究興趣包括開放政府以及數位轉型與新冠疫情等議題。

廖興中 國立政治大學公共行政學系副教授（**Dr. Hsin-Chung Liao**）

美國克里夫蘭州立大學（Cleveland State University）都市研究與公共事務博士，國立政治大學公共行政學系副教授兼數位治理研究中心副主任。主要領域是地理資訊系統運用、空間資料分析、空間統計、醫療資源分配研究、廉政治理等；曾協助考試院國家文官學院

編撰「智慧政府與數位服務」課程，並在 Government Information Quarterly、《公共行政學報》、《行政暨政策學報》發表相關論文，最新研究為數位治理發展程度對 COVID-19 疫苗覆蓋表現的影響。

劉嘉凱 智庫驅動股份有限公司執行長（CEO Chia-Kai Liu）
美國約翰霍普金斯大學國際事務碩士，主要領域是資料治理、資料分析。

戴豪君 世新大學法律學院智慧財產暨傳播科技法律研究所專任副教授（Dr. Hao-Chun Tai）
淡江大學歐洲研究所博士，世新大學法律學院智慧財產暨傳播科技法律研究所專任副教授級專業技術人員兼數位治理研究中心的研究員。主要領域是科技法律與政策、通訊傳播法、電子簽章與電子商務法制、個人資料法制、消費者保護法、電子化政府政策等；曾任行政院研究發展考核委員會副主任委員、資訊工業策進會資訊長與科技法律研究所所長，以及臺北市政府研考會主任秘書。參與推動臺北市公眾無線區域網路委外案，推動政府組織改造，協助機關資訊單位法制化與資訊人員價值提升。在《國土及公共治理季刊》、《臺灣科技法學叢刊》等發表相關論文，最新研究包括法律科技、OTT 法制、開放資料與資料治理法制、個資法與 GDPR、大型數位平臺管制等議題。

張濱璿 臺北醫學大學醫療暨生物科技法律研究所兼任助理教授（Dr. Brian Pin-Hsuan Chang）
國立陽明大學醫學士、國立政治大學法律學碩士，為馬偕兒童醫院小兒腎臟科兼任主治醫師、昶騰法律事務所主持律師，並為臺北醫

學大學醫療暨生物科技法律研究所兼任助理教授、數位治理研究中心研究員。主要專長領域是智慧財產、科技法律、醫事法律、醫藥生技管理與法規、醫療法人與醫事人員管制。曾受衛生福利部、公平交易委員會、勞動部等各部會之委託，進行法規政策研擬及提供專家意見。最新研究包括政府數位轉型、AI、公共服務數位沙盒之相關法規調適策略、緊急醫療救護網與醫事人員管理法規政策研擬、生醫研究規範與生技產品管制等議題。

衛生福利部中央健康保健署

全民健康保險自 1995 年實施，以衛生福利部中央健康保險署為單一保險人，全民納保率達 99.9%，透過 3 萬家西、中、牙醫特約院所提供全體國民全人、全程醫療照護，使臺灣的全民健保成為世界衛生組織倡議全民健康覆蓋（UHC）的優良典範。

陳昭文 高雄醫學大學醫學院醫學系專任副教授（Dr. Chao-Wen Chen）

高雄醫學大學醫學院醫學系醫學士、臺北醫學大學傷害防治學研究所碩士，為高雄醫學大學附設醫院外傷及重症外科主任暨外科加護病房主任，並為高雄醫學大學醫學院醫學系專任副教授。主要專長領域是外傷及重症照護、緊急醫療系統規劃、醫療品質監測及服務設計。

羅凱文 新北市政府消防局大隊長（Fire Battalion Chief Kai-Wen Lo）

國立交通大學經營管理所管理學博士、新北市政府消防局大隊長。主要專長領域是消防指揮體系、災害管理、PMI-ACP®、資通訊產品開發。

饒志堅 內政部統計處處長（**Director Chih-Chien Jao**）

國立中央大學統計研究所碩士，內政部統計處處長。主要專長領域是政府統計。

黃俊銘 行政院環境保護署環境監測及資訊處科長（**Section Chief Chun-Ming Huang**）

東吳大學資訊管理學系碩士，行政院環境保護署環境監測及資訊處科長。主要專長領域是資訊管理、資料科學。

侯勝宗 逢甲大學公共事務與社會創新碩士在職學位學程特聘教授（**Dr. Sheng-Tsung Hou**）

政治大學科技管理博士，逢甲大學公共事務與社會創新碩士在職學位學程特聘教授。主要專長領域是社會創新創業、科技管理、共享經濟。

王穆衡 交通部參事兼科技顧問室與資訊中心主任（**Dr. Muhan Wang**）

逢甲大學交通工程與管理科學系學士、美國西北大學運輸工程學碩士、美國普渡大學運輸工程學博士，為交通部參事兼科技顧問室與資訊中心主任。主要專長領域是智慧運輸、大數據分析應用、交通工程、交通行政。

黃銘材 臺北市政府研究發展考核委員會主任委員（**The Former Chairperson Ming-Tsai Huang**）

銘傳大學公共事務學系碩士，前臺北市政府研究發展考核委員會主任委員。

CONTENTS

PART

理論建構

策略篇

第 1 章

何謂資料治理？

朱斌妤、李洛維

「對面那個人不知道自己唱歌和胖虎沒兩樣嗎？每天晚上 10 點以後就開個人演唱會不煩嗎？政府都不管喔？」

「我只想好好地停個車，為什麼政府不在我家門口設幾個停車格呢？」

「政府要我們多搭乘大眾交通運輸工具，然後公車每天都過站不停，是要我怎麼上班？」

「我一臺幾百萬的超跑，每天開在這個滿是坑洞的馬路上，政府到底有沒有在修路啊？」

身處在這個擁擠的都市，你是否也曾發出過類似的怒吼，認為政府收了人民的稅金卻不知道用到哪去了呢？為了更有效率地解決這些問題，臺北市政府推動數位轉型與行動服務大數據分析，透過 Hello Taipei 單一陳情系統讓各種陳情管道受理的案件得以加速處理，便於民眾隨時查詢案件的辦理情形，同時也將案件內容、類別、受理機關等資料導入大數據平臺，期望達到預警分析與改善決策品質等效益。

然而，在推動數位服務時，也面臨許多讓承辦同仁怒吼的狀況，例如：

「這個陳情人為什麼重複陳情同一件事情啊，明明已

經處理結案了啊？」

　　「這一項陳情案，到底是應該分給工務局處理，還是交通局處理啊？好像跟兩邊的業務都有點關係耶？還是要分給建管處？」

　　「市長一直希望我們針對這些陳情資料進行加值應用，可是有好多資料的欄位民眾都沒有填寫，而且什麼都要去識別化，那這樣分析出來的結果不都是*****嗎……」

　　「陳情人說的這個違建地點在哪，我路痴……」

　　上述問題都牽涉到資料蒐集、分類、分析、保存等工作，本文將逐步帶領讀者瞭解資料治理的概念，在政府部門面對外部民眾的需求，以及內部資訊系統重疊與資料龐雜的雙重夾擊下，所能提供的幫助。

壹、數位治理的發展與資料治理的趨勢

　　由於資通訊科技（information and communication technology, ICT）的進步，社群媒體以及公民社會（civil society）的快速發展，公共政策預應性（proactive）與回應性（responsiveness）的需求日益重要，除了實踐人文社會所強調的公共價值（public values）外，也必須透過循證性（evidence-based）來合理化政策正當性，以因應日益變動的決策環境，並降低決策的不明確性。想要達到這個目的，則必須對於施政背後的證據——**資料**——有一套完整規劃。

　　目前世界各國強調服務型智慧政府，在數位治理（digital governance）為核心概念下，透過巨量資料（big data）來強化循證治理，因之，不論是政務官或是公務人員，都必須吸收創新思維與學習新技術，在制定與執行政策時方能善用科技工具蒐集、分析與應用政府在數位時代所累積的巨量資料。巨量資料的特性包

括資料數量（volume）、速度（velocity）、種類（variety）、價值（value）、變化性（variability）、真實性（veracity）與視覺化（visualization）等 7Vs，[1] 由於資料數量和複雜性正迅速增長，新的資料元素不斷出現且資料來源也日趨複雜，行政部門對於資料的蒐集和操作的難度也相應提升，是以要想實現公共政策預應性、回應性與循證治理所追求的公共價值，便應植基於建構一套資料使用的治理方針，包括完善的資料蒐集、分析、交換、應用等規範，乃至於促進資訊公開、資訊安全以及提升資料品質等工作。

換句話說，資料治理（data governance）的重要性不容忽視。

貳、資料治理的定義與各國政府推動現況

那麼，究竟資料治理是什麼呢？研究機構 Data Governance Institute（DGI）指出，資料治理是組織針對資料相關事務的決策和權責，包括什麼人在什麼情況下，可針對資料使用什麼分析處理方法與採取什麼行動（如散布、保存、刪除等）。[2] 資料治理如果做得好，將能幫助組織創建明確的使命與釐清目標清晰度，進而增加使用組織資料的信心與建立責任感，並確定可衡量的成功（Wende, 2007）。

在企業界，IBM 指出資料治理是對組織所擁有資料的可用性（availability）、關聯性（relevancy）、易用性（usability）、完整性（integrity）及安全性（security）進行整體性的管理，目的在協助組織瞭解資料特性，提升資訊生產力並滿足合規（compliance）需求。Google Cloud 提到，資料治理的目的是確保

---

[1] Understanding the 7 V's of Big Data. Retrieved October 9, 2021, from https://bigdatapath.wordpress.com/2019/11/13/understanding-the-7-vs-of-big-data/.

[2] Data Governance: The Basic Information. Retrieved June 4, 2022, from https://datagovernance.com/the-data-governance-basics/adg-data-governance-basics/.

資料安全、隱私、準確、高度可用且易於使用，其範圍涵蓋人員必須採取的行動與遵循的流程，以及在整個資料生命週期（data life cycle, DLC）中支援所有做法的技術。Google 認為，所有組織都需要進行資料治理，組織也應該將資料視為其價值最高的資產，組織內部中不論是資深管理階層、行銷與銷售人員、採購和供應鏈管理人員乃至於法規監管人員都會有資料治理的需求。[3]

　　除了學術與商業對於資料治理的應用外，資料治理的概念也已在各國的政府機關內發酵，許多政府機關已開始以實際計畫或方案的方式推動資料治理。美國聯邦政府認為，資料治理是組織針對所有業務進行的跨部門協作行動，聚焦於資料的蒐集、儲存、分析、報告等；由於資料的使用對社會、商業和經濟造成重大改變，政府所提供的資料在社會中具有獨特的地位，保持人民對聯邦資料的信任對於民主進程至關重要。因此，美國聯邦資訊長委員會（Federal Chief Information Officers Council）便提出了一套聯邦資料策略，以利用整個聯邦政府資料資產的價值，並保護資料安全、隱私和機密性，為聯邦政府的資料治理提供了更加一致的方法。[4]

　　歐盟執委會（European Commission）為朝向資料驅動型組織（data-driven organization）邁進，透過制定「歐盟執委會資料治理與資料政策」（Data Governance and Data Policies at the European Commission），使其轄下各機構能共同遵循資料管理、資料近用、資料保護、智慧財產權、資訊安全等相關法律與監理要求以改善資料品質，提升資料管理及共享之效率；愛爾蘭政府則指出，資料是政府的核心，可協助政府進行決策與制定政策，因此其

---

[3] What is Data Governance? Retrieved June 3, 2022, from https://cloud.google.com/learn/what-is-data-governance.

[4] Federal Data Strategy. Retrieved June 4, 2022, from https://www.cio.gov/policies-and-priorities/data/.

公共支出與改革部（Department of Public Expenditure and Reform, DPER）於 2019 年藉由資料分享與治理法案來強化政府部門之間資料共享的合法性，並規範資料治理的標準與指導原則，同時也建構了 2019 年至 2023 年的公共服務資料策略來推動更細節性的做法。[5]

　　整合上述產官學的說法，資料治理代表了組織在觀念上應將資料視為資產，在面對資料時所必須進行的一系列管理行動（李洛維、朱斌妤，2021）。要想更進一步說明這個「一系列」的活動究竟包含哪些內涵，就必須先從 DLC 的角度來探討。

　　Microsoft Azure 認為，資料治理可以構建一個協作程序，以連接原本各自為政的業務部門，在 DLC 中打破資料孤島（data silos）的現象，以協助組織確保資料的安全性與有效性；Google Cloud 也提到資料治理是在 DLC 中從取得、使用到處置的資料管理基本原則措施。經濟合作暨發展組織（OECD）在政府資料開放實證研究建議書中指出，政府資料開放必須具備資料價值鏈（value chain）或是生態系統（ecosystem）的思維，涵蓋從資料產製（generation）、資料蒐集（collection）、整合（aggregation）與處理（processing）、資料發布（distribution and delivery）到最終資料利用（final data use）等環節，唯有每一個環節都確實執行，方能創造資料價值（Ubaldi, 2013）。歐盟委員也期望藉由優化資料建立（creation）、蒐集（collection）、取得（acquisition）、存取（access）、利用（use）、處理（processing）、共享（sharing）、保存（preservation）與刪除（deletion）等 DLC 必經

5　Office of the Government Chief Information Officer. Retrieved June 4, 2022, from https://www.ogcio.gov.ie/en/corporate-pages/policy/data-governance/#article-section-data-sharing-and-governance-act-2019.

流程來強化資料治理。[6]

　　以上說法爲當前數位政府治理導入 DLC 的概念，從這個概念來解釋資料治理，最能完整涵蓋上述資料特性並體現資料治理的實務做法。美國地質局（United States Geological Survey, USGS）做得較爲完整，從 DLC 的概念出發，發展出資料規劃（plan）、獲取（acquire）、處理（process）、分析（analyze）、保存（preserve）到發布與分享（publish/share）六個階段，圖 1-1 約略呈現 DLC 各階段所對應的資料治理作爲，其中貫穿 DLC 的四個關鍵行動爲資訊安全、隱私保護、資料品質管理與資料處理紀錄。[7]

圖 1-1　DLC 各階段的技術應用

6　Data Governance and Data Policies at the European Commission. Retrieved June 6, 2022, from https://ec.europa.eu/info/sites/default/files/summary-data-governance-data-policies_en.pdf.

7　The United States Geological Survey Science Data Lifecycle Model. Retrieved June 2, 2022, from https://pubs.er.usgs.gov/publication/ofr20131265.

換句話說，DLC 將資料視為人的一生，資料治理是資料從生（創造、蒐集）到死（儲存、銷毀）之間一系列的活動。回到本文一開始臺北市政府的故事，若想讓推動 Hello Taipei 的過程更加順利，嘗試導入資料治理的概念時就應該注意以下重點：

一、臺北市政府必須思考 Hello Taipei 的政策目標究竟是什麼？透過 DLC 各階段進行整體規劃，盤點整個組織資訊系統間的資料輸入、輸出及整合的狀況，並確定資料使用客群（內部、外部）為何？

二、必須思考 Hello Taipei 所需要的資料（如案件內容、陳情人個資等）如何產生與蒐集？是人工輸入或感測儀器蒐集？蒐集來的資料依格式（如文件檔、影像檔等）需要如何存取、整合、操作與轉換成可用形式？

三、在資料蒐集後，應該如何進行分析、解釋與視覺化及產製出新的分析後資訊（如陳情次數報表、案件地理空間分布圖）？

四、為了資料的長期使用與可得性，在資料處理分析過程中必須隨時進行資料備份，事後也必須考慮這些資料要以何種形式建檔儲存（如傳統硬碟或雲端硬碟）？

五、這些在各週期經過仔細「治理」且符合資安、隱私、品質相關法規與國際規範的資料，是否能以適切的形式分享，供內、外部使用者進行加值應用。

參、資料治理的目標、推動框架與工作範疇

聯合國（United Nations, UN）認為，資料治理的目標在於確保所有資料以及與資料相關的過程都是可信且標準化的。若有良好的資料治理，以資料為基礎的決策就不會因為資料品質不佳、造假、過時以及資安與隱私等問題，使公共利益受到損害。而在政府數位治理中要能推動資料治理，必須藉由政策、組織機構、人員、流程、技術之間良好的動態關係作為基礎。UN 並指出資料治理的

四大支柱，包括：政策與規範（policies and regulations）、國家資料策略與領導（national data strategy and leadership）、資料生態系統（data ecosystem）及資料技術（data technologies）。前兩個支柱代表了政策合法化與制度化對於有效領導的重要性，第三個支柱則反映了資料處理過程和民眾參與的關係，至於第四個支柱強調技術在資料使用與治理中的重要性（UN DESA, 2020）。

從 DLC 的觀點可以發現，資料治理所涵蓋的面向相當廣泛，每個面向也都需要更進一步的深入探究，由於數位科技的進步，也使得資料的真實性、種類、數量、變化等特性難以掌握，也需要極高的資料處理速度與優秀的資料可視化能力來體現其價值。是以如果無法在一開始便針對各種資料建立完整的資料治理計畫或方案，機關後續在推動資料治理時便可能窒礙難行（李洛維、朱斌妤，2021）。

不同的研究嘗試說明推動資料治理應包含哪些工作層面，舉例來說，Profisee（2023）呈現資料治理的 5W（why, what, who, when, where）1H（how）與彼此之間的關係。Sweeney（2019）呈現推動資料治理應該考量的執行管理與操作三個層面，包括：一、策略：包含願景、方向、組織、系統；二、方針過程：包含機關、保證、架構、框架、基礎建設、模型；三、實踐：包含可交付、資料操作、分析、測量、報告、能力、課責制。DGI 認為資料治理的目標主要包括：一、做出更好的決策；二、減少工作上的衝突；三、保護資料利害關係人的需求；四、訓練管理人員和員工採取一樣的做法去處理資料問題；五、建立標準及可重複的流程；六、在協調的過程中，降低成本且增加效能；七、確保過程的透明度等。[8] Van Ooijen 等人（2019）針對公部門加速數位化，提出資料治理的建

8　https://datagovernance.com/the-data-governance-basics/goals-and-principles-for-data-governance/.FHWA。

議，包括：一、策略層：強調願景與領導力；二、戰術層：包含政策／管理與法規面，強調協調一致的執行能力（例如設置不同層級委員會[9]）以及法規條例的制定等；三、傳輸層：包含界定資料價值週期、完備數據基礎建設、訂定資料結構。歐盟執委會則將資料治理分為，一、策略層級（strategic level）：負責處理資料治理與資料政策相關議題與願景；二、管理階層（managerial level）：負責建立並執行資料政策、監督執行進度；三、運作階層（operational level）：藉由資料管理員與資料使用者實際執行資料政策。

我們參考文獻，提出一個資料治理框架，包括：策略層面、資料治理行政與管理核心層面、資料治理推動者層面、資料管理層面與系統技術層面（參見圖1-2），其中：

一、策略層面：組織要有資料治理策略與願景，也應建構可操作化的績效衡量架構，必須涵蓋從投入（例如人力、經費、設備等）到產出（例如應用系統、滿意度）的一系列活動，以達到資料治理中公共治理相關價值，包括效率、效能、透明、信任等。

二、資料治理行政與管理核心層面：行政管理的重點在於執行策略層面之規劃，強調組織當中行政與專案管理中的操作功能與保護，以及資源分配與運用，包含處理歷程、品質與信任、使用權

---

9 為成功推動資料治理制定了一個完整計畫，內容包括政策宣示、訂定資料標準與資料程序。為了達到資料治理目標，美國聯邦公路管理局（Federal Highway Administration, FHWA）更發展了資料治理的組織機制，最核心部分包括：1. 資料治理諮議委員會（data governance advisory council）：負責發展資料治理的架構與計畫，作為制定資料治理方案步驟與流程的基礎；2. 資料治理各部門協作場域（data governance regimes and coordinators）：由12個FHWA內部單位各自負責協調單位內的資料計畫，並確保該資料計畫符合整體架構；3. 個別的資料專家（data stewards）：負責各自監管的資料計畫；4. 技術顧問（data governance technical advisors）：負責提供相關的專業建議。

與所有權、資料管理、詮釋資料，以及隱私與安全等合規議題。

三、資料治理推動者層面：數據治理發展的三大關鍵支柱，包含變更管理和使用者採用人與文化、流程和營運模式、工具與技術。

四、資料管理層面：重視 DLC，包含規劃、獲取、處理、分析、保存、分享以及消除——從創建到結束的不同的階段。

五、系統技術層面：強調資料管理的技術層面，包含對應 DLC 可能的資訊安全、隱私保護、資料品質與資料處理等，相關軟硬體系統與技術的採行、運作與維護。

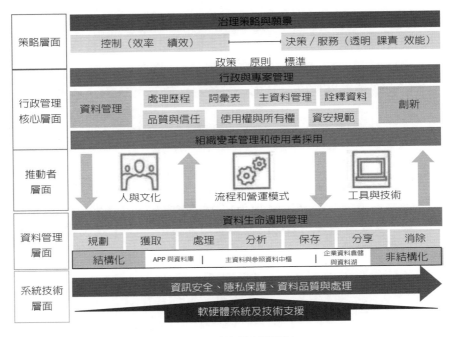

圖 1-2　資料治理框架

肆、我國政府在資料治理的實際操作與思考指引

政府機關推動資料治理的最終目標，在於解決問題並創造公共價值，本書將於後續章節提供八個實際個案，此處先簡單以兩個例子說明政府在實際操作資料治理時的情境。

例一：行政院環境保護署（以下簡稱環保署）為了降低濁水溪流域在汛期可能產生的自然災害，曾於 2012 年至 2015 年推動「濁水溪流域跨域數據整合與流域治理」環境治理專題，藉整合跨局處長期監測所得之環境變數（如土壤含水分與植被等資訊）等相關資料集，經過機器學習與分類後建立預測模型，期望在汛期時輸入實際氣象數據以即時推估出可能的崩塌面積、輸砂量、淤積位置、疏濬潛勢量，並進一步預測土石可能產量與汛期過後之河川揚塵潛勢。

此計畫雖然僅處理單一河川，然而由於河川流經數個縣市，所涉及的資料則包括：風、水、土、氣象等跨機關局處資料，在資料治理上面臨不少挑戰。以資料蒐集來說，部分環境資料受限山區通訊、網路等傳輸困難，影響災害資訊或現場調查資料即時傳輸；災害發生時多尺度影像受天候影響，無法即時拍攝清晰影像；土砂觀測站維運用電、夜間觀測功能等問題，均須逐步克服。在建立分析模型方面，則必須思考大型資料整合處理上可能面對的複雜問題，是以不僅環保署建置資料倉儲（silo），也建立跨領域合作機制，除各局處相關業務單位外，也納入了資訊單位。

例二：創造公共價值的困境，部分在於其很難與商業價值進行比較與衡量。以臺北市在資料收費的議題方面來說，由於法規尚未有明確之資料分類標準，是以各單位所掌握的是否可稱之為「資料」便有待商榷，而資料授權利用的機制不夠完備，也影響到這些資料是否可以開放利用，資料收費的相關標準與規範也不清楚。以上已非資訊局單一機關可以解決的問題，還涉及到法制局、財政局等機關的專業，例如財政局即表示「本府開放資料，查非屬市有財

產自治條例第 3 條市有財產之範疇」，而資訊局則參考國發會「政府資料開放平臺」中的資料收費法源依據，考慮以規費法或規費性質收費辦法進行收費。

　　為了要完成這種府級議題的跨局處資料協調，其首要任務便是進行各機關資料的盤點，並建立共通的資料字典與促進資料管理作業的法制化。臺北市政府設置了資料治理委員會來作為解決這項問題的溝通平臺，其組織包括整合應用工作小組、空間資訊工作小組與個資保護工作小組，負責資料近用創新嘗試、跨局處業務數據匯流、圖資流通規範訂定、個資盤點等工作。該委員會由資訊局的資訊專業進行主導，並借重各業務局處的領域知識，來驅動智慧城市與資料治理，並透過行政規則（如臺北市政府資料整合平臺作業程序、臺北市政府資訊系統發展協同分工作業原則）作為跨局處資料交換機制與配套之指導，以及推動資料管理實施計畫（data management plan, DMP）來建立各局處可操作之資料格式內容之規範。

伍、資料治理面臨的挑戰與未來方向

　　由於公共政策領域對於循證性的需求，加上開放政府、政府開放資料的趨勢，資料的類型與數量在新式科技的進步下，確實帶來突破性的應用，然而政府在倡議資料經濟帶來正面效益的同時，也必須思考如何透過 DLC 的宏觀性、流程性與循環性之角度，在資源緊縮與分配不均的情況下，面對資料治理的複雜性所帶來的諸多挑戰，並思考可能的解決方案。

一、資料治理方向與策略

　　政府機關透過新式科技的協助與巨量資料的累積，以提供相關便捷易用的智慧服務，是當前數位治理的發展趨勢。然而，不論科技如何發展，政府施政的核心應該是提供民眾需要的服務，而不是機關想要提供的服務。如果在設計服務與系統的時候，沒有以使用

者需求爲導向，則系統設計的目的將會受到扭曲，資料治理的功能也無法如預期發揮。因此，政府資料治理應當朝向需求導向發展，除促進對公共部門的課責、提升政府資料的透明度並強化民眾的參與性外，也應加強公民的協作參與，從而推動永續性發展目標的實現。爲達成此目標，政府的資料治理應有完整策略，不僅是開放資料而已，政府重視資料的可獲得性、可靠性、精確度和可用性方法，以確保政府資料治理的品質，並培養公務同仁資料治理的思維與素養，建立政府共用資料的信任，達成以資料驅動提升公共決策品質的目標（李洛維、朱斌妤，2019）。

二、行政管理的挑戰

以組織面來看，資料治理牽涉到機關內部組織設計與作業流程的改變，最初必須思考需要蒐集什麼樣的資料，以及如何加值應用，政府機關仍較僵化，對資料運用的長遠規劃明顯不足；資料治理是一項跨業務／跨機關協力工作，業務單位與資訊單位或不同部會／局處間須有深度互動與整合，囿於本位主義，單位間溝通不足，或是有決策權的高層不一定有資訊專業，是資料治理在推動時的阻礙。舉例而言，在本書後面所介紹的交通部運輸資料流通服務（TDX）裡，交通部雖主導該案，但對不同層級機關間之資料回傳不具有強制力，在資料的獲取上仍處處受限，尚須面對如何讓各機關自動自發地與 TDX 平臺進行資料互惠流通這項挑戰。

內部組織作業規範的不完備，也是公部門資料治理難以落實的原因，在缺乏完整的作業規範下，跨機關的資料交換會面臨個人資料保護的隱私問題，法規未明定資料治理權責也會造成同仁的保守心態。例如內政部於推動長照議題時，需要介接到衛福部的健保資料，其中的高齡者健康狀況與就醫歷史爲判斷是否需要長照的利器，但由於健保病歷資料屬於個人資料保護法第 6 條所列之高敏感性資料，除非有特殊理由，否則不得蒐集、處理或利用。在本書後

續的章節裡，讀者便可看到在法律的限制下，政府機關是如何處理這項挑戰的。

此外，資料治理要能順利推動，在人員的角度就必須考量同仁的資訊素養是否有相應的進步，人力規劃是否有針對政策進行彈性調整，若無，則對機關而言資料治理容易流於形式。再者，任何政策都需要經費的投入，雖然認知到資料治理的重要性並規劃相關政策，但卻並未給予足夠的資源，也會是資料治理在推動時的阻礙。

三、新式科技對個資與隱私的侵犯

透過科技來輔助政府施政已經是無法改變的趨勢，然而政府必須仔細衡量新式科技的運用所帶來的效益，以及可能對個資或隱私所造成的危害之間是否顯失均衡。舉例而言，COVID-19 疫情期間，政府曾經藉由電子圍籬 2.0 來監控居家隔離、檢疫，甚至確診者的足跡，也透過實名制來輔助疫調，雖然政府宣稱這些個人資訊與足跡都僅限於防疫使用，然而卻也難以杜絕在資訊傳遞與保存等過程中被有心人士濫用的疑慮。

因此，政府應擬具相關規範來節制政府與公務同仁在運用資料上的權力，應參考歐盟《一般資料保護規則》（*General Data Protection Regulation*, GDPR）針對個資的處理、傳輸與基本權保護的精神制定相關法令，並納入知情同意、數位倫理、數位人權保障等考量。同時，也可考慮引入資料保護長（data protection officer, DPO）的設計，加上透過各級機關內部行政規則或作業規定，使公務人員推行業務時有所依據。

四、法令限制

目前政府有推動資料治理之決心，在政府資料開放的階段也獲得好成績，然而我國政府資料開放一直以《政府資訊公開法》、《行政院及所屬各級機關政府資料開放作業原則》等行政規則為法律基礎進行運作，雖然有多項單行法令增修納入資料開放規範，然

綜觀歐美資料法制的進展，推動開放資料僅爲第一階段，後續的資料治理更爲關鍵（戴豪君、賴芃聿，2021）。是以，在資料治理的法制面上，有關資料品質、高價值資料集之規範、資料開放、授權與收費、資料治理的組織設計等議題，無論制定資料治理專法與否，都是未來不可迴避的挑戰。

即便目前我國對個資保護與隱私有基本規範，然而某些資料的屬性涉及基本隱私，有時也不如空氣、水文、交通等資料可以很輕易地進行開放及加值運用。我國雖有《個人資料保護法》針對個資加以規範，然而在健保資料方面，基於隱私權及個人資料之自主，民眾並不一定願意提供各自的疾病、病徵做分析，特別是有某些疾病民眾也不願在主管機關追蹤所需要的通報外，讓別人有得知自己罹患這些疾病之可能，這個時候就產生個人隱私權與資料利用的衝突。有關如何針對健保資料庫開放進行人工智慧（AI）運用，在隱私權、知情同意、個人資料保護的努力，於本書後續章節有詳盡的介紹。

五、新式科技下的資安風險

資安問題可簡單分爲內部防護意識不足與外來的惡意攻擊兩方面來討論。內部防護意識方面，自《資通安全管理法》於 2018 年施行後，政府將公務機關及特定非公務機關之資通安全責任等級，由高至低區分爲 A 級至 E 級，以強化公務體系對資安的意識與技術的知覺。然而行政院在 2021 年所公布的近年重大資安事件中，有 15 件來自人爲疏失，只有兩件是駭客入侵。[10]換句話說，當前政府部門所面臨的資安威脅，最大的敵人還是自己。

不過需要特別留意的是，因應 COVID-19 疫情，包含政府與企業在內的眾多組織都採取了遠端辦公模式，以降低群聚與通勤

---

[10] https://www.ithome.com.tw/news/148431。

的風險，這也給了駭客發動惡意攻擊的機會，增加了資安上的挑戰。包括對於居家辦公的工作環境難以管控，以及使用如遠端桌面協議（remote desktop protocol, RDP）等管理工具或虛擬私人網路（virtual private network, VPN）等第三方服務及應用程式，都可能因為資安漏洞而令政府內部資訊暴露於風險之中。

因此，不論政府機關推動任何數位治理的政策，相關電腦設備、系統及操作人員要接觸到資料，都需要經過資訊安全審核把關。為了兼顧資料保護及利用，同時也須符合原始資料不得攜出，用最少提供、最少接觸資料的原則開放利用，才能體現 GDPR 的精神。

六、技術層面的挑戰

最後，在技術層面上資料治理非常講究資料的品質，包括：資料的蒐集與儲存形式、資料交換與介接方式、正確性與即時性等。政府組織複雜龐大的結構和繁瑣的行政程序，使得不同層級和部門的機關相關技術更新的速度參差不齊，資料和資訊系統如何整合、銜接，也成為資料治理的一大課題。

舉例而言，在本書後面的章節將會提到新北市政府消防局的全災型智慧化指揮監控平臺，是整合我國政府目前所管有的各種防救災資料庫至單一平臺，並透過應用程式介面（application programming interface, API）的技術，取出必要的資料集加以整合應用的數位服務。然而，API 雖然解決個別資料庫資料轉換的難題，但由於資料來源不同，時常會發生缺乏 API 使用方式及資料格式的說明、API 資料未即時更新、API 介接狀態不穩定、相同的資料在不同 API 中有不同定義、API 頻繁更新導致對資料庫負擔過大等問題，都是政府推動資料治理在技術層面會面臨的挑戰。

陸、資料治理是政府數位轉型重要基石

　　本文開宗明義闡述資通訊科技不斷進步，社群媒體以及公民社會快速發展，世界各國均強調服務型智慧政府，並以數位治理為核心，強調預應性與回應性公共與服務，更重要的是透過循證性來合理化政策正當性。同時因應 COVID-19 危機，在強調韌性（resilience）治理需求的風潮下，各國政府積極推動數位轉型（digital transformation），然而，政府數位轉型工程耗大，必須要考量經費人力等資源限制，如果沒有正確方向，政府數位轉型只能做到表面功夫，本書《政府資料治理：理論建構與個案演練》在傳達一個核心概念：政府數位轉型是達到「數位治理」這個目的（ends）所必須持續的工作手段（means），而政府數位轉型最重要的策略選擇就是本書的焦點：「資料治理」。

　　綜整 UN 資料治理的四大支柱（國家資料策略與領導、資料生態系統、政策與規範、資料技術）與前述資料治理策略框架（參見圖 1-2），為了便於讀者閱讀，本書將內容分為理論建構與實務個案演練兩部分：第一部分為資料治理「理論建構」，主要涵蓋資料治理四大面向：策略、管理、技術與法律，共八章；第二部分是資料治理「個案演練」，包括來自總統盃黑客松以及政府服務獎經典成功案例，涵蓋層面廣泛，包括健康保險、緊急醫療、防災救災、長期照顧、環境保護、社會企業、交通運輸、民意陳情等，共八章，中央政府與地方政府各四個個案（參見圖 1-3）。

　　在資料治理「理論建構」部分，將介紹資料治理的定義與範疇，以及政府數位轉型如何植基於資料治理，並達成數位治理的目標。首先，〈第一章　何謂資料治理？〉說明資料治理的定義、治理的內涵以及各國政府推動現況，並更進一步說明資料治理的目標、推動框架與工作範疇，以助於讀者瞭解資料治理的源起和意涵，探究各國政府在推動資料治理時的挑戰以及未來發展；其次，〈第二章　為何資料治理是政府數位轉型成敗的關鍵？〉則以循證

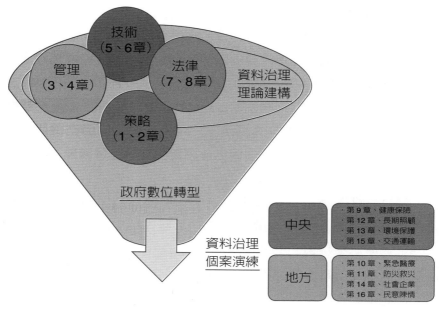

圖 1-3　本書章節規劃

的觀點，說明資料治理與公共政策的應用，以期提升我國政府治理的效能，並說明當今資料治理在智慧政府發展中的關鍵角色。奠基於瞭解何謂資料治理以及爲何要資料治理的討論後，讀者可以更加瞭解資料治理對於當今各國政府的重要性，以及資料治理對於民眾生活的影響。

　　在管理篇部分，將介紹國際趨勢並概述政府資料的類型與來源及行政管理上所面臨的挑戰。〈第三章　資料治理對政府組織的影響與挑戰〉將介紹政府用了哪些策略來治理這些行政統計資料，並進一步討論資料治理在組織、作業流程和人員素質等層面的影響，還有哪些未來可能的發展，例如領域專業化、反映成本等；〈第四章　政府如何克服資料治理的挑戰：策略、程序與實踐〉則是聚焦於政府在推動資料治理時所面臨的痛點與挑戰，並進一步地討論中

央政府推動機關在策略及方針過程層面如何因應以上的挑戰，同時，該文也以臺北市政府爲例，探詢過去政府在實踐層面做了哪些努力，並提出對於未來資料治理的機會與挑戰。

在技術篇部分，說明資料治理技術面的相關操作，以及資料應用各式解決方案的利弊得失與適用情境。〈第五章　Open Data 分析運用理想與現實的貼近〉介紹資料處理分析以及資料交換／分享方法的技術與運用，並針對完整的高雄市 1999 的資料分析流程，以及個案分析中 open data 的蒐集、metadata 的確認、資料整合清理、資料品質提升的反思進行說明；〈第六章　從資料治理到風險管理〉則說明風險管理與資料想像力之議題，並以社工人身安全風險模型案例應用爲例，探討資料治理的風險評估、隱私設計與隱私控制等不同層面的應用挑戰。

在法律篇部分，則是探討資料治理的法規議題，並以歐盟經濟法規以及 AI 與知情同意等趨勢議題進行討論。〈第七章　歐盟資料開放邁向資料治理法制對我國之啓示〉介紹歐盟經濟法規的相關發展，並以歐盟資料治理三部曲來進行討論，從中探詢歐盟資料治理法制對我國之啓示；〈第八章　人工智慧與資料主權〉說明 AI 與知情同意等趨勢議題，瞭解 AI 發展可能面臨的問題以及資料主權的基礎，並闡述 AI 開發應重視的價值與未來展望。希望藉由上述的討論，能使讀者與世界接軌，創造資料治理的加值效果，期待能共創數位科技新時代。

在資料治理「個案演練」部分，醫療資料相關有兩章。〈第九章　健保資料治理、利用與跨域合作〉介紹健保署的健保大數據之跨域合作經驗，說明政府如何透過健保大數據跨域整合以及 AI 醫療輔助模型等創新應用，提高我國健康照護的醫療品質，成爲防疫新典範；〈第十章　救急救難一站通：資料開放、資料民主與資料治理的公私協力旅程〉介紹高雄醫學大學如何透過資料開放、資料民主與資料治理的公私協力旅程，整合全國健康醫療與緊急救護資

訊，建置「緊急醫療救護智能平臺」，提升我國醫療即時性分析與資源調度分流。

防災救災個案為〈第十一章　一站式智能防災利器：全災型智慧化指揮監控平臺（EDP）〉，介紹新北市消防局的全災型智慧化指揮監控平臺，瞭解消防局如何整合中央與地方防救災系統及監測資料，建立 EDP 以提升災防效率與成效。

長期照顧個案有〈第十二章　銀髮天使：銀髮安居需求指數〉，介紹內政部整合行動健康、照護人力、經濟狀況、環境安全、環境便利與住宅狀況等六大數據資訊，加權計算得出「銀髮安居需求指數〉，使長照涵蓋率提升，作為長照政策規劃的參考，提升銀髮族群的生活品質。

環境保護個案代表為〈第十三章　智慧空氣品質監測資訊服務〉，介紹環保署如何整合空氣品質監測資訊，將空氣品質數據視覺化，並說明在進行資料治理時所遇到的問題、挑戰和對策，以期透過擴大智慧應用，優化民眾生活便利性。

社會企業個案〈第十四章　小驢行：新北市長照交通大平臺〉介紹社會企業小驢行如何透過資料的整合，串聯計程車、復康巴士、長照專車等運輸資料，提高偏鄉醫療運輸、長照交通、偏鄉物資運送以及旅遊等服務，發揮社會企業的最大效益，提高公共福祉，用科技創新方式解決社會問題。

交通運輸個案代表為〈第十五章　交通部運輸資料流通服務（TDX）〉，介紹交通部整合公路、鐵軌、路況、停車、氣候、觀光、空品、自行車等交通運輸資訊，所推出的運輸資料流通服務平臺（TDX 平臺），以及其資料整合時的過程及挑戰，以期透過 TDX 平臺之流通與應用，優化交通運輸效率，創造共享共榮，提升跨域經濟價值，優化民眾生活應用服務。

民意陳情個案有〈第十六章　HELLO TAIPEI：臺北市單一陳情系統〉，介紹臺北市研考會如何透過系統優化、流程再造、身分

驗證機制及強化個人資料保護等多項策略與方法，將資料整合並提供民眾嶄新的陳情服務平臺——臺北市單一陳情系統「HELLO TAIPEI」，提高行政處理效率、透明度與便捷性，並優化決策品質，便捷民眾的生活。

　　本書第二部分所介紹之資料治理個案內容十分豐富，且與第一部分的資料治理理論建構相互呼應。例如每個個案在策略面向，都曾發展資料治理願景以及建構可操作化的績效衡量架構，並面臨過組織行政與專案管理的相關操作，以及跨機關溝通協商等管理面之挑戰；而資料生命週期中與資料管理相關的技術與風險管理層面，也是各個案例中共同需要解決的重要議題；至於身分認證、個資以及資料安全等法令問題，也在這些個案中多有討論。為使讀者能更容易連結本書兩大部分，以下從理論建構的四大面向切入，列舉其與個案之關聯性，以供讀者思考。

　　在策略面上，讀者可在第十章的救急救難一站通個案中，跟隨著個案發展的思路，經歷從問題發生時的概念化到解決方案的具象化這段漫長的旅程，探索從最初的「開放資料」策略倡議，到「跨域合作」運動的落實，再到「資料民主」的推動與其後應運而生的「資料治理」需求，以瞭解高雄氣爆事件是如何催生一個緊急醫療作業能量分享資訊平臺；第十六章所介紹的臺北市單一陳情系統個案，其前身則是來自於 1995 年所設置的市長信箱，藉由吸引民眾運用網路反映市政問題，開創政府資料治理先河，有著至少十年以上的發展，其間面對我國數位治理發展的歷程，而有著不同時期的策略規劃與變遷，值得深入研析。

　　在管理面上，讀者可從第十四章瞭解新北市是如何透過管理層面整合交通、醫療、社政等各局處的資料與服務，並與民間攜手合作，建構出交通長照大平臺，達到「以人為本」資料治理；第十五章有關交通部運輸資料流通服務的個案中，則提到雖然該案係由交通部所主導，但對不同層級機關間之資料回傳卻不具有強制力，在

資料的獲取上仍處處受限，尚須面對如何讓各機關自動自發地與TDX平臺進行資料互惠流通這項管理層面的挑戰。

在技術面上，第十一章介紹了新北市政府消防局是如何透過API的技術解決個別資料庫資料轉換的難題，整合我國政府目前所管有的各種防救災資料庫，取出必要的資料集加以整合應用的數位服務，建置了全災型智慧化指揮監控平臺；而從第十二章中，讀者也會瞭解到內政部所建構的銀髮安居需求指數，是如何透過監督式機器學習法，找出最優先潛在長照需求個案，以精準定位社福受眾，極大化施政資源分配效益；至於第十三章環保署整合空氣品質監測成果的呈現，則是資料視覺化的經典案例。

在法規面上，讀者可從第九章的個案中看到，健保醫療資訊雲端查詢系統自2013年建置起，是如何走過《憲法》以及大法官解釋中有關隱私權的法規爭議，而在2017年發展了醫療影像上傳及調閱查詢等互享機制後，邁入了第四階段的成熟應用期，並能在COVID-19疫情期間藉由科技防疫發揮極大的作用；類似的個資問題，也反映在第十六章中，臺北市政府如何透過系統判斷的方式將機敏性資料去識別化，以解決陳情案件內容潛藏著民眾個資而侵害隱私權之問題。

參考文獻

1. 李洛維、朱斌妤（2019）。公部門資料治理的發展與挑戰。**T&D飛訊**，**253**，1-26。
2. 李洛維、朱斌妤（2021）。推動服務型智慧政府的核心引擎——資料治理的挑戰與對策。**文官制度**，**13**（2），115-151。
3. 戴豪君、賴芃聿（2021）。從歐美開放資料法制看我國開放資料專法之挑戰。**臺灣科技法學叢刊**，**2**，95-143。

4. Profisee (2023). Data Governance—What, Why, How, Who & 15 Best Practices. Retrieved May 26, 2023, from https://profisee. com/data-governance-what-why-how-who/.

5. Sweeney, K. (2019). Operational Data Governance Framework. Retrieved May 26, 2023, from https://www.data.govt.nz/assets/ Uploads/summary-odgf-2019.pdf.

6. Ubaldi, B. (2013). Open Government Data: Towards Empirical Analysis of Open Government Data Initiatives. *OECD working papers on public governance*, *22*, 1-60.

7. UN DESA (2020). UN E-Government Survey 2020. New York: United Nations. Retrieved July 1, 2022, from https:// publicadministration.un.org/egovkb/en-us/Reports/UN-E-Government-Survey-2020.

8. Van Ooijen, C., Ubaldi, B., & Welby, B. (2019). *A Data-driven Public Sector Enabling the Strategic Use of Data for Productive, Inclusive and Trustworthy Governance*. OECD Working Papers on Public Governance.

9. Wende, K. (2007). *A Model for Data Governance—Organising Accountabilities for Data Quality Management*. Paper presented at the ACIS 2007 Proceedings—18th Australasian Conference on Information Systems.

第 2 章

為何資料治理是政府數位轉型成敗的關鍵？

陳敦源

> 「資料是新石油。」
> ——漢默比：英國數位運算專家[1]

壹、前言：政府坐擁資料的金山銀山，數位轉型就必然成功？

漢默比教授在 2006 年的開示之喻後的十多年間，人們目睹社群網路爆炸性地發展，而為了因應這股狂潮，「數位轉型」（digital transformation）儼然成了公、私與第三部門組織生存發展的關鍵；回顧 2005 年社群網路興起並且開始累積大量數據的年代，呼籲政府

漢默比教授
資料來源：U of Sheffield 網站。

應該導入「大數據」（big data）來優化治理的聲音響徹雲霄；不過，有識之士也愈來愈明白（Athey, 2017），應用數據資料來解決公共問題是有前提的，包括資料的可得性（沒資料就沒有大數據分析）、資源投注的適當性（沒預算也不用玩大數據）、資料分析技術的發展（適當且有效率的分析技術是存在的），以及問題界定的

---

[1] 原文如下："Data is the new oil," by Clive Humby.

清晰程度（問題釐清不良，數據無用武之地）等。

　　憑此反思我們可以這樣說，21 世紀資通訊科技影響社會轉型最重要的因子，正是組織能否妥適管理與應用「資料」（data）；因此，如果我們循著漢默比的能源比喻，人類要將地下的原油（現實景況）變成主導 20 世紀人類生活各層面的汽油（資料），兩者之間還有一段不小的轉換必須實現。事實上，目前世界上已知原油儲量第一與第二的國家分別是委內瑞拉與沙烏地阿拉伯，但 2022 年人均生產毛額（GDP），委內瑞拉沒有理由以 171 名遠遠落後於沙烏地阿拉伯的 48 名，其關鍵在於：「沒有能源治理能力的國家，坐擁龐大原油儲量是沒有什麼意義的」；因此，美國女性的創業家與網路名嘴麥可克萊爾（Tamara McCleary）就說：「資料是新石油，分析能力是煉油廠，而最終產出的情資才是可以推動成長的汽油！」[2] 這樣來說，沒有良好的資料蒐集、管理與應用的政府數位轉型（陳敦源等，2022），可能只是一個空殼子而已。

> **政府數位轉型 ▼**
> 面對科技快速發展，政府組織需要做好統合性與策略性的超前部署，使之能應用資通訊科技，對組織進行結構性變革，以使組織運作能夠更有效率、更公平及更能符合民眾的期待。

　　當代政府在其運作過程中，應用資訊與通訊設備提供政府服務及進行社會經濟管制時，會因行政管理的需要而留下大量的資料，過去紙本時代這些資料會被稱為「檔案」（files），這些檔案的存在常是政府被視為是「資料富有者」（haves）的緣由；不過，如果政府沒有刻意地進行資料治理的目標建構、落實推動，以及績效評估等策略性的管理作為，就像徒法不足以自行的邏輯一樣，資料本身不會自動轉換成為組織績效提升之驅動能量；更重要地，政府面對日新月異的新科技發展，包括國家與社會的關係都在劇烈

---

[2] 原文如下："Data is the new oil, analytics is the refinery, and intelligence is the gasoline which drive growth."

的轉變當中，一方面，比起外部的企業部門因為市場競爭而不斷改變，政府組織選擇固守既有的管理框架而推遲數位轉型的結果，會讓政府是遲緩、守舊與沒有競爭力的刻板印象更加牢固，進而失去民眾的信任；另一方面，即便政府花費心思推動數位轉型，由於變遷的深度與廣度都難以全盤掌握，為了顧及政府運作現況的穩定並且實際上受到人才與資源的限制，比起其他更重要的核心業務，數位轉型最多只能做到表面功夫而已！因此，政府數位轉型的推動，面對前述內與外的「雙重困境」，政府策略規劃的部門如果要成功推進，最重要的因應策略就是選定一個轉型領域，專注且深入地投注資源與培養人力，最終可以成功地為政府數位轉型打下良好的基礎；就此，從目前到未來，如果政府「數位治理」（digital governance）的階段性目標是成功的數位轉型，本文以為，其下最重要的策略選擇就是本書的焦點：「資料治理」（data governance）。

接下來，本文將從三方面來進行論述。第一是「為何？」（why）的問題，主要討論政府數位轉型為何需要資料治理；第二為「是什麼？」（what）的問題，本文將從優質資料的五個必要性質，來討論資料治理不彰下，政府推動數位轉型所可能產生的問題〔或落差（gap）〕所在；最後，本文將討論「如何？」（how）的問題，其內容將以制度分析的三層架構，分析當政府組織要開始以資料治理為核心的政府數位轉型，所推行的系統策略、組織發展，以及策略性人力資源管理等作為的內涵應當如何。

貳、政府準備好要進行數位轉型了嗎？為何（why）應該專注資料治理？

回顧過去這半世紀，政府從電子化、數位化到智能化的發展路徑常常與「科技樂觀論」糾纏不清（陳敦源，2016），所謂科技樂觀論意指：「政府的管理者與人民對於科技導入所能帶來的改革效益，

遠遠高過對於政府必須投入改革成本的想像，這個實際與期望之間的落差愈大，代表政府推動數位轉型的過程中，愈會制定出眼高手低且不符合成本效益的方案。當然，這些方案註定無法讓政府數位轉型真正向前推進」，事實上，單純的科技樂觀論不足以成功推動一國政府的數位轉型，因此，「政府準備好要從資料治理的面向開始轉型了嗎？」是一個必需回答的改革問題。下面有幾個方面的論述。

　　首先，政府有意推動數位轉型，但資料治理的基礎建設（infrastructure）跟不上：一個國家的科技發展未必是在各個方面齊頭並進的，特別是科技發展如果是從外部引進的狀態下，除了高科技的想法與進口的機器外，許多讓這個高科技產品或看法順利運作的「基礎建設」可能還是不足夠的。舉例而言，美國的 IBM 公司 1957 在臺灣設立分駐機構，1963 年在臺灣裝設的第一臺被稱為資料處理機的早期電腦，是裝在臺北的臺灣糖業公司，當時從基隆港下貨之後，因為沒有良好的公路與運輸工具，在臺北羅斯福路上留下這一張牛車運電腦的歷史性照片（圖 2-1）；因此，進入 21 世紀，政府組織面對網路經濟的爆炸性發展後，排山倒海而來的數位創新概念，如大數據、區塊鏈、人工智慧（artificial intelligence, AI）、機器學習、演算法……之改革壓力，政府資料治理的基礎建設是否完備必須誠實檢驗，這個檢驗可以從政府選擇資料治理當作早期策略規劃的重點而開啓，其中最重要的工作就是，政府對於資料治理的未來期待與現狀實情之間的「落差」，進

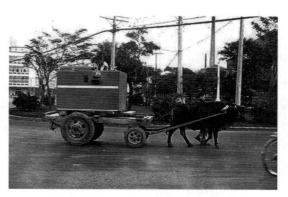

圖 2-1　1963 年牛車搬運 IBM 電腦的照片
資料來源：IBM Archives via 哲生博客，https://jasonblog.tw/2014/07/1963-ox-hauls-ibm-punched-card-machine.html。

行探究與彌平的工作。

　　再者，政府數位轉型早期策略資產就是來自資料治理：數位轉型是政府組織學習並落實以資通訊科技來增強其績效表現的一種綜合性回應說法。根據經濟合作暨發展組織（OECD）所提出的「數位政府政策框架」（The Digital Government Policy Framework, DGPF），一個成熟的數位政府需要在下面六個面向展現出來：一、經過設計的（digital by design）；二、由資料驅動的（data-driven）；三、平臺形式的（act as platform）；四、以公開為常態的（open by default）；五、使用者導向的（user-driven）；六、主動行動的（proactive）。隨著資通訊科技的發展下，資料的不斷累積，前述六點中的第二點，也就是以資料驅動的政府數位轉型，愈來愈成為數位轉型的核心策略領域；因此，數位轉型最關鍵的工作，就是政府將資料當作一種「**策略資產**」（strategic assets），經過系統性地規劃、獲取、處理、分析、保存與分享（亦即所謂資料生命週期的管理），提升政府決策的品質，進而提升服務績效與管制效能，事實上，這策略焦點不是一種選擇，而是成功數位轉型的必需。

策略資產 ▼
一個組織所擁有的特殊資源，該資源對於組織未來達成特定的目標，是有價值、稀少以及無比重要的。

　　接著，政府智慧化的前提是資料治理：本文前述政府數位轉型的一般性任務，世界各國逐漸聚焦在智慧城市（smart city）或是智慧政府（smart government）的領域，其核心是 AI 所驅動的政府變革。[3] 近年在大眾傳播媒體的推波助瀾之下，AI 一詞已經從科幻

---

[3] 比方說，2001 年由名導演史匹柏（Steven Spielberg）所執導的《A.I. 人工智慧》（*A.I. Artificial Intelligence*），觀影者對於電影中的實驗機器人小孩大衛（David），幾乎都會給予同情，那是一個人們從情感層面出發，對 AI 進行想像的開端；而 2016 年 Google DeepMind 開發出人工智慧 AlphaGo，公開對戰並且打敗當時南韓棋王李世乭的新聞出來後，這個過去只存在於科幻電影中的情節，似乎即將從大螢幕走出，進入人類世界！

小說走入人們的現實生活；事實上，臺灣政府認知到知識經濟時代發展 AI 的重要，於 2018 年提出屬於自己的「AI 小國大戰略」，以臺灣領先的資通訊科技產業優勢為基礎，從下面五個面向意圖打造臺灣 AI 創新生態圈：一、研發服務：建構 AI 研發平臺；二、創新加值：設立 AI 創新研究中心；三、創意實踐：打造智慧機器人創新基地；四、產業領航：啟動半導體射月計畫；五、社會參與：推動科技大擂臺（grand challenge）。圖 2-2 從政府研究資訊系統（GRB）統計出近三十年政府各類研究案包含「AI」這個關鍵字的次數，可以看出 2018 年後呈現爆炸性的成長，這個發展也同時滿足了政府智慧化的前提需求。

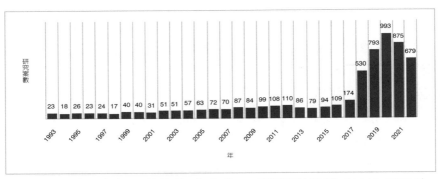

圖 2-2　政府研究資訊系統歷年含有「AI」關鍵字的數量（1993-2022*）
資料來源：筆者統計自政府研究資訊網。
說明：*2022 年資料只到 6 月。

　　最後，政府 AI 發展整備度的核心是資料治理：如果以政府導入人工智慧這個新科技來說，英國的公共服務顧問組織 Oxford Insights 從 2017 年開始發展一個應用世界上既有的評比資料所建構出來的「政府 AI 整備度指數」（Government AI Readiness Index），包含 3 個支柱、10 個面向與 39 項指標，其目的就是要讓各國政府經過與其他國家的整體資料比較之後，瞭解本國政府想要推動 AI 的改革的整備度狀況，這三個支柱分別是：政府運作面

（面向包括：1. 願景、2. 治理與倫理、3. 數位能量、4. 適應性）、科技產業面（5. 成熟度、6. 創新能量、7. 人力資源）與資料基礎面（8. 基礎建設、9. 資料可得性、10. 資料代表性。請參表 2-1 支柱三的細項指標），從這個整備度的指數來看，資料基礎建設的整備度被提升到與政府運作以及產業發展同一個等次，顯見資料在發展 AI 應用上的重要性。當然，這個 2022 年評比報告的 181 個國家中，臺灣政府排名第 14 名，[4] 在東亞區域國家排名第 4 名，雖然比下綽綽有餘，但是比上仍然是有所不足的，因此，政府組織如果要在這個時代導入並且應用 AI 來優化服務與管制，資料治理正是其基礎所在。

表 2-1　英國 Oxford Insights 的政府 AI 整備度指數：資料基礎面指標細項

支柱／面向	內涵問題	指標
支柱三：資料基礎面		
8. 基礎建設	該國是否有足夠的科技基礎建設來支援 AI 的發展？	（28）資通訊科技基礎建設、（29）雲端供應者、（30）寬頻品質、（31）5G 基礎建設、（32）新興科技的接受性。
9. 資料可得性	該國是否存在足夠可得的資料可以訓練 AI 模型？	（33）開放資料、（34）資料治理、（35）行動電話持有量、（36）家戶可上網量、（37）統計能力。
10. 資料代表性	該國可得的資料是否可以代表整體人口？	（38）網路可近性的性別差異、（39）網路加值的裝置相對於國民平均所得的對比量。

資料來源：Government AI Readiness Index, 2022, https://www.oxfordinsights.com/government-ai-readiness-index-2022.

4　2022 年前 20 名的國家分別是：1. 美國；2. 新加坡；3. 英國；4. 芬蘭；5. 加拿大；6. 韓國；7. 法國；8. 澳洲；9. 日本；10. 荷蘭；11. 丹麥；12. 挪威；13. 瑞典；14. 臺灣；15. 德國；16. 奧地利；17. 中國；18. 愛爾蘭；19. 愛沙尼亞；20. 以色列。

總括來說，政府具有單純推動數位轉型的樂觀意願雖然重要，但是接下來必須面對資料治理作為政府數位轉型、智慧政府，以及導入 AI 等公共政策成敗的基礎，我們必須更進一步探索該過程中資料本身的問題。

參、「中看卻不中用」的數位轉型：政府資料問題的五個面向（What）

　　人類進入 21 世紀之後的這一波的數位革命，與過去在 20 世紀所走過的辦公室自動化、政府官網建立、數位參與，甚至「多用網路，少用馬路」的行政流程改造，最大的差異就是網路平臺上資料量的大爆炸。

工業 4.0 ▼
由德國政府所提出，強調應用 AI 提升製造業的生產與顧客關係整合連接的變革，也被稱為第四次的工業革命。

根據統計，自網站資料累積的資料平均一年半到兩年就增長 1 倍，而在各種實體與網路媒體傳頌之應用大數據提升工廠生產力的工業 4.0、「數據賦能的精準醫療」（data-enabled precision medicine），或是「以資料為基礎的智慧交通」（data-based smart transportation）等，民眾也逐漸意識到政府所擁有的龐大資料，應該是一種解決問題的智能資源，也愈來愈認為以資料為發動機的政府智能轉型，應該可以解決政府長久以來緩慢、繁瑣，以及不人性化的服務與管制顢頇，因此，對於政府蒐集、管理、應用這些資料去解決棘手公共問題的期待逐漸增強。組織資料治理需求的起源，主要是來自於政府數位轉型的策略管理者，對於資料問題的五個面向：「可得性」（availability）、「真實性」（veracity）、「效益性」（effectiveness）、「複雜性」（complexity）與「敏感性」（sensitivity），存在感受與知識上的落差，接下來，本文將分別討論之。

　　首先，就資料「可得性」的問題來談，資料管理者與人民認為政府應該知道某些事，因此可以很容易就管理妥當的想法，常常會

因爲資料的不可得性而無法做到。舉例來說，面對少子化與女性意識抬頭，倡議者認爲女性公務人員請產假時的年度考績，不應該直接給予乙等以昭公允，政府人事部門從善如流於 2008 年由銓敘部部長及行政院人事行政總處人事長聯名箋函的形式宣布：「考績年度內請娩假或因懷孕滿二十週以上流產而請流產假者，其考績自機關受考人數扣除，且不列入機關考績考列甲等人數計算。」不過，後續各人事部門到底有沒有具體落實這項政策，樂觀來看，政府機關只要進入資料庫去比對一下，應該就可以知道各機關的落實狀況了。但是現實上，中央政府現有人事資料庫中的差假資料是由各機關與地方政府掌握，中央人事主管機關如果想要知道前述聯名箋函的行政命令到底有沒有被遵守，還必須要花行政資源請各機關報上來進行統計，因此，中央政府有一個存滿資料的人事資料庫，並不代表可以滿足其所有管理要求的分析，沒有資料或資料的蒐集與整合成本太高，常成爲打臉科技樂觀論的主要因素所在──政府並不擁有所有的資料。

再者，就資料的「眞實性」的問題來觀察，政府推動數位轉型的樂觀想像中，AI 以及大數據的導入與發展，必須重視資料的基礎建設。1983 年成立於美國麻薩諸塞州劍橋市的 Forrester Research 顧問公司，曾歸納「大數據」（或「巨量資料」）的四個特點爲「4V」：資料量（volume）、速度（velocity）、多樣性（variety）和易變性（variability）；後來，IBM 公司則把最後一個易變性的特點代以眞實性（veracity）這個概念，主要原因在於傳統資料分析領域最擔憂的「垃圾進，垃圾出」（garbage in, garbage out, GIGO，[5] 請參圖 2-3）問題，如果資料的眞實性有嚴重的問題，再多以及再厲害的資料分析技術或是演算法都沒有辦法將

5　這個「GIGO」概念是由英國數學家與發明家 Charles Babbage（1791-1871）所提出的。

這些垃圾起死回生。事實上，這個英文字來自於拉丁文「vērus」這個字，從17世紀開始就等於英文「真實、真理、事實」（truth）的意思。因此，這裡是以名詞的形態用來指涉：「資料是否能夠真實反映所要搜尋的知識內涵或是解釋現象背後原因」的意思，而大數據分析是否能夠產生效益，這個特點是重中之重，當然，資料「真實性」的概念的落實，組織需經系列的前置管理作為，確保資料的真實程度及其可分析的價值。

圖 2-3　缺乏資料治理的「垃圾進，垃圾出」之資料分析
資料來源：筆者繪製。

接著，就資料的「效益性」方面來說。資料作為推動資訊經濟的策略性資源，「資料科學」（data science）被視為當今最紅的技術行業。根據兩位美國教授的定義，其核心理念是：「建構一組基礎原則，應用來支援與引導從資料中萃取資訊與知識的活動」[6]（Provost & Fawcett, 2013），比方說，最常見的資料處理活動就是「應用演算法來做資料探勘」（data-mining with algorithms）；但是，這個過程絕對不是只想解決一個技術問題而已，如果我們從簡單的「技術、流程與個人」這三個面向來討論資料科學所導引的資料治理活動，對於包括政府在內的組織來說，資料科學的應用本質，絕對是一種「組織變革管理的活

組織變革管理 ▼
乃指組織有意或無意面對改變的壓力或需要時，組織進行管理變革的人員、過程和技術，用以維持業務推動的各項成果。

---

[6]　原文如下：" ... data science is a set of fundamental principles that support and guide the principled extraction of information and knowledge from data."

動」（an organizational change management exercise）（Mahanti,
2021）。因此，要追求這行業對組織能夠產生最大的效益，反而
是在於資料科學與組織管理這兩種知識的協力整合，也就是過去資
訊管理最常描繪的「技術與領域知識」（technological and domain
knowledge）之結合，才能創造出資料對組織的效用。

　　第四，就資料的「複雜性」的問題來思考，政府所擁有的行
政資料，其管轄權通常是分散的，比方說，戶籍資料、牌照資料、
地籍資料、長照資料，以及健保資料等，分別歸屬於不同的機關管
轄；不過，資料應用的過程中，通常要花許多的時間清理或串聯不
同資料庫，有時更需要花資源重新編碼資料庫的內容等，因此，任
何資料的應用通常都會面臨資料庫的管理品質、跨部門資料分享權
限，以及資料重新編碼成本太高的問題。舉例來說，根據法務部的
一份試圖應用大數據分析來預測毒品暴力犯再犯的研究報告結論顯
示（黃俊能等，2017），雖然研究過程中法務部提供來自數個系統
的十餘筆檔案資料來進行串聯分析，但經過研究團隊資料科學家的
清理，發現有下面四項影響最終分析預測價值的資料治理問題：其
一，資料檔案中，資料欄位遺漏值或內容不一、資料筆數過多；其
二，資料內容編碼格式標準化不一致；其三，資料量大，一般個人
電腦無法進行巨量資料分析；其四，資料分散於不同資料檔案，串
接資料後可用資料筆數過少等。對政府管理者來說，儲存在電腦裡
的資料永遠不會知道其問題在哪兒，直到機關想要應用的那一刻開
始。

　　第五，就資料的「敏感性」的問題來體會，21 世紀是一個以
數位監控（digital surveillance）為核心之資本主義蓬勃發展的年代
（Zuboff, 2019）。人們的日常就是經過網路，從自己留下的資料
中讓他人看透透的一種生活（being "seen" through data）（Lyon,
2018）。事實上，政府所擁有的資料，通常含有大量牽涉到個人
隱私的資料，比方說，居住地址、就醫資料、犯罪資料等。舉例

來說，2009 年間，當時的一位國民黨立委吳育昇與社交名媛孫仲瑜，因爲蘋果日報的狗仔隊拍到兩人進出汽車旅館而聲名大噪，兩個月後的 2010 年，警政署傳出新聞，「孫仲瑜」這個名字在警察平時辦案才可以查詢的民眾資料庫（戶政等）中被查閱近千次，當時的警政署公開表示：「由於孫仲瑜沒有前科紀錄，又沒有涉及刑案，警用電腦卻有高查詢率，頗不尋常，因此警政署已經將查詢孫仲瑜的員警名單，交給各縣市警局調查，除非證明是公務需要或調查對象『同名同姓』，否則依規定議處。」當然，政府的資料治理愈進化，除了可以應用資料來改善政府的服務與管制效能外，最重要的就是要能同時保護政府資料庫中的大量資料不會被外洩或是濫用。

　　總括來說，政府數位轉型在資料這個策略性的環節之上，如果無法保證資料的可得性與眞實性，在組織管理上無法處理資料的複雜性並且追求其整體的效益性，加上無法針對資料的敏感性給予法律程序層級的保護，政府組織想藉由數位轉型而達成的目標，比方說，「循證決策」（evidence-based decision-making）都只會是中看不中用的理想而已。

> **循證決策** ▼
> 指組織或個人決策的時候，都能夠依照既有證據資料分析的結果而行，而不是依從缺乏支持的猜測或意識型態來進行決策。

肆、如果想要成功孕育數位轉型，政府要如何（How）推動治理資料？

　　如前一段所討論的資料品質問題，本書編者序一開頭就引用美國資料品質分析師馬修的話，他認爲，如果 AI 是一個需要追求卓越能量的孵育，它不能被垃圾食物般的低品質資料給餵養；因此，政府如果要追求高品質資料的「可得性」、「眞實性」、「效益性」、「複雜性」與「敏感性」，從結構性的角度來看，政府的推動策略應該注意些什麼？本文想藉由「制度分析」（institutional analysis）（Ostrom, 1986）的三層次框架（請參圖 2-4）：「系統策略」（systematic strategies）、「組織發展」（organizational developments）與「人力資源」（human resources），探討政府組織導入以資料治理爲中心的數位轉型應該注意的焦點有哪些。

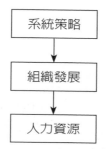

圖 2-4　政府資料治理三層次制度性的框架

資料來源：筆者繪製。

首先，就「系統策略」層次來說，政府數位轉型是一個大方向，不過，沒有經過政府高層的「策略規劃與管理」（strategic planning and management）之指導性功能的發揮，是不可能有所成就的，因此，以整個政府爲範圍的政府資料治理策略規劃與管理，是以資料治理爲核心之政府數位轉型成功的必要條件。事實上，包括美國、英國、南韓、新加坡等政府數位轉型的先進國家，都已經有國家層級的資料治理策略公諸於世。若以美國爲例，美國聯邦政府有鑑於推動數位轉型的基礎在於扎實的資料治理，從 2020 年開始建構並且推動「聯邦資料策略」（Federal Data Strategy），這個策略由 10 項價值原則、40 項實務作業，以及 20 項行動步驟所構成，它的使命宣言（mission statement）如下：「聯邦資料策略是要提升聯邦政府的資料應用價值，不論在面對各種任務、服務，以及創造公益，這個策略因此需要引導聯邦政府的運作，能夠實踐倫

理的治理、有意識的設計，以及學習的組織文化。」[7]

　　事實上，這個資料策略計畫的目標與價值原則，是一種「激勵式的指引」（motivational guidelines），目的是要讓美國聯邦政府的各個組織與其下的公務人員，能夠藉此從知悉、規劃、進而採取行動來落實提升聯邦政府資料品質與管理能量的目標，該目標包括三項：倫理治理、意識設計，以及學習文化（請參表 2-2）。

表 2-2　美國聯邦政府資料治理策略的目標與價值原則之意涵列表

目標	價值原則	內涵
倫理治理	1. 維繫倫理	持續監控與接觸政府應用資料的活動，設計分權與制衡的制度來保障過程中公共利益沒有被破壞。
	2. 落實責任	推行有效資料管家的治理活動，保障個人隱私、保持匿名承諾，以及適當的政府資料使用與接觸。
	3. 推動透明化	明確表達使用資料目的之正當性以贏得信任，完整記錄使用過程與內容，並告知擁有者與使用者。
意識設計	4. 保證關聯性	保護資料的品質與完整性，確認資料是適當、正確、客觀、可近、有用、可理解與及時的。
	5. 駕馭現有資料	指認出能夠解決優先政策問題的資料，除了重複使用資料外，也要針對需求去獲取新的資料。
	6. 預期未來需求	經過深思來建構資料，考慮他人使用的好用性，從一開始就考量重複及跨域使用的可能性。

---

[7] 原文如下："... is to leverage the full value of federal data for mission, service, and public good by guiding the Federal Government for practicing ethical governance, conscious design, and a learning culture."

表 2-2　美國聯邦政府資料治理策略的目標與價值原則之意涵列表（續）

目標	價值原則	內涵
	7. 展現回應性	積極回應使用者與擁有者對於資料蒐集、使用、分析與公布的利害關係意見，將回饋機制常態化並建構底線，在持續改善中獲取支持與協力可能。
學習文化	8. 投資學習	持續投資在資料基礎建設與人力資源，以推動組織成為一個具有持續與協力學習資料知能的文化。
	9. 發展資料領導	在政府的各層級培養資料治理的領導人才，以訓練與發展的方法，落實組織對於追求資料價值的願景、服務標竿及共善的目標。
	10.行動上的課責	指定資料治理的責任歸屬，對資料活動與文件進行審計查核，從結果中學習並且推動必要的改革。

資料來源：美國「聯邦資料策略」，https://strategy.data.gov/。

　　再者，從「組織發展」的層次來說，美國審計總署（General Accounting Office, GAO, 2020）的專家們認為，資料治理包括下面組織內外相互連接的活動：「就是要經過定義、看管、生產、安全防護與資料應用等工作的釐清，進而建構組織內資料治理的權柄（配置）、角色扮演、責任歸屬、組織結構、治理政策、過程、標準與資源提供等治理活動。」[8] 從這段定義出發，我們可以看出，政府導入資料治理最主要的鋪陳場域就是政府組織中密布的「程序」（procedures）網絡，也就是說，除了美國聯邦資料策略下所羅列的目標與價值原則之外，還需要設計並且導入一系列的「行動方案」（action plan），其內容應是將策略目標下的每一項價值轉

---

[8] 原文如下："Data governance activities include: the authorities, roles, responsibilities, organizational structures, policies, processes, standards, and resources for the definition, stewardship, production, security and use of data."

化成爲一組包括行動內容、可能選擇與評量結果建議等操作性的步驟，讓公務人員能夠據此採取有效的行動，落實資料治理所追求的目標。比方說，美國聯邦資料策略中的行動方案，有一個協助公務人員決定是否要蒐集資料的決策樹（如圖 2-5），政府組織可以將這樣的決策流程導入，並且與既有的「標準作業程序」（standard operation procedure, SOP）、組織高層的決策圈任務，以及組織內研考或績效管理的功能緊密結合。舉例來說，近年聊天機器人（chatbot）的導入，成爲臺灣政府應用 AI 進行服務品質改造的新興途徑；然而，這樣的創新作爲如果缺乏良好的資料治理爲基礎，其機器學習的程序將會缺乏成本低廉且量大質優的資料來餵養；因此，包括導入聊天機器人所需要進行初期資料現況的評估，就可以建構一個標準作業程序，並據此漸次推動之；如此一來，就不會發生主辦機關要求員工每日上呈 10 項服務內容問答，這種導入 AI 過程中的工人智慧的實踐了。

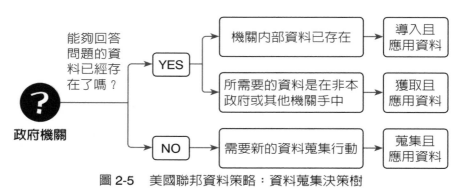

圖 2-5　美國聯邦資料策略：資料蒐集決策樹

資料來源：2020 年美國聯邦資料策略行動計畫（Federal Data Strategy 2020 Action Plan, p. 22），https://strategy.data.gov/。

　　最後，關於「人力資源」的部分，承襲前面美國聯邦資料策略的主要三項目標，都需要稱職的人力來達成目的，這其中起碼包含掄才機制、職務設計，以及人力資源等三個部分，主要原因乃是數位科技進步來得又快又猛，從政府策略性人力資源管理出發的盤點

與設計是必要的。如果從掄才機制的角度出發，臺灣政府除了外包與非典型的資訊人力之外，在當前政府掄才制度下，與數位治理相關的專業職系包括「電子工程」、「電信工程」與「資訊處理」等三項，比方說，每一年通過資訊處理職系國考而進入政府部門的人數約 80 人至 100 人之間，這三項專業職系的現職公務人員，總共大約 5,000 人左右，大多任職於行政機關與國營事業；不過，政府組織中的公務人員，除了上述專業職系人員之外，一般公務人員面對政府推動數位轉型的目標，在「職能」（competencies）上也需要重新盤點與發展（蕭乃沂、李蔡彥，2018）。

其二，一份由 IBM 政府事務中心所發表——專門針對政府組織導入「資料長」（chief data officers）（Wiseman, 2018）的相關理由與做法——的報告特別指出，一個組織的領導是該組織能否順利或迅速建立資料為導向組織的關鍵，政府內部一小群資料專業的領導者，可以對政府各種資料治理改革的工作產生重大的影響，而政府組織系統性地設定一位資料長是達到資料導向政府治理的關鍵步驟，並且，這群人必須保持一定的樂觀進取的工作態度與資源有效的配置與應用，當然，以資料長為組織領導核心，類似一條鞭的資訊組織設計是否能夠推動資料治理的業務，還有討論與實踐的空間（蕭乃沂、朱斌妤，2022）。

其三，事實上，從事資料治理的人員也會有些人格特質的需求，特別是目前國考乃是以紙筆測驗為主，無法知曉應考人的人格特質，根據三位德國學者整理了 42 篇 2000 年後關於政府資訊人力的文獻顯示（Distel et al., 2019），除了課程之外，資訊人力的人格特質也很重要，他們歸納了三個次類目總共 18 項人格特質（如表 2-3），在目前的國考制度的框架下，用策略性人力資源管理的工具與方法，強化組織資料治理人員的訓練與發展這部分，將會在本書第四章有進一步的討論。

表 2-3　研究文獻中歸納的政府資訊人員人格特質項目

編號	人格特質項目	內容
1	性格特點	容忍、持續學習、創造力、承諾、韌性與堅忍力、彈性
2	分析能力	批判思考、分析思考、策略與創新思考、決策、問題解決、抽象思考
3	自我管理	自我組織、自我控制、自我感知、自我反省
4	其他	心理—社會穩定度

資料來源：Distel et al. (2019: 293, Table 2).

　　總括而言，資料治理如果是政府數位轉型成功與否的關鍵所在，政府對其推動的策略規劃就必須詳實到位，本文從以資料治理導引的政府數位轉型爲起點，應用制度分析的三層次框架：「系統策略、組織發展與人力資源」，對政府組織的可能規劃方向進行初階的討論，而系統性策略的設計與落實的工作，什麼時候開始都不嫌晚，但是，要儘快啓動就對了。

伍、結語：政府組織從毛毛蟲變成蝴蝶的關鍵是資料治理！

　　本文一開始就倡議將資料治理當作政府數位轉型推進與落實的核心，主要是有鑑於近年數位轉型雖已經成爲各級政府的改革熱點之一，但是相關的成效還在未定之天，比方說，考試院是近年最積極推動數位轉型的中央院級機關之一，該院於 2021 年 3 月 15 日召開第一次數位轉型委員會會議，啓動屬於考試院的數位轉型工作，包括選務工作的數位化、考選資料的開放共享、相關教育訓練的推動，以及全國人事資料共享與安全等議題；當然，不論開放給外部使用者的資料，或是內部應用資料進行循證的政策規劃與分析，都還是需要考試院在推動數位轉型的過程中，能夠分出一些資源來專注進行資料治理的基礎建設工作，因爲，雖然政府既有的資料看起

來是金山銀山，但除非真正打開資料庫從資料治理的目標策略開始清理與盤點，我們無法知道這看起來的石油礦脈，是否真能開採與提煉出堪用的汽油，非常可能這些資料庫之間連相同欄位的代碼、或是同一個欄位不同年分的編碼，因為外包廠商或承辦人的不同，都還沒有統一呢！因此，如何將各政府機關推動數位轉型的政策，聚焦在資料治理之上並且獲取轉型成果，乃是本文最主要的目的。

事實上，從本文一開頭所引用之資料即石油的比喻下，臺灣政府在 1980 年代電腦化、2000 年推動電子公文系統之後，紙本與電子檔案並存的狀態直到今日，但資料治理方面仍有很大的改善空間。舉例而言，臺北市政府接受民眾舉報無主垃圾，每天會在資料庫中留下時間、地點，以及處理流程管制的資訊，當協助民眾清理無主垃圾的目的達到之後，這些資料就會被移到結案資料庫，這些就是政府的巨量資料基底；不過，我們應該進一步提問，這些原油本身的質地是否值得開發？開發的過程是否會侵犯個人隱私？以及政府本身的人力是否擁有精煉資訊並優化決策的能力？這一切與提煉資料有關的問題，都讓熱情推動政府數位轉型的先進們必須靜下來好好思考，大家忙著想像演算法、大數據、區塊鏈、量子運算、或 AI 這些豪奢超跑車的同時，有沒有想過讓它們飆車的汽油，可能壓根還沒有被好好開採出來？這落差在近年許多政府推動數位轉型挫敗的個案中屢屢出現，關鍵就是缺乏適當的資料治理作為。

本文提出的主要論點有三：第一是「為何？」（why）的問題，政府推動數位轉型的心意可能是好的，但因資料治理上的落後，如果政府數位轉型希望能將政府智慧化當作主要的目標，引進 AI 的民主治理活動，其前提、早期策略資產，以及整備度的基礎就是資料治理，因此，以資料治理為基礎的政府數位轉型是無法規避的命題；第二是「是什麼？」（what）的問題，本文以資料的五個必要性質，來討論資料治理不彰狀態下推動政府數位轉型所可能產生的落差，並以此為出發點來充實政府資料治理所應有的推動標

的所在；最後是「如何？」（how）的問題，本文以一個制度分析的三層架構，討論當政府組織要開始以資料治理爲核心的政府數位轉型，將要進行的系統策略、組織發展，以及策略性人力資源管理等作爲的內涵爲何，希望藉由本文甚至本書的相關論述，將目前已在進行或未來將要進行的政府數位轉型計畫，導入資料治理這個核心的策略行動。

最後，不論是本文一開始的資料即能源的比喻，還是編者序中垃圾食物會導致 AI 營養不良的雋語，都一再地提醒政府數位轉型的推動者，資料的治理是這一切的基礎，沒有資料治理的落實，什麼樣的美好治理夢想與期待，都不會發生！事實上，專精組織數位轉型的美國麻省理工學院研究員韋斯特曼（George Westerman）曾說：「當數位轉型推動得很成功，組織就像是毛毛蟲轉型成了蝴蝶，但是，如果推動得不成功，組織就像成爲一隻跑得比較快一點的毛毛蟲。」[9] 經過本文一而再地論述與倡議，有識之士應該已經瞭然於胸，那隻看起來跑得比較快的毛毛蟲，仍然還無法被稱爲蝴蝶的關鍵，就是它所意圖的轉型，缺乏絕不妥協地落實資料治理的工作，不多也不少。

參考文獻

1. 陳敦源（2016）。（特邀專論）從 E 化、M 化、U 化到？化：電子化政府科技變革樂觀論的反思，文官制度季刊，8（4），1-19。
2. 陳敦源、朱斌妤、蕭乃沂、黃東益、廖洲棚、曾憲立（2022）。政府數位轉型：一本必讀的入門書（第二版）。臺

---

[9] 原文如下："When digital transformation is done right, it's like a caterpillar turning into a butterfly, but when done wrong, all you have is a really fast caterpillar."

北：五南。

3. 黃俊能、賴擁連、范素玲、鍾健雄（2017）。以巨量資料分析觀點探討毒品施用者及暴力犯罪再犯因子及預測之應用。法務部委託研究計畫（案號：L1060213），臺北：行政院法務部編印。

4. 蕭乃沂、朱斌妤（2022）。數位發展與文官制度調適：以資料治理為例，文官制度季刊，14（1），1-24。

5. 蕭乃沂、李蔡彥（2018）。數位治理人力資本與職能策略研析調查。臺北：臺灣數位治理研究中心。

6. Athey, Susan (2017). Beyond Prediction: Using Big Data for Policy Problems. *Science*, **33**, Issue 6324, 483-485.

7. Distel, B., Ogonek, N., & Becker, J. (2019). eGovernment Competences Revisited - A Literature Review on Necessary Competences in a Digitalized Public Sector. Retrieved December 27, 2022, from https://aisel.aisnet.org/wi2019/track04/papers/1/.

8. Government Accounting Office (2020). *Data Governance: Agencies Made Progress in Establishing Governance, But Need to Address Key Milestones*. GAO-21-152. Washington, DC: GAO. Retrieved December 27, 2022, from https://www.gao.gov/products/gao-21-152?fbclid=IwAR2NALIYmSv2Aw3Jwg7bTAPINi6p8bdDYMlb2TBJzZOE2JYkauSzxgr-kJ0.

9. Lyon, David (2018). *The Culture of Surveillance: Watching as a Way of Life*. Cambridge: Polity Press.

10. Mahanti, R. (2021). Data Governance and Compliance. In *Data Governance and Compliance* (pp. 109-153). Springer, Singapore.

11. Ostrom, E. (1986). A Method of Institutional Analysis. In F. X. Kaufman, G. Majone & V. Ostrom (Ed.), *Guidance, Control, and Evaluation in the Public Sector*. Berlin: de Gruyter.

12. Provost, F., & Fawcett, T. (2013). Data Science and Its Relationship to Big Data and Data-driven Decision Making. *Big Data*, *1*(1), 51-59.

13. Wiseman, Jane M. (2018). *Creating a Data-driven Federal Government*. IBM Center for The Business of Government.

14. Zuboff, Shoshana (2019). *The Age of Surveillance Capitalism*. London: Profile Books.

管理篇

第 3 章

資料治理對政府組織的影響與挑戰

曾憲立

> 臺灣正面臨少子化和高齡化兩大威脅，我們之所以知道正在邁向少子化與高齡化社會，是因爲知道總和生育率（total fertility rate, TFR，通常簡稱生育率）的降低；而且人口平均年齡和中位數年齡逐年升高，若 65 歲老年人占人口比率超過 20% 是超高齡社會，則依照國家發展委員會推估：臺灣將於 2025 年進入超高齡社會。

壹、前言

隨著資料科學的發展、資料蒐集技術與方式的進步，以及公私部門對資料的重視，我們比以往更能用各類資料來捕捉、描繪與貼近日常生活的各種樣態，乃至於將資料應用在政府政策的規劃，例如 2008 年 google 以民衆在網路所查詢的關鍵字紀錄做成流感預測模型；還有政府的開放資料（open data）被應用在手機天氣及公車到站查詢 APP；巨量資料（big data，又被稱爲大數據）分析在選舉、運動、消費者行爲預測的應用；社群媒體蒐集使用者資料，因而可以精準投放網路廣告；又或者地方政府在都市各角落布建的微

型感測器，蒐集空氣品質、溼度等環境數據，進而達到智慧城市的治理目標。如同本書第一部分理論建構的個案內容，各種類型的資料已經深入公私部門與民眾的日常生活，成為政策決策以及企業商業運用的重要參考。

本文將聚焦在政府機關單位如何治理前述這些行政統計資料，側重在組織面的作為，以及資料治理在作業流程和人力層面的影響，最後談到資料治理在未來可能的發展。

貳、政府組織如何治理資料

本文一開始談到生育率和超高齡社會的推估，這都是由人口統計資料得來的結論，政府機關單位為了公共政策的規劃與執行，會按業務職掌依法蒐集相關資料，舉例來說，戶政單位會要求民眾做新生兒的出生登記，不同縣市的出生登記會彙整為當年度的出生率，也就是統計年報，年報不單單儲存在政府機關或圖書館，隨數位化的進程，也在網路公開且更有效率地被介接使用。其他像是失業率、疫苗覆蓋率、國人平均薪資等統計，也都是政府本於業務職掌需要進行的行政統計。而且隨著不同使用目的和業務需求，統計的區間不單以年報方式呈現，愈是自動化蒐集的資料，愈能以即時（real time）的方式公開。有了這些統計資料，政府就可以依循這些「證據」研擬少子化與長期照護的相關政策，甚至將這些資料公開，讓學術與研究單位、民間企業、民間社群使用，這些都涉及資料生命週期的「獲取」方式、統計「儲存」、「分析」與「分享」應用等環節。

事實上，隨著本文一開始談到的各種資料應用，組織在資料生命週期各階段的活動也逐漸改變，以圖 3-1 來說，過往資料蒐集方式偏向人工蒐集，隨著微型感測器的布建，我們愈來愈能自動化地蒐集空氣品質、濕度等環境數據，在這個階段，需要注意的是資料的獲取是否逾越業務目的，以免過度蒐集資料。在儲存的部分，也

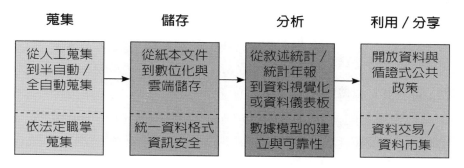

蒐集	儲存	分析	利用／分享
從人工蒐集到半自動／全自動蒐集	從紙本文件到數位化與雲端儲存	從敘述統計／統計年報到資料視覺化或資料儀表板	開放資料與循證式公共政策
依法定職掌蒐集	統一資料格式資訊安全	數據模型的建立與可靠性	資料交易／資料市集

圖 3-1　資料治理的階段演變與課題

從紙本文件的保存，走向數位化及雲端資料的儲存，為了資料能廣泛流通與自動化介接，資料格式的統一是很重要的；在這個階段，也因而衍生出資料不落地應用及資料存取權限設定等資料保護的新興議題。到了分析階段，過往各級政府都會有統計年報或月報等敘述統計資料公告，但隨著對資料即時性要求的增加，以及資料視覺化的技術進步，愈來愈多政府機關提供即時資料分析或資料儀表板的應用，資料作為發展預測模型的基礎，模型的可靠性是最大的挑戰。最後是資料的利用和分享，已經從開放資料進一步往循證式公共政策發展，同時，公、私部門開始意識到資料價值，希望透過資料交易，活化資料利用的生態系，發展可能的資料經濟。

> **循證（實證）政策制定（Evidence-Based Policymaking）** ▼
> 指政策設計應該以分析可取得之資料為依據，而不是依靠主觀判斷或意識型態。尤其是在日益複雜的政策問題環境中，決策者經由證據的取得與應用，有助降低不確定性。

　　資料治理不是「現在」政府才在追的治理模式的流行，而是由行政統計、政策循證、資訊公開等不同角度聚合而成，特別是資料科學的發展及資料蒐集方式的進步，賦予了資料新的意義。在美國，從 2009 年《透明與開放政府備忘錄》（*Memorandum on Transparency and Open Government*）到 2019 年 1 月的《循證決

策基本法》（*Foundations for Evidence-Based Policymaking Act of 2018*）都是依循一貫的透明開放精神；在歐盟，2003 年發布《公部門資訊再利用指令》（*Re-use of Public Sector Information, Re-use of PSI*）經過兩次修正，再加上 2020 年和 2022 年提出的《歐洲資料治理規則》〔（*Regulation on European Data Governance*，亦稱為《資料治理法》（*Data Governance Act*）〕和資料法（Data Act）草案都可發現對資料及其治理方式的重視，以下將分別簡要說明。

一、美國

當公民社會對政府施政與政策規劃「知」的需求增加，以及政府透明施政的目標匯集，美國總統歐巴馬於 2009 年提出《透明與開放政府備忘錄》，鼓勵政府提升公眾參與以強化運作效能與決策品質，意謂透過透明施政和公眾參與機制來達成對政府的「課責」（accountability）。其後，美國總統川普又於 2019 年 1 月簽署《循證決策基本法》，要求聯邦政府政策制定應以循證為依據，並規定《開放政府資料法》（*OPEN Government Data Act*）相關措施，《開放政府資料法》的 OPEN 為開放（open）、公開（public）、電子化（electronic）與必要（necessary）的縮寫，延續歐巴馬總統 2009 年《透明與開放政府備忘錄》的精神，將《開放政府資料法》作為推動政府資料開放共享、透過統計計畫和產出（strategic plans and outcomes）以循證為依據制定政府相關政策與決定（decision making）的法制基礎，特別值得注意的是，法案也強調資料安全及資料的統計效率。

在組織的要求上，機關應設置首席資料長（chief data officer, CDO）、評估長（evaluation official, EO）和統計長（statistical officer, SO）以負責資料開放的相關事宜（范晏儒，2019），且資料長不得為政務任命人員（nonpolitical appointee employee）。在此規範下，為進行跨部門開放資料之協調工作，行政管理和預

算局（Office of Management and Budget, OMB）成立了資料長委員會（CDO Council），其設立目的與執掌包括提供政府利用資料之最佳實例、促進與建立跨機關資料分享協議（data sharing agreements between agencies），以及指引與評估改善資料蒐集與利用的最新科技等多項任務（戴豪君、賴芃聿，2019），並設有資料分享（data sharing）、資料倉儲（data inventory）、資料技能（data skills）、大型機關委員會（large agency committee）與小型機關委員會（small agency committee）等五個工作圈（working groups），並設有獎勵計畫（CDO Council Awards Program）以鼓勵機關單位創新、創意的循證作為。

其他聯邦機關如美國國土安全部（Department of Homeland Security）也成立署內的資料治理委員會（Data Governance Council），資料長為主席，評估長和統計長為副主席，每月舉行例會，以推行循證治理的資料藍圖（data roadmap）、資料政策，以及部內資料統一格式與品質規範等資料治理相關事務，並從資料生命週期的角度建構資料治理策略（Department of Homeland Security, 2021），如圖 3-2，第一層區域為策略層級，包含資料治理委員會、循證資料策略與資料框架；第二層區域為管理操作層級，包含治理計畫、資料評估、開放資料評估等五項；第三層區域為戰術層級；與之對應的下方區域為資料域，包含移民資料（immigration）由 U.S. Citizenship and Immigration Services（USCIS）和 Office of Strategy, Policy, and Plans（PLCY）負責；資訊安全資料（cybersecurity）由 Cybersecurity and Infrastructure Security Agency（CISA）負責；生物特徵（biometrics）由 Office of Biometrics and Identity Management（OBIM）負責等 13 類資料項目與主管單位，[1] 這些項目也會隨著時間和機關任務需求滾動修正，並用以優化決策品質。

1　詳細對應請見：https://www.dhs.gov/dhs-chief-data-officer-council。

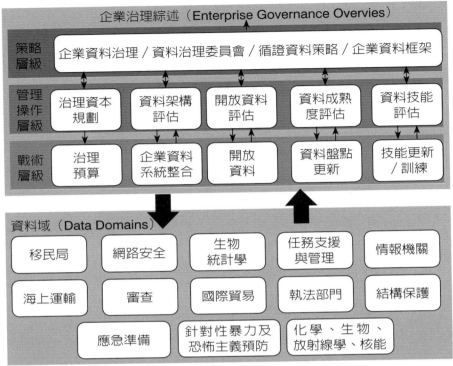

圖 3-2　企業資料治理綜述

二、歐盟

　　歐盟在 2003 年發布了《公部門資訊再利用指令》，以「透明」、「公平競爭」兩大主軸爲核心，要求政府加強其資訊資產之再利用，並且建議提供免費、開放授權之資料，以建立資料清單或整合入口網站，協助政府機關解決社會、永續、創新公共服務提供，並在 2013 年、2019 年兩次修正該指引，2019 年的修正聚焦於如何透過適當的技術方法規範，即時取得動態資料（dynamic data）、增加公部門具價值資料供給以再利用，包括來自公營事業（public undertakings）、研究執行組織及研究資助組織之研究資

料開放、高價值資料（high-value datasets）再利用、開放資料以邊際成本（marginal costs）收費原則之例外等規定，特別是公部門環境、交通、衛星、氣象及感測器生成之資料，應可藉由適當的應用程式介面（Application Programming Interface, API）提供這類動態資料給有需求之企業、研究團體（戴豪君、賴芃聿，2019）。除了《公部門資訊再利用指令》，又分別於 2020 年提出《歐洲資料治理規則》，以促進公共利益為目標，制定資料利他主義（data altruism）原則，鼓勵非商業性且具有社會公益的資料共享，並制定歐洲通用的資料共享同意書（common European consent），提供成員國間跨境資料蒐集與共享的統一格式（uniform format），格式並可依據特定部門和目的微調。2022 年推動資料法草案，涉及資料共享義務、資料營利，以及公務機關取得資料等議題，同時也對連網裝置的資料分享提出規範，強化這些資料的可攜權利（如智慧家用設備或是工業連網裝置），同時將規範雲端及邊緣服務的資料共享，讓使用者更容易將資料或應用轉移到其他平臺上，但也會限制非歐盟政府存取雲端資料的能力（陳曉莉，2022）。足見歐盟對資料生命週期各個環節，特別是資料的蒐集與利用的重視。

此外，歐盟也對會員國在開放資料的應用情況加以追蹤，希望以價值觀、基本權利和法律為基礎，創建單一歐盟資料空間（common European data spaces），首先於 2015 年對會員國進行開放資料成熟度（open data maturity）評比，首次評估著重：開放資料準備度（open data readiness）與開放資料入口網成熟度（portal maturity）兩大構面。之後，在 2018 年調整評量構面為四個，分別是政策面（policy）、入口網（portal）、影響性（impact）與品質（quality），影響性的衡量構面也改為知覺策略（strategic awareness）、政治影響（political impact）、社會影響（social impact）、環境影響（environmental impact）與經濟影響（economic impact）並沿用至今。在 2021 年對 27 個會員國的評

比中，領先的國家依序為法國、愛爾蘭、西班牙、波蘭和愛沙尼亞。在成熟度領先的國家群中，波蘭特別強調對開放資料業務同仁（open data officers）的在職教育和業務網絡的鏈結，波蘭數位事務部（Ministry of Digital Affairs）2020 年發表 2021 年至 2027 年開放資料計畫，預計將增加 API 介接的動態資料與高價值資料集（Data Europa, 2022）。圖 3-3 則是 2015 年至 2021 年法國在開放資料成熟度的變化，2015 年至 2017 年評比項目較少，2018 年開始法國在歐盟會員國間一直處於領先的行列。法國設有資料長和開放資料長，資料長負責部會的資料政策，開放資料長則依部會需求

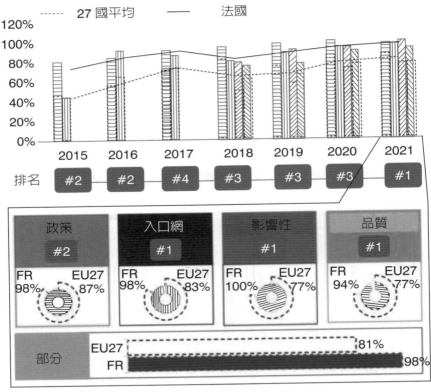

圖 3-3　開放資料成熟度歷年比較：法國

資料來源：https://data.europa.eu/en/dashboard/2021#country-overview。

而設置，不是常設角色（is not a mandatory role），主要任務爲評估開放資料的影響並統整資料相關需求給資料長。

參、資料運用對組織的意義

　　資料治理代表組織將資料視爲資產，在面對資料時所必須進行的一系列管理行動，例如美國以資料治理委員會的方式進行資料治理與策略研擬。若對應到資料統計業務上，應思考資料生命週期各階段的技術應用與落實方式，研究機構 Data Governance Institute（DGI）也指出，資料治理是組織針對資料相關事務的決策和權責，包括人員、情境、資料分析方法與行動（詳見本書第一章）。

　　因此，資料運用對組織的意義大致可分爲：一、優化組織作業流程；二、提升組織人力素質；三、以資料推動創新公共服務。優化作業流程以本文一開始提到的高齡服務來說，個案篇介紹了2019銀髮天使「銀髮安居需求指數」，透過行動健康、照護人力、經濟狀況、環境便利與環境安全等資料開發「智慧型老人照顧動態診斷系統」，將資源和服務主動遞送給有需要的老人，也製作「銀髮安居高需求名冊」供地政司、營建署、消防署、警政署、衛福部、金管會與民間組織使用。其次在個案篇 HELLO TAIPEI 臺北市單一陳情系統中，系統從早期的市長信箱一路演進，一度受限於系統設計與架構，導致資料開放及介接運用受限，後期導入案件類別對應權責機關及「語意分析」、「機器學習」技術，開始透過系統自動分案，優化作業流程，就是一種資料跨機關橫向連結在作業流程面的創新，也呼應了歐盟國家波蘭希望強化負責開放資料業務同仁間的網絡鏈結的目標。

　　歐盟 2020 年 11 月在檢討高價值資料集發展策略時指出了現階段的六大問題，分別是可供再利用（re-use）的資料集不足、未落實使用者賦權（user empowerment）、缺少資料處理與儲存方案（processing and storage solutions）、缺乏資料治理途徑

（approaches），以及技術短缺與資料素養（data literacy）不足。從開放資料的過去經驗來看，承辦人員的資訊素養與投入程度，將會影響機關單位開放資料的品質與成效。為了推動數據管理，機關需要養成以資料支持（循證）取代經驗法則制定決策的習慣，形塑組織內部的資料治理文化，積極培養具備資料規劃、分析能力的同仁，或者是向機關外部尋求支援，透過公私協作專案的方式，將改變帶回組織內部形成數位轉型，尋求人力素質的提升。

最後是公共服務的創新，過去政府對於農作物災害的補貼申請，可能非常依賴農民自主申報以及人力到實地勘災的回報，美國農業部（U.S. Department of Agriculture）所轄的風險管理局（Risk Management Agency, RMA）使用農業資料共通平臺（Ag DATA COMMONS）上各單位的資料，結合地球觀測（earth observation, EO），作為農作物因水患申請作物保險（crop insurance）的決策依據，[2] 加速作物保險的核發，是以科技簡化人力與流程的具體案例。

肆、未來的可能發展

一、組織任務的調整

美國《開放政府資料法》中規範各聯邦機關應設立資料長，並由各聯邦機關資料長共同組成資料長委員會，資料長與資訊長不得為同一位。我國和資料或資訊相關的組織編組像是資訊長、資訊主管聯席會、政府資料開放諮詢小組，以下分別說明。

行政院與中央二級機關兼任資訊長二級制，由行政院國家資訊通信發展推動小組（National Information and Communications

---

[2] RF-CLASS: Remote-sensing-based Flood Crop Loss Assessment Service System. https://data.nal.usda.gov/dataset/rf-class-remote-sensing-based-flood-crop-loss-assessment-service-system.

Initiative Committee，簡稱 NICI 小組）總召集人兼任院級資訊長，以行政院的高度來統籌協調及推動數位政府資通建設應用發展政策，部會資訊長由部會副首長兼任，負責統籌協調機關業務單位與資訊單位之協同合作，並輔以資訊單位之專業幕僚，方案計畫包含數位基盤、數位治理、數位包容與數位創新，但尚無資料長的設計。此外，有因配合政府資訊發展政策、推動跨域整合與治理、促進政府機關資訊技術與經驗交流、提升治理效能及服務品質，而設置的「資訊主管聯席會」，分為中央部會、地方與業務領域三個分組，包含公營事業機構、公立大專院校資訊主管，並邀請資訊相關公協會每年舉辦一次交流。

最後，對於開放資料的利用於行政院及各中央二級機關設置「政府資料開放諮詢小組」，需要擬定該機關與所屬機關資料開放行動策略、規劃指導所屬機關資料開放，推動資料集分級、收費疑義之諮詢及協調強化政府資料開放質與量、建立推廣及績效管理機制並建立政府與民間溝通管道，促進多元領域代表參與資料開放諮詢及協調，行政院諮詢小組每年以召開二次為原則，中央二級機關諮詢小組每季以召開一次為原則，每年不低於二次，並得視需要召開臨時會議；各諮詢小組並有民間代表名額，由業務領域代表、公（協）會、社會團體代表、具相關學術專長或實務經驗之學者專家擔任，且代表人數不得少於委員總數三分之一，任期為一年，期滿得續聘一次。未來可評估將資料治理工作事項修正納入以上各組織的工作執掌，並強化其在資料治理上的功能。

二、資料開放朝向領域專業化

歐盟 2019 年《開放資料指令》附錄 I 明列六類資料為高價值資料，包含：地理空間（geospatial）、地球觀測與環境（earth observation and environment）、氣象（meteorological）、經濟指標、人口統計等統計資料、公司登記與註冊編號等公司和公司所

有權相關資料、道路號誌與內陸水路等交通（mobility）資料。前述分類方式與資料類型（可能為動態資料）和政府資料開放平臺（https://data.gov.tw/）的分類略有不同，平臺目前的資料上架與分類依照相關指導文件，[3] 有生育保健、出生及收養、求學及進修、婚姻、投資理財、休閒旅遊、選舉及投票等 18 項分類，可能朝向領域專業化發展。事實上，因應不同的使用者需求，我國也有部會自建的資料交換平臺，例如交通部為加速運輸資料整合與開放，就有「交通部運輸資料流通服務」（Transport Data eXchange, TDX）提供跨領域運輸資料，包含公路、軌道、航空、航運、自行車、路況、停車、圖資、道路路段編碼、觀光等交通運輸動靜態及歷史資料。另外，全球性重要議題如 COVID-19，世界各國幾乎都有專區公開國內相關資料，如英國牛津大學所建置的 Our World in Data（https://ourworldindata.org/）就有一區特別處理全球疫苗接種率，並提供視覺化即時比較的功能，有助於瞭解全球疫情發展情況；我國「國家高速網路與計算中心」也有建置 COVID-19 全球疫情地圖（https://covid-19.nchc.org.tw/）供國人查詢。

其他重要議題如空氣品質、氣候變遷、能源使用等資訊，也是重要的資料應用領域。換句話說，朝向領域專業化發展的動態資料集與高價值資料集是未來的重要趨勢，這也考驗公部門在資料治理上的專業程度，並會對資料使用者造成一定程度的進入門檻。

三、適當反映資料治理成本

開放資料以免費為原則、收費為例外，但隨著動態資料與高價值資料的提供，機關單位資料獲取、分析、保存等成本將會增加。舉例來說，架設於街道燈桿上可用於評估空氣品質之多功能感測

3　包含：《政府資料開放進階行動方案》、《行政院及所屬各級機關政府資料開放作業原則》、《資料集詮釋資料標準規範》、《政府資料開放跨平臺介接規範》等 12 項，可參見 https://data.gov.tw/about。

器，基本製造成本約爲 650 美元（不包括研發成本），[4] 考量設備研發、建置、維運、更換等成本；機關單位收到資料後，資料的儲存方式還需考量資安風險、異地備份、是否提供雲端運算功能等；若資料涉及商業祕密資訊（commercially confidential information）或個人資料時，機關單位應採取措施保護商業祕密並對個人資料進行去識別化處理。若以完整的資料生命週期來考量資料成本以及機關單位如何逐年降低對預算的依存度，則以資料價值和資料經濟貼補單位成本，確實適當反映機關單位的資料治理成本。舉例來說，英國交通類的 oneTRANSPORT 資料市集，就依使用者帳戶類別（公部門或商業帳戶）施以差別費率，例如：大學或教育機構每月 166 英鎊，最少一年；小型企業（雇員少於 50 名）每月 166 英鎊，至少三個月，且會逐年調整費用，例如 G-Cloud Lite[5] 的收費級距在 2021 年是 2,093 英鎊到 10,517 英鎊不等，到了 2022 年，已經提高爲 3,217 英鎊到 10,938 英鎊（Chordant Europe, 2019）。此外，因複製、提供與傳播資訊而產生之邊際成本（marginal costs），公部門得收取不超過邊際成本的適當費用。不過，爲維持機關正常營運，歐盟也放寬了圖書館、博物館與檔案館可收取高於邊際成本的收費原則。

我國目前對資料的收費方式依照《規費法》第 8 條第 3 款「資料（訊）之抄錄、郵寄、傳輸或檔案之閱覽」以及第 10 條第 1 項業務主管機關依照行政規費和使用規費兩原則訂定之，行政規費指的是依直接材（物）料、人工及其他成本，並審酌間接費用定之；使用規費指的是依興建、購置、營運、維護、改良、管理及其他相

4　本價格引自 https://www.rcec.sinica.edu.tw/?action=researchDetail&id=14，僅供參考，因感測器的功能、空品監測的準確度不同，價格各異。

5　這個類型的訂閱者以查閱功能爲主，可以查看及使用其他人公開發布的所有資料，包含免費及收費資料，但無法上傳及發布自己的資料。

關成本，並考量市場因素定之，收費方式的訂定需檢附成本資料，洽商該級政府規費主管機關同意，並送該級民意機關備查後公告。第 11 條並規定每三年至少應辦理一次定期檢討，以反映因辦理費用或成本變動、消費者物價指數變動或其他影響因素的影響，以為健全規費制度，增進財政負擔公平，有效利用公共資源，像交通部的 TDX 平臺，為了系統資源使用之公平性與資通訊安全考量，就需要註冊平臺會員，取得 API 金鑰以利資料服務的取用，同時平臺也會對資源的使用情形（介接次數與資料量）轉換成虛擬點數用量，以統計使用者對平臺資源的依賴及消耗情形，作為資料取用行為調整及未來收費的參考。

四、逐步導入人工智慧協作

2022 年底生成式 AI（generative AI）的各種應用、倫理規範、資安議題、是否取代真人工作等討論一直延續到 2023 年，包括 OpenAI 發表 ChatGPT-3.5，可以進行文章生成、問答、翻譯、文章摘要與改寫等功能，隨後又發表 GTP-4 更可支援視覺輸入、圖像辨識、能在美國入學考試（SAT）和律師資格考試（bar examination）超越 90% 的各科考生；其他如影像生成 AI Midjourney，透過文字描繪，生成相關圖像；微軟搜尋引擎 New Bing 導入 AI 搜尋、Microsoft 365 Copilot 能在雲端相簿和 Word 及 PowerPoint 之間生成簡報內容、建立 outlook 信件回覆機器人等。

先前提到資料的專業化使用可能會對資料使用者造成一定程度的進入門檻，為了提高使用資料的互動性，巴西學者 Cantador 等人（2021）就嘗試在巴西開放資料入口網站上發展 AI 問答機器人「Hippolyta」，以希臘神話中亞馬遜女王命名，透過自然語言模型（natural language processing, NLP）提供使用者更簡便與直覺的查詢功能，不只如此，也提供資料視覺化模型，降低民眾使用政府開放資料的資訊與技術門檻。

隨著 AI 技術的普及，龐雜的政府資料如何能更透明、簡易地為各方使用，甚至是政府內資料的流通與循政的應用，都是未來可期的發展方向。

伍、結語

回顧本文一開始的案例，出生率的統計資料蒐集是內政部戶政司業管，但出生率低下所隱含的少子化和高齡化威脅，乃至於相關因應措施的研擬，則有賴跨機關部會的共同協力。

本文簡要介紹歐盟與美國在資料治理法制和組織架構上的做法：歐盟主要透過資料相關法案，以建立單一歐盟資料空間為目標，促進歐盟區域內的資料經濟與繁榮；美國以聯邦資料長的機制，希望各部會建立內部的資料治理策略，並希望優化循證決策，兩者均強調資料的互通性與組織內人才培育的重要，或可作為我國借鏡。

政府長期獲取大量各式資料，隨著資料開放的呼聲、資料科學的發展以及資料蒐集技術與方式的進步，逐步強化資料分析和資料分享的能力與角色，善用資料提出創新公共政策和服務，以提升公共治理的品質與效能。簡而言之，資料治理的做法更強調有效地開放資料計畫（effective open data plan）和增進資料結構和互通性（enhance data architecture and interoperability）。我國開放資料的發展，歷經追求開放（量的追求）、標準化（質的追求）的過程，也曾兩度獲開放知識基金會（Open Knowledge International）評比世界第一，[6] 下一階段的資料開放，將是如何落實資料治理、高品質

---

6 開放知識基金會根據開放資料指標評比全球 94 個地區，包括「政府預算」、「國家統計」、「政府採購」、「行政邊界」、「法規草案」、「空氣品質」、「地理圖資」、「天氣預報」等 15 類資料開放程度，進行分項評比及總體排名（https://www.ndc.gov.tw/nc_27_27252）。

資料集與循證決策的長期目標，在追求此目標的同時，資料治理應有完整策略，更重視資料的開放與再利用、可靠度、領域應用等目標，以達成資料驅動提升決策品質的公共價值。

參考文獻

1. 范晏儒（2019）。美國總統簽署《實證決策基本法》推動政府資料開放與建構以實證為依據制定政策之基礎。2022 年 7 月 1 日，取自：https://stli.iii.org.tw/article-detail.aspx?no=64&tp=1&d=8189。

2. 陳曉莉（2022）。歐盟提出《Data Act》法案，準備建立存取連網裝置資料的規則。2022 年 7 月 20 日，取自：https://www.ithome.com.tw/news/149527。

3. 戴豪君、賴芃聿（2019）。從歐美開放資料法制看我國開放資料專法之挑戰。臺灣科技法學叢刊，2，95-144。

4. Cantador, I., Viejo-Tardio, J., Cortes-Cediel, M., & Rodriguez-Bolivar, M. P. (2021). A Chatbot for Searching and Exploring Open Data: Implementation and Evaluation in E-Government. In *DG. O2021: The 22nd Annual International Conference on Digital Government Research* (pp. 168-179).

5. Chordant Europe (2019). OneTRANSPORT Data Marketplace Pricing Document. Retrieved April 10, 2022, from https://assets.digitalmarketplace.service.gov.uk/g-cloud-11/documents/712338/844154128284458-pricing-document-2019-05-15-0516.pdf.

6. Data Europa (2022). Open Data Maturity. Retrieved March 1, 2022, from https://data.europa.eu/en/impact-studies/open-data-maturity.

7. Department of Homeland Security (2021). Evidence-Based Data

Strategy. Retrieved 12 July, 2022, from https://www.dhs.gov/
sites/default/files/2022-01/DHS%20Evidence-Based%20Data%20
Strategy-2021-07-16.pdf.

第 4 章

政府如何克服資料治理的挑戰：策略、程序與實踐

蕭乃沂、黃東益

壹、從資料開放到資料治理

隨著臺灣民主化的進展以及世界開放政府的趨勢，我國政府自 2012 年起逐步推動「開放資料」（open data）的政策，透過開放政府施政資料，滿足民眾需求，創造資料價值，提升民間商業價值及政府施政效能。[1]

自推動開放資料政策以來，我國經過太陽花學運、中央政府第三次的政黨輪替、高新科技不斷演進等趨勢，面對不同的挑戰，中央政府由行政院及國發會主導持續推動計畫，並進行必要的規則制定、設立品質指標、建置專用的入口網站、進行標竿學習、鼓勵跨機關資料交換串接、應用資料優化決策、舉辦資料應用推廣活動等，成果逐漸展現。2021 年「服務型智慧政府 2.0 計畫」的開展，強調以資料為導向的創新服務提供，著重在強化跨機關服

---

[1] 行政院在 2012 年第 3322 次院會決議指示，透過政府開放資料增進施政透明度、提升民眾生活品質，滿足產業界需求。該次會議除了要求研考會（國發會前身）作為主責單位，積極落實開放資料政策，進行必要的法規調適，也要求各部會應自民眾角度發想，考慮到機器讀取介面的必要性來開放資料。請參考：2022 年 11 月 27 日，取自：https://www.ey.gov.tw/Page/4EC2394BE4EE9DD0/1cd200d2-f113-4932-a993-8811bbc3d6fd。

務、加速開放資料釋出，以及加強循證式決策，[2]我國「開放資料」的焦點已從原本強調施政資料的存取與開放、資料品質的確保等議題，逐漸進化並擴大到資料管理以及應用等「資料治理」（data governance）的階段。如本書第一章引用 Sweeney（2019）指出，資料治理應考量三個核心的層面：策略、方針過程以及實踐層面。而在過去十幾年來我國資料治理政策推動焦點變遷的過程中，遭遇哪些挑戰？針對以上不同層面，政府做了哪些的努力？隨著 2022年歐盟《資料治理法》（*Data Governance Act*）的通過與實施，[3]我國未來又有哪些展望與挑戰，是本文要聚焦的主題。以下第貳節先分析政府部門資料治理推動過程產生的痛點與面對的挑戰；第參節接著討論中央政府推動機關在策略及方針過程層面如何因應以上的挑戰；第肆節則將焦點轉向地方政府，以臺北市政府為例，呈現過去在實踐層面做了哪些努力；第伍節從現狀開始，展望未來的資料治理的機會與挑戰。

貳、資料治理推動與障礙

　　資料治理的一個重要基礎是資料開放，有高品質及具永續性的資料有賴具效率的資料管理策略，兩者兼備才有可能透過資料的分析與應用，結合其他科技，為公、私部門創造不同的價值。在推動資料治理的過程中，遭遇到以下障礙：

一、資料治理業務權責歸屬不清：文要發到哪裡？

　　文要發到哪裡的問題，如同其他新的業務，是公部門一開始面對資料治理的第一個挑戰。對於公部門而言，不管是早期推動的資料開放或近年來推動的資料治理都是相對嶄新的概念，直覺上兩

---

[2] 行政院網站，2022 年 11 月 27 日，取自：https://www.ey.gov.tw/Page/5A8A0CB5B41DA11E/99b1bd4e-c4e2-479f-abaf-81306bcd0a3d。

[3] 謝明均整理。歐盟通過資料治理法（DGA），歐盟資料共享發展跨出一大步，2022 年11 月 27 日，取自：https://stli.iii.org.tw/article-detail.aspx?no=64&tp=1&d=8829。

者就技術而言都和資訊單位有關，但資訊單位的工作職掌並未明確地涵蓋該項業務。的確，在實務運作上，該政策推動成效的良窳，除了資訊單位，又有賴業務部門從一開始資料蒐集的完整以及品質的確保，到資料管理階段持續的優化與更新，以及分析應用階段提出痛點以及解決的需求。因此，並非單靠資訊單位就能夠達到資料治理的目的，在依法行政、層級節制的官僚體系，如要業務順利推動，必須賦予單位實權以及課予成敗責任。權責的歸屬以及透過何種組織的型態來推動這個跨單位的政策，是許多機關在面對資料開放以及資料治理業務的挑戰。

二、員工抗拒：資料治理非我核心職能及業務！

　　由於資料治理是屬於跨單位的全面性的業務，一開始員工對於推動資料治理產生抗拒主要基於以下因素：首先，公務員長期處於政風單位、司法機關、監察機關以及立法機關的課責網絡之下，因此對於資料治理最常見的憂慮是擔心開放政府資料觸法的可能性，特別是牽涉到機密或隱私的資料。即使不是機敏性的資料，公務員也會擔心這些資料後來在不同機關資料庫的串接之下，洩漏機密或侵犯民眾隱私，使得自己受到課責。第二，公務員普遍認為這是多出來的業務，和自己核心業務無關。尤其習慣於接受民眾的要求後給予回應的模式，在沒有民眾要求資料的情況下，不知道為什麼要開放這些沒有即刻被使用的資料，看不出這些資料對於施政績效的直接影響。第三，公務員也會擔心資料品質不佳、資料斷裂或不完整等問題，開放出去之後，對於資料的正確性或應用上的疑義，將衍生出不少問題，民眾會再回來找資料提供的機關以及承辦人，後續沒完沒了，在人力及物力都沒有增加的情況下，給自己增加麻煩。最後，公務員在資料保存技術以及分析能力上的障礙，除了少數職系的人員，大部分對於資料處理及分析並不具備一定的素養與能力，更遑論後續的應用。

三、資料治理的跨域壁壘：機關間資料分享介接以及民間和政府的認知落差

　　在資料治理的推動過程，跨機關間的壁壘以及民間和政府之間的認知落差始終是一個執行人員經常需要面對的問題。就前者而言，不同機關本有其本位主義，視資料為其機關資產，又擔心資料分享後的種種後續困擾，在心態上不願分享。另外，在程序上也缺乏相關的法令配套，使得習慣依法行政的公務員難以適從。在技術上除了資料的欄位、格式等問題外，在傳輸或介接的過程是否造成資安的風險等，都是機關以及公務員顧慮的議題。

　　就政府與民間的認知落差而言，主要來自幾個面向。第一，資料需求及供給的差異，民間人士認為政府應該要開放特定的資料，但政府部門並沒有這些資料或並未蒐集或保存這些資料。第二，如果機關有這些資料，執行人員基對於資料開放往往採取較為審慎的態度，但民間單位基於專業上的需求，則會不斷地要求政府開放資料。第三，對於資料品質以及資料永續性的問題，在資料上線之後，使用者往往要求資料的細緻度以及即時的更新，但資料過於細緻、顆粒太小往往容易曝露個資。因此，政府部門往往也需要克服資料斷裂以及品質不佳所受到的責難。第四，在於機敏資料使用的信任，雖然許多機關在民間的壓力以及主管機關的催促下，開放了原本固守、不公開的資料，同時也有簽切結書或保密協定的機制，但對於使用者未來是否能夠嚴守資料使用的分際，仍存有頗大的不信任。信任的缺乏也會影響後面開放以及持續維護資料的意願與投入。除了以上這些需求面的認知落差，部分機關投注了可觀資源在蒐集以及保存資料，例如高度精密以及專業的測繪或氣象地圖資料等，其製作或傳輸都是成本昂貴、所費不貲，公務員會質疑為何要免費提供特定少數私人企業或非公益的使用，但使用者則認為資料是公共資產，應該開放免費使用。對於收費與否以及收費標準，也是公部門和私部門認知落差的一個來源。整體而言，使用者要求資

料完整、更新、便利使用，但公部門則有其行政邏輯及隱私、資安和成本的考量。

參、中央政府的策略與過程

　　為了面對並克服以上的挑戰，負責推動該政策的國家發展委員會做了許多的努力，建立整合中央各機關及地方政府資料的「政府資料開放平臺」，以開放格式提供資料讓使用者下載利用。同時，為兼顧開放資料之質與量，也建立資料品質標章及獎勵機制，並推動許多機制，嘗試普及概念，植入開放政府精神以改變深層思維及整體公部門文化，開創並極大化政府資料利用的價值。具體而言，政府以「數位國家・創新經濟發展方案」（2017-2025）為上位指導方案，自 2017 年起執行「服務型智慧政府推動計畫」（2017-2020），聚焦「發展跨域一站式整合服務」及「打造多元協作環境」，在該計畫的推動下，2020 年政府建立數位服務個人化（Mydata）平臺，讓民眾自主同意其個資提供予第三方使用，擴大資料領域，作為開發更多智慧化服務的基礎。該計畫並提供不動產移轉、跨區土地登記以及公司登記等線上便民服務。植基於以上計畫的成果，在 2021 年「服務型智慧政府 2.0 計畫」的支持下，積極強化跨機關服務、加速開放資料釋出，以及加強循證式決策。除了以上重大策略的推動，在過程中有許多的做法以推動資料治理的方針：

一、穩固資料治理的根基：跨機關資料交換以及資料品質的確保

　　如前所述，資料品質不佳不僅是資料使用者詬病的問題，也是政府執行機關人員對於開放資料裹足不前的主要原因，從資料分析完整性以及應用在解決問題的角度來看，跨機關資料的串接有其必要性。但過去不同的機關或機構之間，針對同一個主題的資料，都

有各自的一套標準及格式，所提供的欄位資訊也不一致，因此整合及交換有其困難。例如，政府和醫療機構所各自所保有的國人健康資料，因為缺乏規範，醫療資料交換規格通常由各單位制定，造成跨機構資料難以快速取得和整合。[4]但是未經整合過的資料，將難以開放供一般大眾使用。因此主責的國發會為提升資料品質，前期以《領域資料標準訂定流程參考指引》的頒訂，提供機關資料的建置流程，提升資料格式之一致性，及促進跨機關資料流通交換，並讓機關人員在推動過程有所依據。推行之初先以地政、戶政、監理、健保等九大領域訂定資料標準，至 2022 年已擴大推動至 15 項領域資料標準。為了促進機關間資料的交換以及確保傳輸的安全，在「服務型智慧政府 2.0 計畫」的推動下，國發會也開始建置資料傳輸骨幹網路（T-Road）資料傳輸平臺，以及 T-Road 安全服務等基礎建設，提供各機關安全可靠的資料傳輸環境，透過跨機關資料查驗與介接機制，提升行政效率以及優化便民服務（楊蘭堯，2020）。

在跨機關資料流通的同時，基於後續應用上的需求以及品質的提升，國發會又訂定《政府資料品質提升機制運作指引》，以資料可「直接取得」、「易於處理」以及「易於理解」作為資料品質應該遵循的三項標準，不僅明確化運作測量的指標，並在此指引中提供具體資料品質檢測方式，以確保政府資料品質，便利民間使用。延續以上的努力，國發會也訂頒《政府資料開放優質標章暨深化應用獎勵措施》，該獎勵措施界定白金、金、銀、銅等不同資料品質等級標章認證，讓各機關有所遵循；透過「金質獎」、「應用獎」及「人氣獎」等獎項的辦理，鼓勵機關參與，精進資料開放作業，部分獎項並開放讓民眾評選或納入民眾參與指標，更多面向地去評

4　王若樸。臺灣醫療資料交換四大痛點，成了醫界轉型創新考驗，ITHOME，2022 年 11 月 27 日，取自：ttps://www.ithome.com.tw/news/141636。

估開放的品質成效，同時降低民眾與政府之間認知的落差。

二、資料治理跨域整合機制：平臺的建立

　　政府為建立完整的資料治理生態系，釐清權責、串接不同機關以及連結民間與政府的供需，在推動資料治理過程，建立並逐步優化以下三個平臺。最早建立的第一個平臺是由國發會建構的開放資料入口網，該網站除了讓各中央及地方政府機關傳送並儲存政府開放資料，提供民眾下載運用外，並分享各機關應用的案例。為弭平政府與民眾的落差，平臺更開設「我想要更多」專區，供民眾提議開放所需資料，但機關回應未必能夠以民眾關心的角度，讓民眾清楚瞭解資料是否可以開放或無法開放之原因。因此，國發會自2020年1月與總統盃黑客松卓越團隊——「資料申請小幫手」團隊合作設計標準化回應流程，已要求機關應於十四日內具體回應，讓民眾瞭解所需資料是否已開放，或正準備開放及預計開放時間，機關就無法開放的資料也應具體說明理由。接續在政府資料開放平臺中設置「我有話要說」機制，則讓使用者可以檢視特定資料集，一起和其他使用者參與討論回應，除了促進機關定期檢視資料正確性及完整性，降低資料缺漏或錯誤之風險，也提供使用者交流資料分析及應用的經驗，對於政府的資料治理有重要參考價值。

　　另一平臺則是為納入民間專業觀點，促進公私合作，創造資料價值及有效促進機關開放文化。國發會早於2015年函頒《政府資料開放諮詢小組設置要點》，於行政院及各部會成立政府資料開放諮詢小組，其中組成除了政府部門，還包含三分之一民間代表。而該機制之運作成果也採公開透明方式，於機關網站及政府資料開放平臺公開諮詢小組委員名單。納入民間代表的目的在於，推動資料開放的同時，也必須理解有部分資料須被保護，而藉由多元的民間代表能讓開放與保護兩方的聲音有衡平的機會，對於資料治理的政策也能有更審慎的規劃。該要點規定各部會需定期召開會議，藉

由民間專家學者與機關交流討論，共商資料開放推動政策，具體內容包含策略規劃、資料盤點、溝通推廣、資料品質等面向，集思廣益提供資料治理建議，讓政府資料廣為民眾所用，發揮資料應用價值。

第三個平臺為行政院公共數位創新空間小組（PDIS），[5]該小組的設置一部分是為了解決開放政府推動過程跨部門之間的權責議題，並透過跨部門及民間的合作，應用資料來解決民眾問題或創造資料價值。2017年開始實施的《行政院及所屬各機關開放政府聯絡人實施要點》，規定設立二級機關開放政府聯絡人的機制，將開放政府以及資料治理運作機制鑲嵌進體制中，藉由各機關聯絡人的設置與定期會議，並在開放政府協作會議討論跨部門資料的創新應用，以及解決機關之間的權責爭議。協作會議也實施公務員的教育推廣課程，讓資料治理的精神植入機關文化，並進一步與民間進行深度的經驗交流，提升公務同仁資料治理的能量，協力創造資料的價值。隨著各國對於資料治理的重視，政府也積極推動「開放政府夥伴關係聯盟國家行動方案」，其中結合政府、學界與民間團體共同推動資料治理，是該計畫重要的一環。

三、擴大資料應用加強循證決策：總統盃黑客松、部會推動與學界及民間的合作

在資料開放的豐碩成果上，行政院於2019年3月公布《總統盃黑客松辦理要點》，作為舉辦該活動的依據，並自該年起每年持續舉辦。該活動主要展現政府對開放資料與資料運用創新之重視，透過獎項之頒發，鼓勵資料擁有者、資料科學家、領域專家多方交流，共同運用資料，促進跨政府機關、跨領域及公私協力共創，加速公共服務優化，並激勵公務人員主動創新精神，以黑客文化實踐

5　PDIS 網站，2022 年 11 月 27 日，取自：https://pdis.nat.gov.tw/zh-TW/。

政府服務再造、提升國民福祉。該活動舉辦至 2022 年，每年都吸引國內外民間高手參與，為國內資料治理界的一大盛事。經過激烈的競爭，每年選出五個資料應用優良案例。以 2022 年為例，共有 153 個國內外團隊參加，最後有五個國內以及兩個國外資料應用團隊出線。[6]這些應用解決了政府許多的痛點並提供服務的創新規劃。

除了總統盃黑客松的舉辦，各院及部會也積極推動與學界及民間的合作，進行開放資料的分析與應用。例如考試院除了依據國發會有關資料開放的政策訂定各項辦法並設置諮詢小組外，也積極進行全面數位轉型（digital transformation），推動與學界合作分析考試院開放的資料，藉以優化決策品質。[7]透過研究計畫，積極主動邀請學者及民間人士應用考試院所屬機關的資料庫，對於特定議題進行循證分析，作為決策基礎。人事行政總處也鼓勵所屬員工運用資料庫，進行人事相關議題研究，並頒發獎項，推廣資料的分析應用，創造資料的價值。

肆、地方政府資料治理的實踐作為

相對於上述我國中央政府（主要為行政院與各部會）對於資料治理與開放資料的推動策略與過程方針，我國地方政府在地方自治相關法規的授權範圍內，也有一些值得瞭解與參考的政策與管理方案。雖然同為政府部門的組織，地方政府對於資料治理痛點需求與迫切程度的認知與中央政府仍有部分殊異，因為地方政府其實即包含了完整的跨業務領域資料來源（交通、環保、民政、教育等），而且為了獲致資料治理與其加值應用的綜效，也必須面對不同領域

---

6 總統盃黑客松網站，2022 年 11 月 27 日，取自：https://presidential-hackathon. taiwan.gov.tw/。

7 考試院網站，2022 年 11 月 27 日，取自：https://technews.tw/2021/03/16/exam-digital-transformation-is-urgent/。

業務（例如交通、環保等）的制度規範與需求（通常來自該業務領域的中央政府主管機關，例如地方政府交通局與環保局的業務必須遵循行政院交通部、環保署的母法規範）。

以臺北市政府（或簡稱北市府、北市）為例，伴隨其 2011年 9 月至今已頗為成熟的開放資料單一入口網站「臺北市資料大平臺」（https://data.taipei）的推動經驗與成果，逐漸意識到政府機關中的資料不僅可開放民眾善用，也可積極地運用於北市重大施政的循證政策與決策制定（evidenced-based policy and decision making），而且不論是對外開放資料運用的「臺北市資料大平臺」，或市府內部的循證決策分析「臺北大數據中心」（https://tuic.gov.taipei）（Taipei Urban Intelligence Center, TUIC，於 2022年 1 月 19 日正式啓用），其資料品質（包括正確、即時、完整、精準等）是不可或缺的關鍵環節，此外，如何串聯及整合由北市府各局處分別主管的數位資料更是必須克服的實際挑戰。

緣此，臺北市領先各縣市於 2020 年 12 月 7 日成立其「資料治理委員會」，[8] 企圖「整合運用轄屬各機關、學校及公營事業機構等保有之資料，透過資料整合與數據分析，適時、適地提供基礎建設，強化行政效能及決策品質，並落實隱私權保障及資料安全機制」。透過成立至今共九次的「資料治理委員會」會議紀錄分析，可以看出北市府外部專家委員與內部局處代表們，已討論了涵蓋資料生命週期（data life cycle，如本書第一章）各階段的資料治理相關議題，以下案例（以資料治理議題予以歸納）即引用自會議紀錄（如引號內文字）並輔以說明。

8　詳如《臺北市政府資料治理委員會設置要點》，網址：https://doit.gov.taipei/News.aspx?n＝13EF18B0D5659F4E&sms＝6326F1BB8238E91C。

一、資料價值擴展與爭議處理的組織分工

資料治理委員多次在會議中提議由 TUIC 持續統合各北市府局處資料,「透過跨域的資料分析以發揮資料價值」,以及「請資訊局盤點本府開放資料並進行分類分級,如資料公開有所爭議則提送本委員會審議」。

二、資料價值擴展的公私協力機制

除了北市府內部分工,資料治理委員會也討論到可能的公私協力機制,例如「請秘書長……召集府內相關局處討論大數據中心共同營運團隊之組織與人員編制,短期先由資訊局辦理,後續可評估是否由民間或納入市立大學等學術單位共同營運」。

三、資料開放與使用平臺間的流通運用

資料取得與其加值運用需相互配合以獲致其綜效,因此北市「為鼓勵個人、企業和組織運用政府開放資料創造知識資產及便民服務,本府已建有資料大平臺,提供簡易便民的資料取得管道;臺北大數據中心如有對外提供之資料,亦透過資料大平臺提供」。

四、服務平臺與資料使用者的互動

如同所有對外開放的網站須提升使用者的友善互動並蒐集改善意見,資料治理委員們也要求「資料大平臺應於網頁上提供聯繫窗口,供使用者反映建議與洽詢需求,並持續彙整及蒐集問題,適時向上呈報」,如此一來,網站維運單位與特定民眾問題意見相關的北市府局處才得以持續精進其開放資料的服務品質。

五、資料盤點與分類

為了盤點釐清不同類型資料的管理作為,北市府資料治理委員會要求各局處「研擬本府資料分類標準,俾利確認資料可進行開放其他用途之可能性」。

六、資料取得與介接

如期待北市府可透過資料治理促成更為創新的數位服務，「市政服務與中央資料流通的問題，……盤點會因中央補助停止而受影響之基礎資料」，也多次在北市資料治理委員會中被提出。

七、資料申請與審核

首次資料治理委員會會議即針對「哪些資料以及資料申請流程，擬定相關檢核機制」予以討論，後來即研擬了「臺北市政府資料管理實施計畫」。

八、機敏業務資料的去識別化與資訊安全

許多業務資料（如停車費繳交、社會福利）在對外開放時，「機敏欄位經去識別或匿名化後開放，應避免資料被直接、間接識別或逆向還原……去識別化應有內部的標準作業程序，並研議導入類似資安紅隊演練機制之可行性」。

九、個人資料主體與隱私保護

即使資料僅是對內運用，但如果涉及原始蒐集目的外的運用範圍時，仍須「請法務局協同資訊局，釐清臺北市政府蒐集個人資料之主體，以取得資料整合運用之法源依據」，例如「台北通7至20歲未成年會員涵蓋學齡層較廣（自小學至大學），對於必要性服務之需求有所差異，請資訊局進一步評估未成年會員隱私政策分級可行性」。

十、資料收費與使用限制

會議紀錄中，資料治理委員們多次建請北市財政局加入「資料收費機制之研議」整合應用工作小組，並且「會同資訊局、研考會及法務局等共同研擬資料收費中長期之修法方向，瞭解其他國家數據交易所及資料加值應用收費作業模式。……依公益、非公益或商業用途來區分計價方式，並考量資料申購者（如陸資企業）及資料轉售行為之限制」。

十一、資料相關法規的整體釐清

地方政府除了自身管轄權限，仍須配合中央政府相關法規，因此北市府必須「依行政院及所屬各級機關政府資料開放作業原則，制定資料收費辦法會有法律依據不足之疑慮，請研議規費法、市有財產自治條例或其他法律授權利用機制，俾使資料之授權利用有法律依據」。

十二、爭議裁決與成效評估

資料治理委員會也多次裁量資料治理相關爭議，例如「各店家核銷資料案，經本委員會審議認定不宜提供議員」，並且責成北市府定期評估成效以利於持續檢討精進：「……後續亦請提供熊好券整體效益評估報告予議員參考」。

上述由臺北市資料治理委員會的歷次會議紀錄中所萃取出的討論內容，也搭配了相關子法共同推動，例如支援北市府內部決策分析的《大數據中心作業要點》，以及所有資料運用必定有所關聯的《資通安全管理規定》與《個人資料保護管理要點》，為了促進北市府內部跨局處資料與服務，也須搭配《資料管理實施計畫》、《單一識別服務作業要點》、《空間圖資流通規範》，以及研擬中的「政府資料開放作業規範」。

伍、未來展望與挑戰：以公務人力的資料治理素養驅動數位轉型

綜合本文對於我國中央政府與地方政府的推動經驗，可以圖4-1來整體理解與定位我國政府機關的資料治理作為，因為善用多元領域及不同來源的資料於公共治理即為政府數位轉型的關鍵環節（陳敦源等，2022）。首先，為兼顧政府內部循證決策管理與對外資料加值運用（如圖中間部分的「資料治理價值」），資料治理確實為其關鍵環節（如圖底部的「數位科技／資料」）。

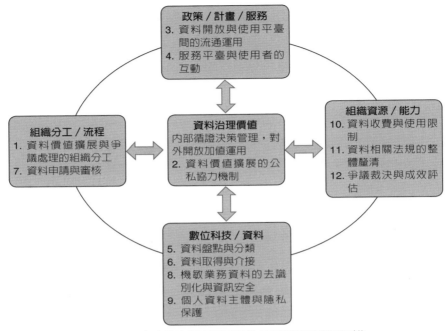

圖 4-1　政府資料治理搭配數位轉型的運作架構

一、以資料治理驅動政府數位轉型的運作架構

　　對照前段北市資料治理委員會議的整理歸納，「二、資料價值擴展的公私協力機制」即可反映資料治理作為關鍵環節的預期價值或效益，而「一、資料價值擴展與爭議處理的組織分工」突顯北市府各局處（或行政院各部會內的各業務單位與資訊單位）勢必扮演資料治理的利害關係人（stakeholders）。

　　如深究資料治理的內涵，前段北市經驗的「五、資料盤點與分類；六、資料取得與介接；八、機敏業務資料的去識別化與資訊安全；九、個人資料主體與隱私保護」，皆可視為高度關聯於數位科技軟硬體與資料本身的特定方案（如圖底部的「數位科技／資料」），而且必然與「一、資料價值擴展與爭議處理的組織分工；七、資料申請與審核」相互搭配（如圖左方的「組織分工／流

程」）。

　　以上配置於政府組織內部的科技與管理方案，如再輔以對外使用者的「三、資料開放與使用平臺間的流通運用；四、服務平臺與使用者的互動」，則可串聯政府組織內外部（如圖上方的「政策／計畫／服務」），而形成完整的資料治理生命週期（如本書第一章）。

　　除了政府資料的外部使用者（個別民眾、營利企業、非營利組織等），中央與地方政府各政策業務主管單位其實也作為資料治理的內部使用者及預期受益者，例如透過整理分析 1999 熱線的民眾反映內容，各縣市政府環保局處即可得知哪些地點與污染是「民怨熱點」，此即呼應於前文提到的政府內部的循證決策管理。

　　最後，支持或促成以上歸納資料治理內外部預期效益得以實現，則有賴政府具備妥適的組織文化、資源管理與經營能力（如圖右方的「組織資源／能力」），如前段北市推動經驗中的「十、資料收費與使用限制；十一、資料相關法規的整體釐清；十二、爭議裁決與成效評估」。

　　除了歸納整理資料治理的實際方案與相關議題，圖 4-1 各組成元素之間的連結與整合更攸關政府推動資料治理的整體成效。以資料治理的核心價值效益（如本書第一章提及的透明、課責、參與協力等）為依歸，透過提供給外部利害關係人（個別民眾、營利企業、非營利組織等廣義使用者）的服務平臺，如「臺北市資料大平臺」與行政院數位發展部主責的「政府資料開放平臺」（https://data.gov.tw），並同時貢獻於政府內部各政策業務領域（如「臺北大數據中心」）。而支持與促成此政府資料治理價值效益的基礎，即是如何有效串聯圖 4-1 中的數位科技與資料、組織結構流程的分工整合，以及組織文化環境與資源能力，由於數位與資料相關科技的持續進展，政府機關也必須逐步掌握善用，且妥善連動至外部服務及內部組織管理等作為。

二、以隨需培訓模式支撐政府資料治理與數位轉型

最後，本書所介紹的中央與地方政府的資料治理推動案例，其實都需仰賴公務人力的資料治理相關素養與能力，不論從各國文獻整理（Distel et al., 2019）與我國在地研究成果（蕭乃沂、李蔡彥，2018），都已歸納出規劃執行數位轉型與資料治理相關工作（如圖4-1 的 12 項）需要兼具技術與管理面向的核心能力。技術面向能力包括：資訊安全與倫理、服務驗收、資料管理、數據分析（包括視覺化呈現）等；管理面向能力則包括：專案管理、採購管理、永續管理、企業架構等。

更關鍵的是，蕭乃沂等人（2023）的研究成果也再次突顯：政府組織中的資訊部門與業務部門必須妥善搭配，才能以跨領域協力推動數位優化與轉型。如同本書第二章指出，由於我國公務人力招募管道仍主要來自國家考試，而這些跨越技術與管理的核心能力無法透過單一招考職系中檢測，況且等待新進公務人力來主責推動資料治理也緩不濟急，因此在職且配合職務需求訓練（on-job and for-job training）勢必成為政府推動資料治理與數位優化轉型的共通基礎。

有別於傳統「預先規劃開課」搭配「自主報名／指定受訓」，由於資料治理已緊密連結政府組織中的特定業務優化，包括對外創新服務、資料開放與對內管理決策（參本書案例），皆需政府組織內或跨組織的資訊、統計、業務與法規人力的高度配合，顯然更需要由培訓單位或與外部專業團隊合作以「客製化」特定任務或專案需求，預期此隨需培訓（on-demand training）模式將逐漸興起成型，使得培訓成果得以即時移轉運用於資料治理與數位轉型推動。

參考文獻

1. 陳敦源、朱斌妤、蕭乃沂、黃東益、廖洲棚、曾憲立（2022）。政府數位轉型（第二版）。臺北：五南。

2. 楊蘭堯（2020）。加速政府傳輸與資料安全應用：T-Road 架構與安全機制。國土及公共治理季刊，8（4），86-91。

3. 蕭乃沂、李蔡彥（2018）。數位治理人力資本與職能策略研析調查。臺北：臺灣數位治理研究中心。

4. 蕭乃沂、廖興中、林俞君（2023）。政府機關數位發展人才職能建構與訓用連結之研析。臺北：臺灣數位治理研究中心。

5. Distel, B., N. Ogonek, & J. Becker (2019). eGovernment Competences Revisited. Retrieved January 27, 2023, from: https://aisel.aisnet.org/wi2019/track04/papers/1/.

6. Sweeney, K. (2019). Operational Data Governance Framework. Retrieved May 26, 2023, from https://www.data.govt.nz/assets/Uploads/summary-odgf-2019.pdf.

技術篇

第 5 章

Open Data 分析運用理想
與現實的貼近

廖興中

小敬目前是一位高中生，正在規劃如何在多元學習歷程中建立一些有趣的學習成果。他對於高雄市的市民陳情資料非常感興趣，同時也希望能夠結合其他的政府資料進行分析，看看是不是能找到可能的相關性，藉此產出他人生中第一份專題報告。於是他開始到高雄市政府的開放資料平臺與其他政府的資料庫中翻箱倒櫃，接著……

壹、專題背景

　　小敬在上公民課的時候，老師提到公民參與的概念，其中公民與政府合產（co-production）的方式最吸引他的注意。因為合產的方式，強調在整個參與的過程當中，民眾透過擔任志工或協力夥伴的角色，與政府共同進行服務的遞送或設計。老師提到，在這個過程中民眾若不主動向政府機關報告各種社區鄰里中的疑難雜症，那政府就需要透過更多的人力成本在鄰里中挖掘問題，否則這些千奇百怪的問題將持續不斷地發生。若透過資通訊科技的導入，讓民眾可以在遇到這些疑難雜症時直接跟政府機關陳情，透過這樣的機制

一方面可以掌握到這些被民眾積極提出的需求，另一方面也可以藉此讓政府對於社會各種問題的解決更有效率。

　　老師以高雄市爲例，提到市政府爲了有效提供市民各類的市政服務，包含諮詢服務、轉接服務、告知電話、申訴服務、派工服務等五部分。特別是在派工的部分更是琳瑯滿目，包括：市區道路坑洞處理，人孔蓋破損處理，道路側溝溝蓋損壞，大型廢棄物清運聯繫，道路油漬，道路散落物，路樹處理，道路側溝結構損壞，河濱自行車道破損，車、人行地下道、涵洞積淹水，道路邊坡坍方，路面下陷掏空，路面積淹水，場所與設施噪音舉發，污染舉發（空污、臭味、震動、水污染、廢棄物、毒化物、土壤污染、公廁、環境衛生），鄰里無主垃圾清運，雨水下水道側溝清淤，交通號誌異常，交通標誌損壞、傾斜，交通號誌桿損壞或電纜線垂落，用戶無水，漏水報修，動物虐待傷害等。更有趣的是，一方面高雄市政府會透過 1999 這樣的專線來強化處理民眾相關問題的能力，做好市政府與公民之間關係的管理；另一方面，透過前面那些派工的案件來看，其實也間接透過民眾各種疑難雜症的提出，讓市政府即時發覺問題並解決問題。最後，透過分析這些派工資料，可以看到一些特定的分布趨勢，例如：哪些地方會比較容易有高密度的違規停車派工案件，背後可能的原因有哪些⋯⋯。

　　小敬聽到這裡，心中激起了一堆的問號並在腦中不斷盤旋，也希望能夠得到老師的協助，看看是否可以眞的好好地規劃成爲他的專題報告的內容。以下是他心中的疑惑：

一、如何取得高雄市政府 1999 的派工紀錄？

二、這些派工紀錄的內容是什麼樣子？

三、這些資料要如何被整理成爲可利用的內容？

四、有沒有哪些其他本來就存在政府的資料，也可以拿來跟 1999 的派工紀錄一起被分析？

貳、上窮碧落下黃泉：高雄市 1999 派工資料找尋

　　老師建議小敬先到高雄市政府的開放資料平臺看看，瞭解一下這些 1999 的資料是不是開放資料。在進到高雄市 1999 開放資料平臺之後，在搜尋欄位中打入 1999 便可以找到 Open1999 派工受理案件資料（參見圖 5-1）。[1] 目前高雄市 1999 開放資料的格式主要分為 JSON 跟 CSV，而 CSV 格式的檔案僅提供到 2018 年的紀錄為止，之後都改以 JSON 格式提供。使用者可以利用下面這個連結進行下載：https://soweb.kcg.gov.tw/open1999/ServiceRequestsQuery.asmx/ServiceRequestsQuery?startdate=&enddate=，只需將起訖日期加在網址最後之 startdate= 及 enddate= 即可

圖 5-1　高雄市 1999 開放資料在哪裡？

1　該資料連結請參考：https://data.kcg.gov.tw/dataset/open1999。

```
←  →  C    soweb.kcg.gov.tw/open1999/ServiceRequestsQuery.asmx/ServiceRequestsQuery?startdate=&enddate=

[
  {
    "Seq": 1,
    "FileNo_": "A-IN-2022-121656",
    "Status_": "2",
    "Cre_Date_": "2022/6/30 上午 09:32:02",
    "ReplyUnit_": "397150000I",
    "zipcode_": "6403400000",
    "ZipName_": "杉林區",
    "address_": "杉林區月美里桐竹路3",
    "UnitName_": "環保局",
    "StatusName_": "待確認",
    "InformDesc_": "異味污染_動物",
    "BeforeDesc_": "渠反映該址養雞場觀歞厚臭異味致空污，建請查處。（須請檔查電覆陳情人）",
    "AfterDesc_": "",
    "Memo_": "",
    "Save_Date_": "2022/6/30 上午 09:32:41",
    "Close_Date_": "",
    "Lat_": "",
    "Lng_": ""
  },
```

圖 5-2　高雄市 1999 開放資料 JSON 檔內容

使用，若不給起訖日期，則爲近期之 600 筆案件。日期格式範例爲 20190101，日期最大區間限制爲一年。例如若需要 2018 年的陳情紀錄，那就可以將前面所提供的連結內容修改爲所需要的時間範圍，如下列連結所示範的內容：https://soweb.kcg.gov.tw/open1999/ServiceRequestsQuery.asmx/ServiceRequestsQuery?startdate=20180101&enddate=20181231，接著就可以取得 JSON 的檔案資料（參見圖 5-2）。當然 JSON 檔案轉換成 CSV 格式資料的工具，目前市面上有非常多的線上工具都可以參考與使用，對小敬來說已經不是問題。

參、筆路藍縷以啓山林：派工資料的欄位與整理

　　在將 JSON 檔案轉換成 CSV 檔案後，小敬發現原來有許多欄位資訊以結構化的方式被呈現出來。目前提供的欄位包括（參見圖 5-3）：FileNo（案號）、Status（管制狀況代碼）、Cre_Date（反映日期）、ReplyUnit（權責單位代碼）、Zipcode（郵政區號）、ZipName（行政區域）、Address（維修地點）、UnitName（權責單位）、StatusName（管制狀況）、InformDesc（通報事

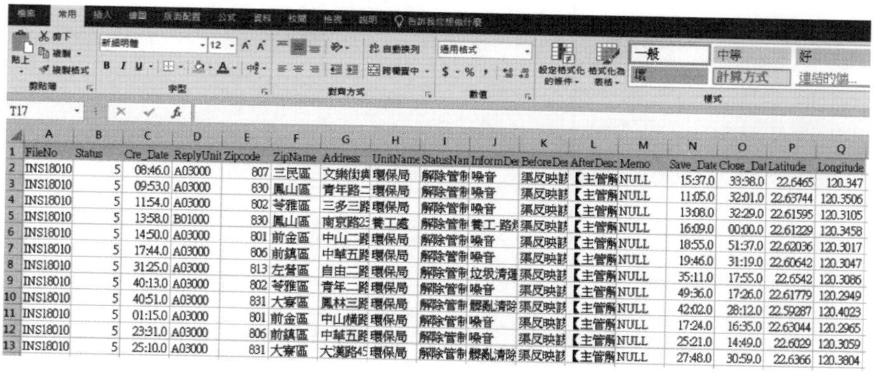

	FileNo	Status	Cre_Date	ReplyUnit	Zipcode	ZipName	Address	UnitName	StatusNan	InformDes	BeforeDes	AfterDesc	Memo	Save_Date	Close_Dat	Latitude	Longitude
2	INS18010	5	08:46.0	A03000	807	三民區	文樂街典	環保局	解除管制	噪音	渠反映該	【主管解	NULL	15:37.0	33:38.0	22.6465	120.347
3	INS18010	5	09:53.0	A03000	830	鳳山區	青年路二	環保局	解除管制	噪音	渠反映該	【主管解	NULL	11:05.0	32:01.0	22.63744	120.3506
4	INS18010	5	11:54.0	A03000	802	苓雅區	三多三路	環保局	解除管制	噪音	渠反映該	【主管解	NULL	13:08.0	32:29.0	22.61595	120.3105
5	INS18010	5	13:58.0	B01000	830	鳳山區	南京路23	養工處	解除管制	養工-路	渠反映該	【主管解	NULL	16:09.0	00:00.0	22.61229	120.3458
6	INS18010	5	14:50.0	A03000	801	前金區	中山二路	環保局	解除管制	噪音	渠反映該	【主管解	NULL	18:55.0	51:37.0	22.62036	120.3017
7	INS18010	5	17:44.0	A03000	806	前鎮區	中華五路	環保局	解除管制	噪音	渠反映該	【主管解	NULL	19:46.0	31:19.0	22.60642	120.3047
8	INS18010	5	31:25.0	A03000	813	左營區	自由二路	環保局	解除管制	垃圾清運	渠反映該	【主管解	NULL	35:11.0	17:55.0	22.6542	120.3086
9	INS18010	5	40:13.0	A03000	802	苓雅區	青年二路	環保局	解除管制	噪音	渠反映該	【主管解	NULL	49:36.0	17:26.0	22.61779	120.2949
10	INS18010	5	40:51.0	A03000	831	大寮區	鳳林三路	環保局	解除管制	髒亂清除	渠反映該	【主管解	NULL	42:02.0	28:12.0	22.59287	120.4023
11	INS18010	5	01:15.0	A03000	801	前金區	中山橫路	環保局	解除管制	噪音	渠反映該	【主管解	NULL	17:24.0	16:35.0	22.63044	120.2965
12	INS18010	5	23:31.0	A03000	806	前鎮區	中華五路	環保局	解除管制	噪音	渠反映該	【主管解	NULL	25:21.0	14:49.0	22.6029	120.3059
13	INS18010	5	25:10.0	A03000	831	大寮區	大漢路45	環保局	解除管制	髒亂清除	渠反映該	【主管解	NULL	27:48.0	30:59.0	22.6366	120.3804

圖 5-3　高雄市 1999 派工資料 CSV 檔各欄位

項）、BeforeDesc（反映內容）、AfterDesc（處理結果）、Memo（備註）、Save_Date（通報日期）、Close_Date（結案日期）、Latitude（緯度）、Longitude（經度）。

在這些欄位當中，小敬最感興趣的是每件派工案件的反映日期、行政區域、維修地點、通報事項跟經緯度。仔細檢視以後，小敬發現反映日期可以提供派工日期與時間的資訊；而行政區域主要爲每筆派工案件的行政區名稱，例如鳳山區。維修地點則比較像是派工的地址或地點的資訊，但是有部分相對籠統的資訊不易掌握確切地點，像是金鼎路與鼎強街口或是三多三路大遠百附近等。另外，經緯度的資訊則可以被利用來進行派工案件的定位，該資訊十分關鍵，但是會有極少部分的派工紀錄是缺乏經緯度資訊。若再仔細確認地址資訊，如可以找到較完整的地址資訊，例如：海洋二路 102 巷 14 號，則可以透過 TGOS 內政部地理圖資雲整合服務平臺中的全國門牌地址定位服務，輸入地址查詢其經緯度或座標數值（參見圖 5-4）。[2] 然而，若派工地址含混不清無法確認，則僅能將

[2] 地址定位服務連結請參考：https://www.tgos.tw/tgos/Web/Address/TGOS_Address.aspx。

圖 5-4　TGOS 地址定位服務

其剔除，視其為後續分析觀察的資料。最後，由於小敬家附近常常有許多的違規停車現象，因此選擇了違規停車的派工資料作為自己資料分析的專題。

肆、移星換斗：派工資料點位的產生與轉換

　　不同的地理資訊軟體工具都可以協助小敬將手上整理好的 1999 派工資料根據經緯度的數值轉換成可用的資訊；小敬選擇了 GeoDa 這樣免費的空間資料分析軟體來協助他。[3] 開啟 CSV（Common Seperated Value）檔案之後（參見圖 5-5），可以檢查一下每個欄位的格式是否適當，像 String 是字串格式、Integer 是整數格式、Real 是實數格式等（參見圖 5-6）。以經緯度而言，應該調整成實數格式。確認後則可以在圖 5-6 方框中經度（Longitude）與緯度（Latitude）的欄位設定成 CSV 資料中經緯度的欄位。確定後點擊 OK 就會產生點位的分布視窗（參見圖 5-7）。最後，點擊上方功能鍵 File，找到 Save As 將資料另存成 ESRI Shapefile 格式 [4] 檔案加以輸出，便取得高雄市政府 1999 派工案件的點位 SHP 檔（參見圖 5-8）。

3　可以至以下連結下載安裝：https://GeoDacenter.github.io/download.html。

4　SHP 是一種儲存地理圖資的檔案格式，這種格式是由數個檔案合成的，每個檔案會有不同的功用，但一定至少包含三個檔案：.shp（記錄地理圖資的點線面資訊），.shx（地理圖資的索引），.dbf（地理圖資的屬性資料）；除此以外，也可能選擇性地會有 .sbn、.prj、.sbx、.cpg 等檔案。

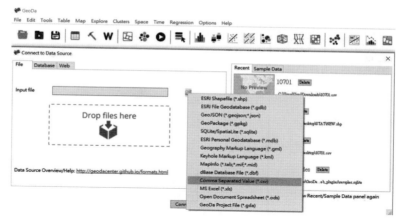

圖 5-5　CSV 開啓視窗

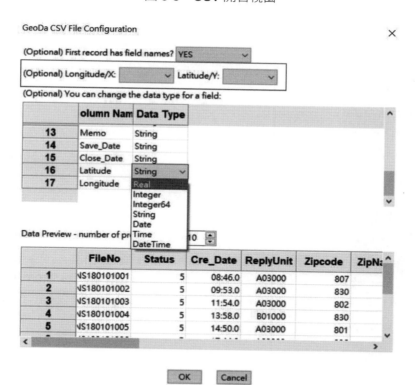

圖 5-6　經緯度格式確認

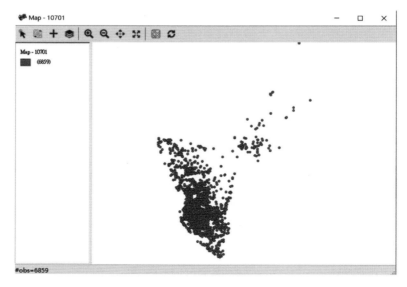

圖 5-7　1999 派工案件分布

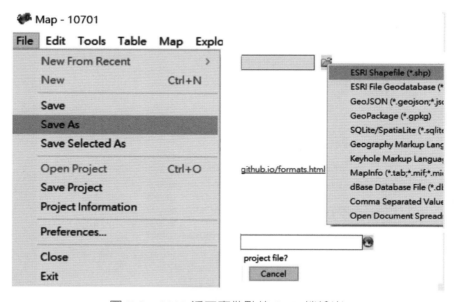

圖 5-8　1999 派工案件點位 SHP 檔輸出

伍、精打細算：派工資料與人口資料的結合與計算

　　小敬在取得點位資料之後，考慮到人口數愈多的地區，可能會有更多民眾利用 1999 陳情的可能性，因此打算把人口數與目前的陳情點位資料進行結合計算。老師提醒他內政部有一個社會經濟資料服務平臺（https://segis.moi.gov.tw/STAT/Web/Platform/QueryInterface/STAT_QueryInterface.aspx?Type=0），在那裡可以下載全臺灣里的邊界圖及人口資料，這樣就有可能去計算出每個里的陳情率。於是小敬進到平臺中，找到全臺灣各里人口概況的資料，並且下載後用 GeoDa 打開，並透過欄位中各縣市名稱（COUNTY）將高雄市所有里選擇後另存成新的 SHP 檔（參見圖5-9）。

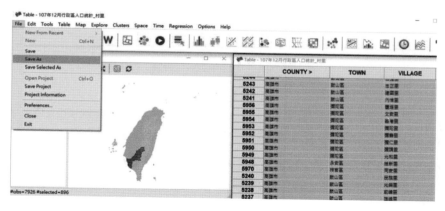

圖 5-9　高雄市各里人口 SHP 檔輸出

　　其次，小敬希望計算每個里陳情的次數，但是手上有的卻是點位資料，要如何處理呢？地理老師提醒他，只要將陳情點位跟里的地圖位置疊起來，利用一種空間接合（spatial join）的方法，自然就能算出每個里有多少次數的陳情。例如圖 5-10 當中在某個區域中有許多點位散布著，利用空間接合的方式，就能找到 A 跟 B 不

同行政區中的各自點位，自然也就能計算出這些點位的個數。不過，空間資料的接合有一個先決條件，必須兩筆資料背後的座標系統是一致的。由於高雄市 1999 陳情的點位是藉由經緯度座標產生的資料，與內政部社會經濟資料服務平臺所提供的里資料的座標系統不同，因此需要將 1999 陳情的點位資料進行轉換。[5,6]

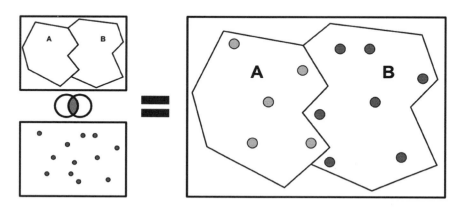

圖 5-10　空間接合示意圖

　　在將高雄市各里地圖與 1999 陳情點位依序放入 GeoDa 之後，就會得到如圖 5-11 的疊合狀態。再利用其中的 Tools 選項中的 Spatial Join 功能將每個里 1999 陳情的次數計算出來，也就是圖 5-12 當中的 SC，並且會自動新增在里資料的欄位中。之後在表格視窗中點擊滑鼠右鍵，選取 Calculator（參見圖 5-13）進到計算機的畫面後，按照以下幾個步驟取得各里每千人陳情次數：

5　內政部目前提供地圖的座標系統主要為 TWD97TM2，因此需要把以 WGS84 的點位地圖透過地理資訊系統或小工具加以轉換。可以自中研院的 GIS 應用支援工具集下載 ShpTrans 並進行轉換。請參考該連結：http://gis.rchss.sinica.edu.tw/ISTIS/tools/。

6　座標系統轉換透過 ShpTrans 的操作步驟，請參考以下連結相關說明：http://gis.rchss.sinica.edu.tw/ISTIS/tools/program/shptrans/shptrans.pdf。

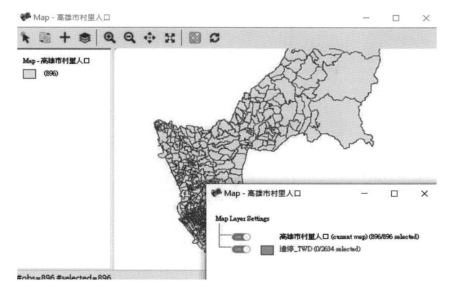

圖 5-11　1999 陳情資料與里地圖疊合圖

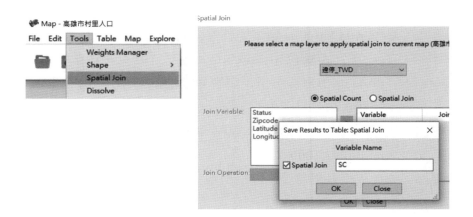

圖 5-12　空間資料接合圖

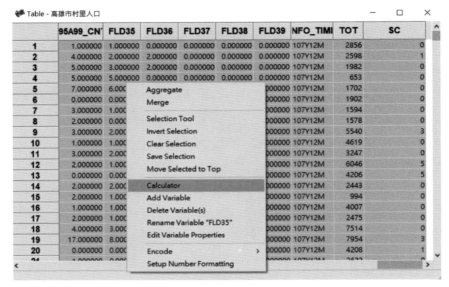

圖 5-13　陳情頻率計算圖

步驟 1：先選取 Bivariate 功能區塊找到雙變數運算的功能。

步驟 2：點擊 Add Variable 新增變數並命名為 R1999。

步驟 3：在下方公式欄位中選取 SC（各里 1999 陳情數）除上
　　　　（divide）TOT（各里人口數）後點擊下方 Apply（步驟 1
　　　　至步驟 3 請參見圖 5-14）。

步驟 4：重複步驟 3 的動作，但令 R1999 等於 R1999 乘以
　　　　（multiply）1000。

步驟 5：如此即得各里每千人陳情次數。

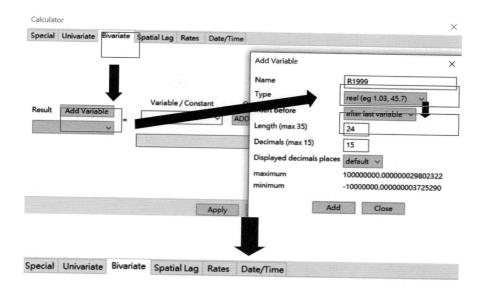

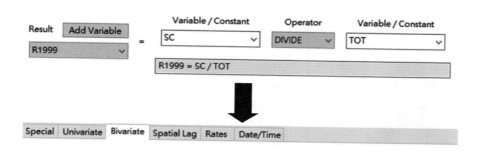

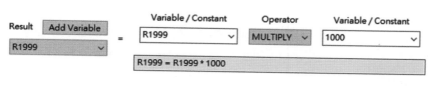

圖 5-14　陳情頻率計算順序圖

陸、柳暗花明：每千人陳情次數熱點分析

在計算出每千人陳情次數後，小敬忽然想到是否有可能知道這些陳情多半主要集中在哪些里，有沒有可能有聚集的現象。這樣的概念地理老師好像曾經談到空間自相關或空間群聚的概念，其定義為某地區的現象與其鄰近地區的現象更相似或更不相似，便存在空間自相關的現象。主要可分成正向與反向的空間自相關（廖興中、呂佩安，2013）：

一、若某地區的現象與鄰近地區的差異較小，與非鄰近地區的差異較大，則屬於正向空間自相關（圖 5-15 右方）。

二、若與鄰近地區的差異較大，與非鄰近地區的差異較小，則屬於反向空間自相關（圖 5-15 左方）。

三、像圖 5-15 中間的部分，由於黑色區域與白色區域分布的情況，並沒有特定明顯的群聚現象，也就屬於較隨機的狀態。

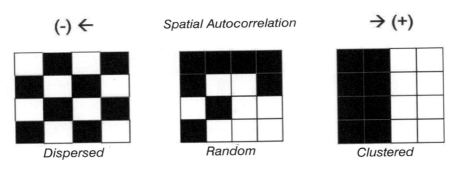

圖 5-15　空間自相關示意圖

在執行空間自相關或群聚分析的功能之前，GeoDa 會要求分析者先設定空間加權的矩陣檔，其目的在協助系統確認每個里旁邊鄰近的里是誰。換言之，透過各里與各里之間共用邊界的情形，可以協助系統確認出各里各自的鄰近里為何，便於後續進行空間自相關分析。透過共用邊界確認鄰近區域的方法大致可分成兩種，

Rook 主要以邊界完全共用爲主；Queen 除了共用邊界以外，若兩個鄰近地區的接壤僅僅交會於一個點上，亦可視爲鄰近的狀態。在 GeoDa 的操作上，可以按照以下幾個步驟來完成（參見圖 5-16）：

步驟 1：需要從 Tools 裡面找到 Weights Manager，點擊 Create 進到空間加權矩陣的設定視窗。[7]

步驟 2：在視窗中右上角點擊 Add ID 的選項，爲每個里新增一個識別代碼，系統原先的設定欄位名稱爲 POLY_ID。

步驟 3：點選邊界相鄰 Contiguity 的方法，界定原則選擇 Queen，並且確認鄰近的階層數 Order of contiguity 爲 1，也就是僅將第一圈邊界相鄰的里界定爲鄰近區域。

步驟 4：點擊 Create 並將矩陣檔案儲存。

---

[7] 空間加權矩陣主要是透過一些地理資料背後鄰近規則的設定，來協助系統可以辨認在分析資料中，哪一個分析主體與哪些其他的主體互爲相鄰。以本次個案爲例，高雄市的每一個里，各自有哪些其他的里與它這個里相鄰。這個一般無法透過人力辨識處理，必須要透過系統來協助產生。

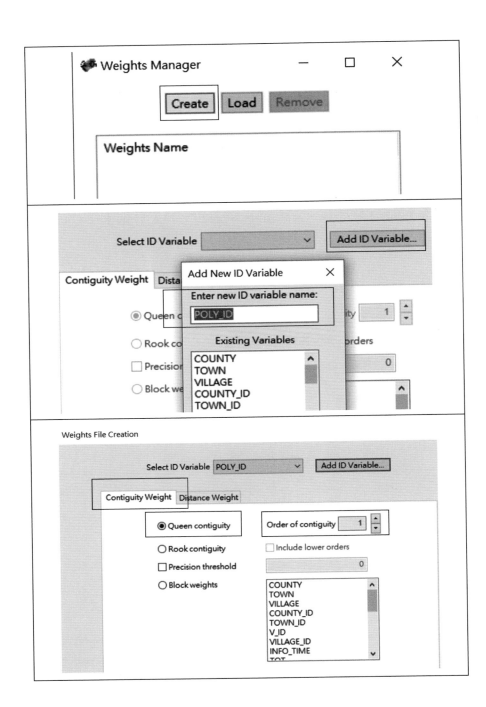

圖 5-16　空間加權矩陣設定圖

最後，小敬利用 GeoDa 另一個空間自相關或空間群聚的分析功能 Space 中的 Univariate Local Moran's I（Anselin, 1995），點擊之後進入變數選取視窗中選擇 R1999，確認選取 Cluster Map 後，點擊 OK 產出空間自相關地圖（參見圖 5-17）。並且發現高雄市大部分的區域呈現陳情率偏低的空間群聚現象（圖 5-18 中 Low-Low 的區域），僅在鼓山區、苓雅區及橋頭區有一些里呈現陳情率偏高的空間群聚現象（圖 5-18 中 High-High 的區域）。

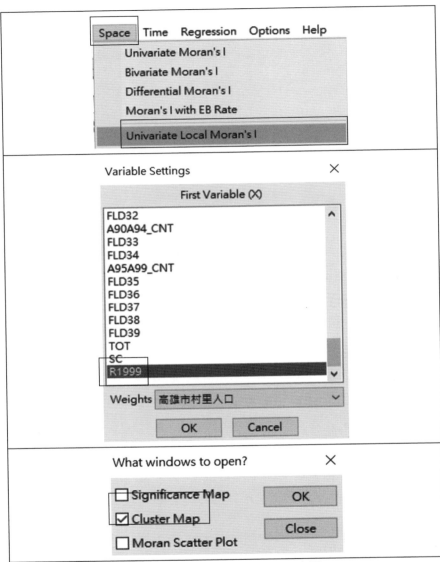

圖 5-17　空間自相關分析設定圖

圖 5-18 　 高雄市 1999 空間自相關地圖

柒、驀然回首：空間資料治理的思考

　　小敬完成這樣的資料分析專題後，老師在課後請教他整個過程的心路歷程，小敬深深地感受到開放資料與資料品質對未來使用資料進行分析研究者的重要性。因此在結束專題後，有以下幾點回顧：

一、小敬其實是想蒐集更多不同地方政府 1999 的資料來進行比較分析的，但是高雄市的資料相對最開放也最完整，因此也就將其下載下來使用。

二、下載下來使用時，不管是透過 JSON 或是 CSV，都已經將資料內部的欄位結構化，且格式較傳統的圖片檔或 PDF 檔來得開放許多，非常容易讓使用者運用。

三、對於空間資料分析感興趣的使用者，高雄市 1999 陳情的開放資料中有提供經緯度，便利使用者將派工地點轉化成點位，這

是十分寶貴的資訊。但是其中有部分經緯度資訊缺乏或不正確的資料，這部分就涉及到品質正確性的問題，一旦這樣的資料比例較高時，運用上也會產生限制。

四、地理資料還會涉及背後座標系統不同的問題，這中間座標系統的轉換知識或是工具運用的能力，也是不可或缺的。

五、其他行政資料的結合，是可以透過地理空間的資訊進行串聯，只要地理位置被疊合好，所有的資料與資訊是可以利用地理位置被串接起來的。

六、空間資料分析不是什麼天方夜譚，透過像 GeoDa 這樣的免付費軟體，其實可以做到非常多精彩的資料分析產出，未來若有更多行政資料可以被開放出來，結合地理資訊的運用，勢必會有更多的運用與發想出現。

總之，在循證決策被強調的現今，地理資訊運用所提供的空間視角，未來應該可以提供各種研究與實務不同於傳統的觀點。雖然在過去的觀察中，地理資訊運用的重要性已經漸漸受到各領域的重視，然而地理資料開放與實際操作及應用能力的建立，則有待各級教育單位在課程設計與安排的努力，也有賴政府機關相關訓練的提出，方能培養出新世代運用地理資訊的能力，且為社會所用。

參考文獻

1. 廖興中、呂佩安（2013）。臺灣縣市政府貪腐現象之空間自相關分析。臺灣民主季刊，10（2），39-72。

2. Anselin, L. (1995). Local Indicators of Spatial Association–LISA. *Geographical Analysis, 27*, 93-115.

第 6 章

從資料治理到風險管理

劉嘉凱

壹、前言

掌握高品質的數據和精準的情報分析，政府才能清晰追蹤社會發展趨勢，針對關鍵議題制定或調整政策，建立處理優先順序，將有限的公共資源以效益最佳化方式進行配置，以高效率、科學化的方法管理各種國家風險。

在循證治理的發展過程中，我們將面對資料獲取、資料處理以及隱私保護與控制的各種挑戰，必須設法瞭解包括法規面、行政管理面或是資訊技術面的各式解決方案的利弊得失與適用情境，才能做出最佳的選擇，順利進行資料分析，並提供有效的政策決策支援。

貳、風險管理與資料想像力

政府在社會發展所扮演的角色究竟為何？面對 COVID-19 之後的社會發展，以及影響層次更為複雜、時間尺度更為長遠的氣候變遷，我們又該如何重新定義政府的功能？麥可·路易士在《第五風暴》（*The Fifth Risk*）一書中提到政府的主要功能是風險管理。商業部門不願意做或是不能做的事，就得由政府部門來承擔（Lewis, 2018）。

國家風險可以區分為「顯而易見」、「隱而未現」以及「不作為而導致」等三種類型：一、顯而易見的風險包括颱風、地震、洪水、火災、犯罪、傳染病防治、國防等大家看得到也在討論的立即性議題，而氣象局和許多政府機關其實是天災風控部門，警政署和調查局是犯罪風控部門，以此類推；二、看不見的風險，則如居住正義、貧富差距、能源安全、資訊安全、人口老化等人民可能知道、短期不太容易出事、但是長期來看有可能形成重大社會議題。因此，內政部、財政部和經濟部都算是社會階級風險管理部門，而內政部、衛生福利部（簡稱衛福部）和勞動部則是人口老化危機處理部門；三、不作為的風險是指政府部門若不積極介入或提供支持，有些類型的社會發展可能性就會被扼殺或埋沒，例如新移民、去中心化金融、影響力投資、教育多元化等，政府若不儘早介入支持，日後就不易萌發社會創新的種子。換句話說，勞動部、金管會和教育部可以視為最大的社會創新孵化器，從新移民、新金融以及新思維面向分進合擊，創造臺灣的新未來。

　　管理風險需要的是想像力，而且是有數據支撐的想像力。政府應該先設法找出資料證據，才能分析問題現況、設計政策方案、評估政策成本效益，然後決定採用何種解決方案。這就是所謂的循證治理（evidence-based policymaking）。

　　試想下列三種情境：一、某種急性傳染病迅速擴散，疫情一日三變，中央流行疫情指揮中心需要好的工具和方法，即時估計傳播率、疫苗接種率、確診率、死亡率、復原率等關鍵指標，才能動態調整防疫政策；二、成長型產業的缺工率持續上升，勞工短缺問題日益嚴重，不論是持續引進移工或是推動產業自動化以降低人力需求，勞動部和經濟部在設計政策時，需要精準掌握勞工供需缺口數據。有多少比例的工作機會（包括製造業和服務業）適合移工或是可以改用自動化取代？研擬行動方案，要如何使用科學方法（而不僅是經驗法則）評估各種政策選項的成本效益？三、因應氣候變

遷，淨零路徑是永續發展的重中之重，各部會要如何分配有限的政府預算資源，不論是研發鼓勵、改善補助或政策引導，每投入 1 元新臺幣，才能換得最多的溫室氣體減量噸數？上述情境的共通點就是要有好的資料與分析，才能做出更好的決策。我們先來看一個與社會行政相關的案例。

參、案例應用：社工人身安全風險模型

一、緣起

　　據衛福部社工救助及社工司 2020 年統計，任職於政府機關的社工超過 9,000 人，其中許多社工的例行工作需要前往個案家庭進行訪視。然而，社工在出勤訪視個案家庭時，由於其同住家人可能心情激動或是有藥酒癮或暴力前科等個人問題，獨自前往私人住所訪視可能會遭遇危險，例如肢體或言語暴力等。攜伴同行固然可以增加安全性，但是實務上不太可能每次出勤都要求派出所員警或是其他社工協助。於是衛福部開始思考，是否可能運用歷年案例經驗進行大數據分析，在每次出勤前協助社工進行科學性的風險評估，用以安排適當的風險管理計畫。

二、合作模式

　　為加強提升社工的執業安全風險管理，衛福部委託筆者任職的智庫驅動股份有限公司（簡稱智庫驅動）與財團法人國家實驗研究院國家高速網路與計算中心，開發「社工人身安全風險預警模型」，由圖 6-1 可知社工人身安全風險模型之應用情境，期能協助社工在每次出勤前進行更周延的人身風險評估，並據以擬定安全保護計畫。

三、問題定義

　　本計畫啟動後遭遇到的第一個挑戰是如何定義風險。該如何量化可能發生危險事件的機率？如何能讓風險評估更為精準？又該如

何讓社工方便快速地掌握重要的風險因子？

四、資料盤點

　　為認識該業務的服務流程，我們分別和衛福部相關司署以及地方政府的第一線社工進行訪談，建立服務藍圖與資料動線，並發現危險因子相關資料散落於四個業務主管機關的七個業務資訊系統。工作團隊將前線社工的實務經驗結合文獻研究，建立初步的資料清單。接著，我們與各業務資訊系統的管理單位與專案維運資訊廠商溝通，建立可取得的資料清單，最終確定需要介接這七個資訊系統共 39 張表的資料。根據業務性質，需要出勤訪視案家的社工包括保護社工、脆家社工與心衛社工，考量計畫時程，我們最後決定挑選資訊系統建置較為完整、業務量相當龐大的保護性社工作為目標對象，建置人身安全風險模型。

五、隱私保護與控制

　　由於本計畫涉及個資使用，因此由衛福部成立資料治理委員會，成員涵蓋政府端與業界的科技與法律專家，確認本計畫的資料使用方式並未逾越《個人資料保護法》的規範限制，並依據《公務人員安全及衛生防護辦法》與《職業安全衛生法》，釐清本計畫的資料蒐集、處理與利用的法律關係，確認本計畫之資料於原始蒐集目的外利用（repurposing）之適法性。在技術控制層面，則由衛福部資訊處協助彙整原始資料並進行資料假名化（data pseudonymisation），[1] 將轉換過的資料交給外部資料分析團隊使用，並遵守行政院和衛福部的資安管理標準。

六、資料處理

　　資料處理的工作涵蓋遺失值處理、變數轉換與系統表單合併

---

[1] 「資料假名化」乃是以編碼或別名取代識別符（例如姓名、國民身分證字號等），使研究或統計人員得以針對個體資訊進行分析而無須識別個體身分。

等項目。由於事涉多個資訊系統的業務資料，我們必須建立資料連結的邏輯，才能建立跨系統資料的關聯方法，用以合併資料。表單合併的邏輯是以「人」為單位進行，包括個案、關係人與社工。在檢視資料品質時，我們發現若干的資料問題，例如部分業務系統欄位未取得、某系統缺乏可識別的唯一代碼，或是資料缺漏比例過高等。因此，工作團隊得決定處理方式，例如捨棄、設法插補或重新撈取資料。此外，除了從各資料庫介接的靜態歷史資訊之外，風險模型還需要若干透過出勤風險評估表才能取得的動態資訊，例如該次訪視的目的、訪視時段與地點等。由於這些動態資訊並未被記載於既有資料庫，工作團隊根據取得的樣本資料，運用資料合成技術產生相關資料，以提供模型訓練使用。

七、資料分析

我們針對超過 70 個變數進行評估檢定，分析其與執業危害的關聯性，並配合資料特性，採取監督式學習的方法，依序切分資料。由於過往案件之中曾經發生風險事故的比例偏低，為解決資料不平衡的問題，我們採用降抽樣（undersampling）處理，考量模型的可解釋性與未來社工實際操作的使用情境，決定採用樹狀模型，並依照不同降抽樣比例與選用變數的組合，建立多個模型。最後，基於準確率（accuracy）與召回率（recall）的權衡取捨，[2] 完成最終模型之選定。

八、模型部署

我們將最終模型以應用程式介面（application programming interface,

> **應用程式介面 ▼**
> 一種軟體介面，允許兩個不相關的應用程式相互通訊，充當橋梁，從一個程式取得請求或訊息後，將其傳遞給另一個程式、翻譯訊息，及根據 API 程式設定的協議來執行指定動作。

---

[2] 準確率是指在所有情況中，正確判斷真假的比例；召回率則是指在事實為真的情況下，有多少樣本被正確判斷。

API）方式部署。未來社工只要在使用者介面輸入案件代碼、即時的動態資訊，即可計算風險分數，並取得影響該次訪視的重要風險因子，用以安排人身安全保護計畫。

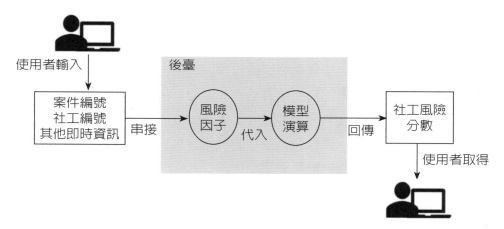

使用者輸入

後臺

| 案件編號
社工編號
其他即時資訊 | 串接 | 風險因子 | 代入 | 模型演算 | 回傳 | 社工風險分數 |

使用者取得

圖 6-1　社工人身安全風險模型之應用情境

肆、資料治理的考量因素

　　從前述案例我們可以觀察到從問題定義、資料盤點、隱私控制、資料分析到決策支援的資料治理生命週期。循證治理的基礎在於資料治理，包括資料的管理制度（例如資料標準制定、資料處理技術規範、資訊安全、資料隱私保護與控制）以及資料分析應用的規範與推廣。接下來，我們將從資料分析者的觀點出發，探討包括：一、資料獲取；二、資料處理；三、隱私保護與控制等議題，並說明如何基於資料證據提升政策品質。

一、資料獲取

㈠ 資料盤點

　　資料分析人員必須先認識業務領域工作流程，才能完整盤點資料。資料盤點的原則很簡單，就是「跟著用戶走」（follow the user）。對公部門而言，就是基於面對民眾、人民團體或企業的公共服務、或是內部作業程序的顧客旅程，梳理使用者動線，確認服務過程的資料紀錄，包括資料格式、資料內容以及儲存方式等。以地方政府社福中心的「脆弱家庭服務流程」為例，從圖 6-2 可以清楚看到個案從通報或自行求助開始，與社福中心進行接觸，歷經

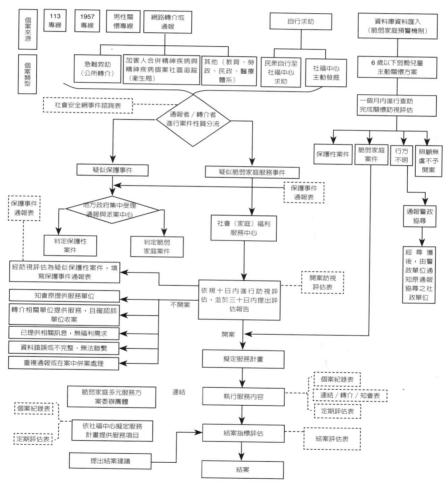

圖 6-2　社福中心的脆弱家庭服務流程圖

資料來源：e-land.gov.tw。

資訊蒐集彙整、風險評估等階段，若確定要正式開案，則會設計適當的服務計畫並提供服務，最後則是透過結案評估以便正式結束服務。

　　除了建立微觀的「脆弱家庭」個案處理流程，政府還需要建立宏觀的「社會安全網個案管理」架構。由圖 6-3 可知從案件通報、開案評估、處遇到結案，整個過程之中會產生相當豐富的資料紀錄。這些資料可能來自單一的業務管理資訊系統（例如脆弱家庭個案管理系統），也可能包含其他來源，比方說其他業務資訊系統或是尚未收納進系統的文件檔案（林維言等，2019）。在進行資料盤點、轉換與整合的過程中，我們往往會遇到許多挑戰，例如不同資料庫的資料格式不一致、資料記載邏輯不相同、資料遺失或錯誤比例偏高等。

（二）資料相通性

　　盤點資料之後，就要準備取得資料。在這個階段，我們建議盡可能取得資料的說明文件。若資料來源是資料庫，就是指資料庫綱要（database schema）、譯碼簿（codebook）等文件。以常見的關聯式資料庫為例，資料分析人員在查詢資料之前，需要先理解資料的架構與關聯，以決定資料合併的邏輯（例：個案基本資料、案件內容資料、承辦業務人員資料、過往處遇紀錄等），才能從資料庫匯出正確的資料。除了資料關聯，還需注意資料庫內的表格，每個欄位的使用規範，包括資料型態（例：時間、整數、布林邏輯）、資料值定義（例：1 ＝男性、2 ＝女性、3 ＝其他、4 ＝不詳）等。繼續以前述之社會安全網個案管理為例，若想以人為管理單位，將所有社會安全網相關政府業務的資料「歸戶」到家庭或個人，就必須設法突破資料穀倉的藩籬，在制度面得推動跨機關合作，在資料面則需建立領域資料標準，以便跨業務資訊系統進行資料介接、連結相關資料（衛生福利部等，2018）。從圖 6-4 可知社會安全網資料歸戶的運作。

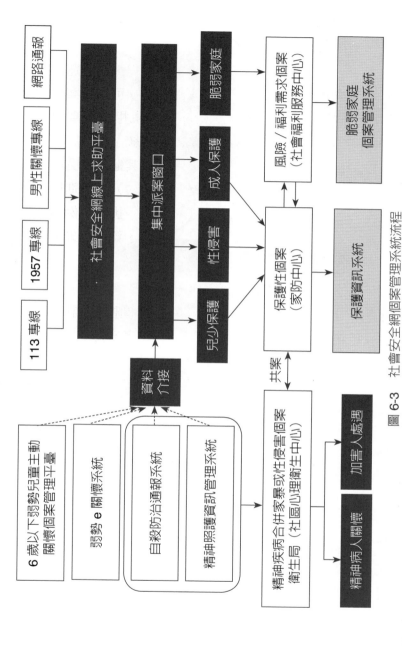

圖 6-3 社會安全網個案管理系統流程

資料來源：林維言等（2019）。

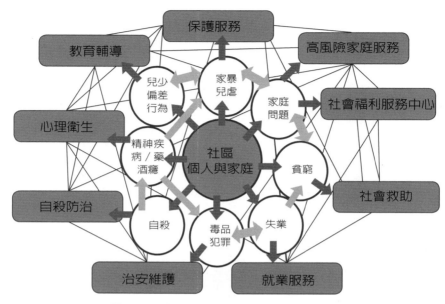

圖 6-4　社會安全網跨體系資源連結圖
資料來源：衛生福利部等（2018）。

㈢ 資料取用

　　在完成資料盤點、資料合併邏輯設計等工作之後，終於要準備取用資料。這個階段的工作重點包括：1. 決定資料存取方式是一次性取用，還是定期排程更新資料？以及是從單一資料來源取用，還是得同時介接多個資料來源？2. 決定資料使用場域是在政府機關的防火牆內使用、攜出或是對外提供資料介接？綜上可知，這些屬於技術性議題，只需要配合政府機關的現行資訊與資安政策，應能找出最適當的處理方案。值得注意的是，由於政府的資料蒐集通常會限制於特定目的之使用，即直接相關業務。至於資料是否能允許目的外使用，就需要透過業務機關的資料治理審議機制決定是否允許，或是允許使用的方式與範疇。

二、資料處理

取得原始資料之後，接著就是要準備進行資料清理與整合。在資料處理階段，我們會遭遇到五花八門的技術挑戰，例如資料格式轉換、資料合併以及資料品質處理。

(一) 原始資料格式轉換

資料格式轉換的常見問題包括：1. 人工填寫／登打的資料要考慮紙本資料如何數位化？以及文件內的表格資料如何擷取？2. 機器感測的資料要考慮如何從邊緣設備匯出資料，以及如何將感測資料正規化，以便與其他感測來源的數據合併？

(二) 資料合併邏輯

資料合併邏輯的設計，必須基於當次分析的目標而決定。常見的合併原則包括：1. 以案件代碼合併；2. 以個案個體合併；3. 以個案家戶合併；4. 以地理區域合併；5. 以行政管理區域合併。

(三) 資料品質處理

資料品質處理是決定分析成果的關鍵要素，近年來有愈來愈多的人工智慧（AI）專家認為，相對於開發複雜的模型，建立好的資料其實能更快地獲得預測成效（Ng, 2021）。而資料品質檢查有方法可循，常見做法包括：1. 遺失值檢查例：某欄位的資料缺漏占整體紀錄的比例；2. 邏輯檢查例：案件開始時間不能晚於結束時間、有配偶姓名的個案，其婚姻狀態不能是未婚；3. 規則檢查例：身分證字號開頭必須是從 A 到 O 的英文字母。而檢查出錯誤後，該如何處置？我們常用的資料錯誤的處理原則包括：直接刪除、設法插補以及請原單位更正等三類。若選擇刪除，得決定的是刪除整筆紀錄、還是僅刪除該欄位資料？若選擇插補，則要決定是隨機補值、依據特定描述統計量，還是使用更高階的演算法？若選擇請原單位更正，則得考慮執行時程或原單位是否能夠配合辦理。此外，我們在處理個案性質的資料時，有時候會遇到資料不平衡的狀況，比方

說發生過火災的建物比例很低（D4SG 資料英雄計畫，2017）、曾經被家暴過的個案家庭占全市家戶比例不高等。這時候就得運用一些資料重抽樣（data resampling）的技術，讓「發生」和「未發生」的案件比例分配適度均衡（例如從 10：1 降到 5：1 或是 2：1），以便後續在建構預測模型時能取得更好的模型表現。

三、隱私保護與控制

　　政府機關管理的資料有相當高的比例屬於個資。個資使用的規範，除了遵守相關法律（例如個人資料保護法）之外，是否能有明確、具體的操作型指南？例如：在完成資料合併後，將機敏欄位（例如身分證字號）執行「不可逆」的資料去識別化等操作，又或者是明定這類資料的收載方式（例如實體加密硬碟）或資料使用後應執行之項目（例如資料銷毀程序）。智庫驅動在從事資料分析時，會設法協助政府單位釐清法規內容、建立資料取用（包括目的外使用）的行政依據、評估個資使用的風險，進而規劃評估個資使用的風險管理方法（參見本文第參節）。茲針對資料風險評估、隱私設計與控制的常用做法，分別說明如下：

㈠ 風險評估

　　資料使用的風險評估，或是風險和效益的綜合評估，一種常見的做法是評分表，根據評分結果決定對應的處理方式，包括完全不開放、額外過濾、有限度開放、完全開放。

　　在量化評估的部分，圖 6-5 是美國西雅圖市政府針對開放資料所制定的風險效益評估表，評估範疇包括風險與效益，評估維度包括風險衝擊的嚴重程度與風險發生的機率；對應的處理方式則包括前述從完全不開放到完全開放的四種層次（Future of Privacy Forum, 2018）。舉例來說，當某類資料開放後所帶來的潛在效益極低，同時卻會產生極高風險，根據評估結果，這類資料可能就不適合優先開放。比方說，若開放竊犯的個人資料，未必對防治闖空門有明顯助益，但可能對竊犯個人造成不對等的人身安全風險。

		風險				
		極低	低	輕微	高	極高
效益	極高	開放	開放	限制存取	特別審查	特別審查
	高	開放	限制存取	限制存取	特別審查	特別審查
	輕微	限制存取	限制存取	特別審查	特別審查	不予開放
	低	限制存取	特別審查	特別審查	不予開放	不予開放
	極低	特別審查	特別審查	不予開放	不予開放	不予開放

圖 6-5　資料開放的風險效益評估表

資料來源：Future of Privacy Forum (2018).

　　在質性評估的部分，除了量化評分表的做法，也有人採用質性論述的方法評估資料開放的風險。例如，英國的 Open Data Institute 在 2017 年提出資料倫理藍圖（Data Ethics Canvas）架構（圖 6-6），藉此協助資料管理機構評估資料開放的利弊得失（Open Data Institute, 2021）。

　　以本文第參節介紹的衛福部「社工人身安全風險模型」計畫為例，由於該計畫所需資料來源涉及衛福部內部多個業務單位，對於個資保護與目的外使用的許可方式和範疇可能有不同的標準和做法，因此衛福部決定由計畫承辦單位（社工救助及社工司）邀請政府端與業界的科技與法律專家成立資料治理委員會，確認該計畫用意為協助社工依法執行工作，針對資料使用目的、法律考量、個資保護與管理作為等進行研究與討論，釐清該計畫的資料蒐集、處理與利用的法律關係，以此認可該計畫之資料於原始蒐集目的外利用之適法性。該案雖然並非完全按照資料倫理藍圖進行，但其執行方式相似，可以達成共同目的，也就是以開放透明的方式進行論述，並且說明決策之考量。

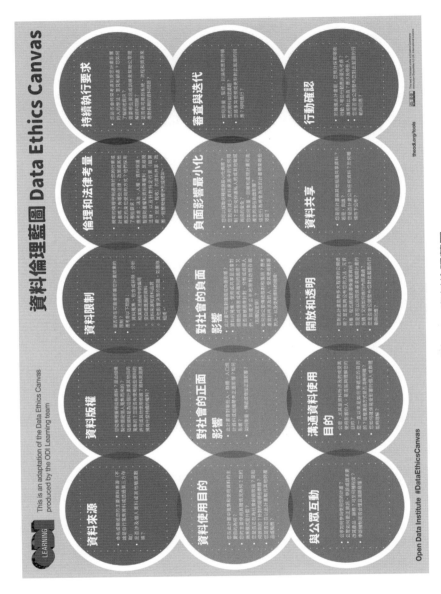

圖 6-6　資料倫理藍圖

（二）隱私設計

　　比風險效益評估更積極的做法，則是由曾經擔任加拿大安大略省資訊與隱私官員的 Ann Cavoukian（2011）所倡議的隱私設計原則（Privacy by Design Principles）（圖 6-7），包括：1. 主動和預防；2. 隱私為預設；3. 隱私嵌入設計；4. 追求正和，而非零和；5. 端到端安全；6. 可見性和透明度；7. 尊重用戶隱私。

　　這些隱私設計原則已經被歐盟採用，納入《一般資料保護規則》（*General Data Protection Regulation*, GDPR）第 25 條資料保

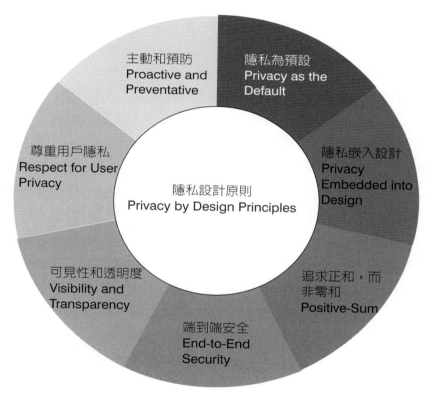

圖 6-7　隱私設計的七項原則

資料來源：Semantha et al. (2020).

護設計框架的相關規範。[3] 但是，這些隱私設計原則屬於概念上的指引，仍需要透過具體的方法框架或技術工具才能真正實踐，例如服務設計、流程探勘或隱私控制等。以下簡略介紹隱私控制技術的重要發展趨勢。

㈢ 隱私控制

　　保護隱私的目的之一是，避免個人識別（identification）被有心或無心人士從數百萬筆的資料之中進行辨識，並成功連結到特定的個體。降低個人識別的途徑有三種：1. 法律控制（legal control）；2. 個人選擇（user choice）；3. 技術控制（technical control）。具體而言，「法律控制」就是指透過法律制定或行政命令規範，限制資料使用的方法與範疇；「個人選擇」則是將資料的使用權利交還給民眾，由民眾自行決定在特定情境下是否要按照某種資料交換協議，將個資交給特定或不特定的第三方使用。

　　比較特別的是「技術控制」。技術控制的目的是決定「資料開放的程度」（反過來看就是「資料保護的程度」），從開放到保守，大致可以區分為下列層次：

1. 完全揭露的個人資料（explicitly personal data）：指直接可辨識的資料包括姓名、手機號碼、身分證字號等。

2. 有識別可能性的資料（potentially identifiable and not readily identifiable data）：指非直接可辨識，但是有識別可能性的資料則像是生日、年齡、性別等。

3. 以代碼表示的資料（key-coded data）：指將有識別可能性的資料稍微模糊化，比方說把年齡歲數改為年齡區間（例如「18-22」、「22-26」），把地址改為行政區或鄉鎮別，都是降低資料解析度，增加資料識別難度的做法。

---

[3] https://gdpr-info.eu/art-25-gdpr/。

4. 假名化資料（pseudonymous and protected pseudonymous data）：指GDPR第4條就假名化予以定義，經假名化之個人資料，係指非透過其他資訊之對照，不能再識別出特定資料主體。比方說將原本可以直接識別的欄位（例如「姓名」）轉換為一串不可解讀的亂數（例如「01dfae6e5d4d90d9」）。而一種常用的方法是雜湊（hash），通過某種特定的函式／演算法（稱為雜湊函式／演算法）將要檢索的項目與用來檢索的索引（稱為雜湊或雜湊值）建立關聯，生成一種便於搜尋的資料結構（稱為雜湊表），就能將不定長度訊息的輸入演算成固定長度雜湊值的輸出。雜湊值必須符合兩個主要條件：由雜湊值是無法反推出原來的訊息、雜湊值必須隨明文改變而變化（iT邦幫忙，2018）。

5. 去識別化的資料（de-identified and protected de-identified data）：指將原始資料中的部分字元以特殊字元取代，例如：「林志玲」→「林○玲」、「A123456789」→「A123***789」。

6. 匿名化資料（anonymous and aggregated anonymous data）：據歐盟第29條資料保護工作小組所言，必須達到不論是資料控制者（data controller）或是第三方（third party）皆無法採取可能合理之手段識別出特定資料主體之程度。換言之，資料經加工後與特定資料主體之連結澈底斷絕，毫無重新識別之可能。最激烈的做法是，若覺得把姓名變成亂碼還不夠安心，就乾脆不提供姓名欄位，這種做法稱為去識別化。

7. 合成資料（synthesized data）：若覺得提供真實資料，不論是假名化、去識別化，都還無法放行，有些資料管理機構會採取製造合成資料的方式，維持資料的統計分布特徵，但是每一筆紀錄都不是原始的真實紀錄。由於這種做法不僅能符合GDPR匿名化的要求，又能兼顧資料再利用的需求，因此近年日益受到業界重視。

伍、隱私保護與資料效用的權衡

一、隱私增強技術

想要達成前述的技術控制，必須運用隱私增強技術（privacy enhancing technologies）。在介紹各種隱私增強技術之前，我們必須先有認知：世界上並沒有完美的隱私增強技術。使用者得先釐清使用資料時的具體期待、需求與限制，也要討論並決定在「隱私保護」和「資料應用效用」之間的權衡界線，才能挑選適當的隱私增強技術，盡可能滿足所有的需求（Kersten, 2022）。而由圖 6-8 即可知隱私保護與資料效用的權衡。

就使用目的區分，隱私增強技術可以分為兩大類型（Tabakovic et al., 2021）：㈠ 降低信任風險，包含資料存取權限控制、資料加密；㈡ 降低再識別風險，則包含資料假名化、資料匿名化。而在實務上，建議基於特定的資料應用需求以及風險管理策略，決定使用哪些隱私增強技術。隱私保護不足，可能導致資料外洩的風險增加；反之，保護隱私的作為若高於比例原則，將會造成資料應用價值限縮的弊端。

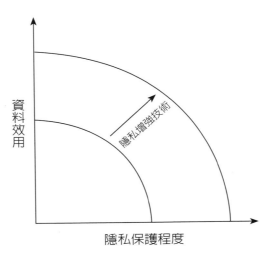

圖 6-8　隱私保護與資料效用的權衡

二、信任基礎

　　信任風險管理的隱私增強技術是基於「通過認證的用戶帳號（人）是可以被信任，可以存取敏感資料」的前提，設計各種權限保護或權限控管的技術，例如資料加密技術。而在權限控制／限制使用的部分，這類方法是由個資存取與使用權限管理的框架與技術組成，依據資料取用政策，只允許具有適當權限的用戶接觸資料。這類方法專注於將用戶採取分級（例如管理者、高等用戶）或特徵分類（例如高雄市政府、稽核部門）進行權限管理。至於，資料加密的部分，則是指運用數學演算法將資料轉換為不易辨識或解讀的形式，以便保護資料傳遞或儲存的安全性，只有取得解密鑰匙的使用者可以解開加密過的資料。雖然大多的隱私規範不會直接要求資料保管者與處理者使用加密技術，但通常會強烈建議使用，以降低資料外洩的風險。

三、混淆基礎

　　基於混淆目的之隱私增強技術針對敏感資料進行操弄，讓使用者無法辨識資料的原始樣貌。這些讓資料變得混淆的方法，本質上是讓使用者在「隱私保護」和「資料效用」之間設定權衡，以兼顧這兩種可能有所衝突的目的。更進一步來看，資料匿名化是一種將敏感資料去識別化卻又維持原本的資料格式和類型的做法。經典的技術包括隨機化、雜訊注入、記號化、抑制、打亂、概括化等。在實務上，我們往往會混搭使用多種匿名化的技術，以加強資料混淆的成效，減少個資被再識別的風險。而資料假名化，根據 GDPR 的說法，資料假名化是指「將個人資料轉換處理到除非使用其他額外資訊不然無法被辨識的過程」。[4] GDPR 也提到，假名化之後的資

---

[4] EU GDPR Article 4 Definitions: "'pseudonymisation' means the processing of personal data in such a manner that the personal data can no longer be attributed to a specific data subject without the use of additional information, ..."

料與其他資料合併使用，若能辨識特定個人，則視同個資，也會受到GDPR的規範保護。[5]因此，在資料假名化的過程，所有可辨識的個人資訊（例如姓名、地址、身分證字號）都會被移除、遮蔽或是以其他數值取代，而其他不屬於個人資訊的欄位資料則會被保留。

陸、新興技術

隱私增強技術使用各種資訊科學、數學或統計學的理論，嘗試在「隱私保護」和「資料應用效用」之間找出最佳均衡點。配合日新月異的個資管理法規與顧客資料使用需求情境，近年來有若干新興的隱私增強技術逐漸從實驗室進入市場。這些新技術的定位，並非要取代傳統工具，而是在信任風險和再識別風險之外，找到另一種資料處理的途徑：在個別資料的層次移除原始資料與資料使用者的聯繫，而仍然讓資料分析工作得以進行。

一、加密分析

一般而言，資料分析的工作必須接觸到實際、未加密或已解密的資料才能進行，亦即在資料處理的全部過程之中，至少有一部分是無法被加密的。若設法讓資料在被加密的狀態下可以被操作分析，就能避免許多個資外洩的風險。舉例來說，同態加密（homomorphic encryption）的加密形式允許資料使用者對密文進行特定形式的代數運算，得到仍然是加密的結果，而將其解密所得到的結果與對明文進行同樣的運算，還能獲得一致的結果。換句話說，同態加密讓原本沒有使用權限的用戶得以在看不到真實資料的限制下，對加密資料進行資料檢索、比較等操作，對於第三方資料分析的使用情境，例如雲端運算，可以降低個資管理的風險。

5　EU GDPR Recital 26.

二、匿名運算

匿名運算的做法係針對特定的資料分析流程導入不同的隱私保護機制。一種流行的做法是「聯合學習」（federated learning）。聯合學習的概念是資料不用出門，而是讓演算法進來、運算，再將分析結果帶走。適用情境是具有多個性質相似、位置分散的資料來源，先設法建立一個分析模型，分別導入各個資料源進行運算，再把各自的結果匯出、集中，用以改善原本的分析模型。比方說，不同工廠的相同生產線或設備運作參數（例如轉速、溫度、電壓、良率等），或是來自不同醫院的同一類型醫療影像資料（例如肺部 X 光片）等。

三、高維匿名化

如果我們需要進行資料匿名化的維度不只一、兩個，而是相當眾多的時候，就會需要不同的資料匿名技術，這一類的資料處理技術通稱為高維匿名化（high dimensional anonymization）。比方說：㈠AI 合成資料（AI-generated synthetic data）：指合成資料的做法通常是基於預先設定的規則或是樣本的統計特徵而產生資料。使用衍生性的 AI 技術，可以生成圖片、文字、地理資料、類別資料、數值資料或時間序列等各種格式的資料。用這類技術產生的「假資料」仍然可以維持實際資料的特徵，據以建立的資料運算、分析預測的模型在放回原始資料進行計算時，可以取得類似的模型表現，並且避免敏感資料外用的風險；㈡ 差分隱私（differential privacy）：一種控制資料隱密程度的數學方法，其基本概念是將資料隨機加入一些雜訊之後，仍能獲得類似的運算結果，但不能被反推出單一紀錄的內容。換句話說，資料使用者可以獲得整體資料的趨勢，但不能辨識任一個交易紀錄或個案資料。

四、應用案例

以「社工人身安全風險模型」計畫為例，當時考量資料來源、

資料品質、資料敏感程度以及分析需求，針對不同欄位或來源資料使用最適當的隱私增強技術：㈠針對基本個資的欄位（例如個案代碼、個案姓名、身分證字號等）採用資料假名化的技術。由衛福部的資訊單位將原本可以直接識別的欄位轉換為一串不可解讀的亂數（例如「01dfae6e5d4d90d9」），再以安全加密方式傳送給資料分析團隊使用；㈡針對樣本數量不足或是尚未開始蒐集資料的欄位，則採用合成資料技術。由資料分析團隊基於現有資料樣態分布以及透過第一線社工訪談與資料蒐集，決定合成資料的數值內容與統計分布，再基於建模需求，決定樣本數量並生成新資料。

柒、結語

　　政府在經營國家風險管理時，若能使用資料證據以輔佐既有的經驗法則，可以規劃出更好的政策，並取得更棒的執行成效。本文探討政府在推動資料治理時可能面臨的挑戰，介紹對應良好的實務做法，並以實際案例說明一項資料治理計畫從頭到尾的完整過程。《征服情海》（*Jerry Maguire*）是一部 1996 年上映的熱門電影，獲得包括最佳影片獎在內的多項奧斯卡獎提名。該電影有一段經典情節：主角之一的運動明星經紀人正在施展三寸不爛之舌，想爭取另一位主角（美式足球職業球員）簽訂經紀合約時，該球員卻直接了當地回覆：「讓我賺錢，其他免談！」（Show me the money!）循證治理亦然，給我資料，其餘免談。

參考文獻

1. D4SG 資料英雄計畫（2017）。建築物火災風險地圖。
2. iT 邦幫忙（2018）。【資料結構】雜湊（Hash），取自：https://ithelp.ithome.com.tw/articles/10208884?sc=rss.qu。
3. 林維言、潘英美、張惠婷（2019 年 3 月）。建立以家庭為核心

之社會安全網個案管理資料系統。社區發展季刊，165。

4. 衛生福利部、教育部、勞動部、內政部（2018）。強化社會安全網計畫（核定本）。

5. Cavoukian, Ann (2011). *Privacy by Design: The 7 Foundational Principles Implementation and Mapping of Fair Information Practices*. Information and Privacy Commissioner of Ontario.

6. Future of Privacy Forum (2018). *City of Seattle Open Data Risk Assessment*.

7. Kersten, Alexander (2022). *Data Protection or Data Utility?* The Center for Strategic and International Studies.

8. Lewis, Michael (2018). *The Fifth Risk: Undoing Democracy*. W. W. Norton.

9. Ng, Andrew (2021). *A Chat with Andrew on MLOps: From Model-centric to Data-centric AI*.

10. Open Data Institute (2021). *The Data Ethics Canvas Guide*.

11. Semantha, F. H., Azam, S., Yeo, K. C., & Shanmugam, B. (2020). A Systematic Literature Review on Privacy by Design in the Healthcare Sector. *Electronics*, *9*(3), 452.

12. Tabakovic, Amir et al. (2021). *The Digital Banking Blindspot: Emerging Privacy Enhancing Technologies and Their Role in Privacy Risk Mitigation and Business Innovation*. Mobey Forum.

法律篇

第 7 章

歐盟資料開放邁向資料治理法制對我國之啓示

戴豪君

壹、前言

資料經濟（data economy）時代的到來，《經濟學人》指出，「世界上最寶貴的資源不再是石油，而是資料。」（The Economist, 2017）發展資料經濟，首要之務是推動政府資料開放。大部分的資料由政府機關與特定企業所掌握，民眾不僅難以接觸，同時受到現行法律限制，使用時更面對重重難關。民眾、企業無不呼籲政府，與其讓資料塵封在倉庫中，不如適時地公開資料，提供民眾與企業再利用，自此全球興起資料開放之浪潮。近期又從資料開放邁向資料治理，建立以資料爲基礎之數位化典範。例如，美國在 2020 年提出總統管理方案（President's Management Agenda）中聯邦資料戰略（Federal Data Strategy），將資料視爲美國戰略資產，並提出倫理治理（ethical governance）、有意識的設計（conscious design）與學習文化（learning culture）三項重要資料治理原則。[1] 歐盟執委會於 2020 年 2 月 19 日公布歐盟資料策略（a European strategy for data）（Communication from the Commission to the European Parliament, 2020），推動以歐洲之價值觀、基本權

---

[1] Federal Data Strategy 2020 Action Plan. Retrieved May 1, 2023, from https://strategy.data.gov/assets/docs/ 2020-federal-data-strategy-action-plan.pdf.

利和法律爲基礎，創建單一歐盟資料空間。該資料空間並非只開放給歐盟之政府、企業與民眾，亦對來自全球的資料開放使用，個人資料、非個人資料與機敏性較高的產業資料皆包括在內。歐盟資料空間須符合個人資料保護法規、消費者保護法以及競爭等相關法規，使得政府、企業與民眾所提供資料能夠獲得妥善保護。

我國在資料治理之法律與政策發展亦有進展，數位發展部於 2022 年 8 月 27 日掛牌成立，在智慧政府發展策略中提出，數位治理以發展資料爲核心之政府決策環境與能力，建立高品質、高流通、高價值及創新敏捷之資料治理楷模爲目標。該部提出加速資料釋出，驅動資料再利用之政策方向，強調協助各機關建立資料治理及分析利用概念，逐步強化機關自主管理資料之能力。地方政府也從資料開放邁向資料治理，2022 年 4 月臺北市政府法務局舉辦國內首見之臺北市資料治理自治條例草案座談會，後續並由臺北市政府資訊局於 2022 年 7 月訂定發布《臺北市政府資料治理規則》，其立法目的在促進臺北市機關（構）及學校資料之流通、共享及應用，以提升資料應用之效益及市政決策品質。

貳、歐盟資料治理三部曲

自 2020 年歐盟提出資料策略，其目標在建立歐盟資料空間，爲歐盟企業創造最大規模的單一市場，確保資料可以在歐盟境內和跨境流通。除開放給歐盟之政府、企業與民眾外，對來自全球各地的資料開放使用。歐盟資料策略透過建立治理共同歐洲資料空間（common European data spaces）賦能立法架構，該立法架構必須遵守歐盟如《一般資料保護規則》（*Regulation (EU) 2016/679 General Data Protection Regulation*, GDPR）等法律規範。例如，基於科學研究之目的，而須利用《開放資料指令》未涵蓋之公共資料庫的敏感資料時，GDPR 有助於限制利用資料的對象、範圍與方式，使民眾更容易自願開放個資作爲公益使用。基於歐洲的整體價

值，應有清楚且值得信賴的資料治理機制，且對來自國際的資料流採開放且信任的態度。資料的近用與利用，應以公平、實用、明確為原則。

為落實歐盟資料策略，繼 GDPR 等相關個人資料保護法規施行之後，歐盟在 2019 年於 6 月 20 日公布《資料開放與公部門資訊再利用指令》（*The Directive on the Open Data and the re-use of Public Sector Information, DIRECTIVE (EU) 2019/1024*），[2] 而後於 2020 年公布歐洲資料治理規則草案（Proposal for Regulation on European data governance），該法案是歐盟 2019 年《開放資料指令》的進一步補充規範。歐盟理事會 2022 年 5 月 16 日通過《資料治理法》（*Regulation (EU) 2022/868 of the European Parliament and of the Council of 30 May 2022 on European data governance and amending Regulation (EU) 2018/1724 (Data Governance Act)*），[3] 於 2022 年 6 月正式公布，預計在 2023 年 9 月 24 日生效。而資料法制最後一塊拼圖是在 2022 年 2 月 23 日，由歐盟執委會提出公平近用和使用資料調和規則草案（Proposal for a Regulation on harmonised rules on fair access to and use of data），[4] 稱為資料法（Data Act）草案，至此完成整體資料治理法制架構。

一、歐盟 2019 年《開放資料指令》

歐盟 2019 年《開放資料指令》相較於原本 2013 年指令的條

---

2 Directive (EU) 2019/1024 of the European Parliament and of the Council of 20 June 2019 on open data and the re-use of Public Sector Information, OJ L 172, 26.6.2019, pp. 56-83.

3 Regulation (EU) 2022/868 of the European Parliament and of the Council of 30 May 2022 on European data governance and amending Regulation (EU) 2018/1724 (Data Governance Act), OJ L 152, 3.6.2022, pp. 1-44.

4 Proposal for a Regulation of the European Parliament and of the Council on harmonised rules on fair access to and use of data (Data Act), COM/2022/68 final.

文不僅有更清楚、詳細的解釋外，為充分利用公部門資訊對歐洲經濟和社會的潛力（戴豪君、賴芃聿，2021）。2019 年《開放資料指令》革新聚焦在下列幾個主要範疇：

㈠ 公營事業納入指令規範

除本指令之公部門機構（public sector body）外，包括受公法管轄機構（bodies governed by public law），涵蓋事業活動直接面對競爭之公用事業，包括：能源、電力、水、運輸、港口與機場、郵政等公用事業。

㈡ 開放資料收費與授權原則

公部門開放資料供民眾再利用時，原則上應免費提供。但若該資料涉及商業祕密資訊或個人資料時，公部門得採取措施保護商業祕密並對個人資料進行去識別化處理，其因複製、提供與傳播資訊以及採取上述措施而產生之邊際成本（marginal costs），公部門得收取適當之費用，但該費用以不超過邊際成本為限，以利中小型企業與新創公司進入市場。公部門機關或公營事業與第三方之間的契約或其他安排，不應給予專屬授權，應將再利用文件開放給市場中各潛在參與者。在文化資源數位化方面，根據經驗顯示，圖書館（包括大學圖書館）、博物館、檔案館與私領域合作夥伴透過公私協力夥伴關係（public-private partnerships），可以促進文化典藏做有價值利用，同時加速公眾接近文化遺產。此時針對文化資源數位化得例外給予專屬授權，設定文化資源數位化之專屬授權期間，應考慮私領域合作夥伴投資可回收的期間。

㈢ 動態資料（**dynamic data**）公布模式

公部門可藉由適當的應用程式介面（application programming interface, API），提供更多的動態資料給有需求之企業、研究團體、民眾等，並提供適當的批量下載。尤其是環境、交通、衛星、氣象及感測器生成之資料。動態資料其經濟價值取決於資訊之即

時可用性和定期更新。透過常用的電子格式提供動態資料，或經由 API 提供資料，促使其開發創新的產品與服務。

㈣ 高價值資料集（**high-value datasets**）

2019 年《開放資料指令》第 14 條第 2 項提出四項特定高價值資料集的潛值評估標準：產生顯著社會經濟或環境利益及創新服務；讓大量用戶尤其是中小企業得以受益；協助創造收益；與其他資料集結合。指令附錄 I 中提供特定高價值資料集主題範圍清單，明列六類資料如下：地理空間包括國家和地方地圖；地球觀測與環境，例如能源消耗及衛星圖；氣象，例如經由儀器和天氣預報之實地觀測資料（*in situ* data）；經濟指標、人口統計等統計資料；公司登記與註冊編號等公司和公司所有權相關資料；道路號誌與內陸水路等交通資料。

㈤ 研究資料預設開放原則

研究資料（research data），係指除科學出版物之外的數位形式文件，係在科學研究活動過程中蒐集或產生的，並在研究過程中用作證據，或在研究社群接受為驗證研究發現和結果所必需者。研究資料內容包括：統計、實驗結果、測量、田野觀察結果、調查結果、訪談紀錄及圖像；亦包括詮釋資料（meta-data）、規格及其他數位物件。各會員國應進行公部門資助研究資料（publicly funded research data）可以開放取用的政策（open access policies），以支持研究資料的可得性；開放取用政策應適用於研究執行組織和研究資助組織。會員國開放公部門研究資料時，應遵守預設開放原則與可搜尋、可近用、互通性以及可再利用（findable, accessible, interoperable and reusable, FAIR）原則。

二、歐盟《資料治理法》

歐盟推動 Open Data 不遺餘力，但對受其他權利保護的公部門資料應如何再利用、企業間共享資料之報酬與資料利他主義等問題

仍有待處理。歐盟藉由實際措施，提高民眾對資料中介機構的信任度，以及優化歐盟的資料共享機制。相較現今全球大型科技公司經由高度市場力量與商業模式控制大量資料，《資料治理法》期能創造出除大型科技公司外之處理資料的替代模式，透過該法提供中立且透明的資料中介新模式，讓歐盟在資料驅動的世界經濟中更具競爭力（European Commission, 2020）。《資料治理法》在不影響歐盟既有法律與政策下，促進個人資料與非個人資料之資料再利用。《資料治理法》之三大立法支柱如下（Baloup et al., 2021）：建立適用於特定範圍資料共享服務之強制通知制度；引入適用於資料利他服務的自願註冊制度；成為《資料開放與公部門資訊再利用指令》的補充規定，將其所持有涉及商業祕密、第三方智慧財產權、個人資料等資料得以再利用的法律制度。以下將針對《資料治理法》重要規範進行說明（翁逸泓，2022）：

（一）促進公部門資料之再利用

　　《資料治理法》首先將資料共享（data sharing）進行定義，指資料主體或資料持有者（data holders）基於共同或單獨使用資料之目的，而根據自願協議或歐盟法、會員國法，直接或間接透過資料中介者（data intermediaries），例如以免費或收費之開放或商業授權方式，向資料利用者（data user）提供資料。該法所處理資料類型係指涉及商業祕密（commercial confidentiality）、統計保密（statistical confidentiality）、保護第三方智慧財產權（protection of intellectual property rights of third parties）與個人資料的公部門資料，且非屬於公營事業、公共廣播、文化與教育機構等所持有歐盟《資料開放與公部門資訊再利用指令》範圍之外公部門資料，亦非基於國家安全、國防或公共安全而受保護的資料時，適用該法之規定。

㈡ 資料治理專責主管機關

《資料治理法》第 13 條要求會員國應指定一個或多個主管機關，以支持公部門機構執行該法的資料許可與再利用規定。主管機關所提供的支持包括：提供技術支持，以安全處理資料再利用的近用；確保資料處理中個人資料之假名化、匿名化、遮蔽與隨機化等技術；協助公部門進行資料利他時取得再利用者的同意或許可等。履行《資料治理法》第 11 條之通知義務時，要求資料中介服務提供者（providers of intermediation service）向資料中介服務主管機關提交法定通知資料（包括名稱、組織之法律型態、地址、網站與聯繫人等），收到確認提交通知聲明後才能在各會員國境內提供資料中介服務。各會員國應指定主管機關處理該通知架構之任務，並告知歐盟執委會。

㈢ 資料中介服務提供者

資料中介服務指在當事人及資料持有者與潛在資料使用者之間建立業務、法律或技術關係。包括在資料主體和資料持有者之間，以及資料用戶間的資料共享，以及為行使資料主體對個人資料的權利。但資料中介服務排除下列情形：屬於為特定組群資料持有者（例如物聯網）間進行資料分享；從資料持有者取得資料進行聚合、加值，但未建立資料持有者與資料使用者間直接關係者，例如廣告中介商、資料顧問等；專注於受著作權保護的內容（著作權仲介團體）；公部門提供非為建立商業關係的資料共享服務。

《歐盟資料治理規則》第 10 條則將需履行告知程序之資料中介服務提供者分為三類。第一，為提供雙邊或多邊資料交換，或創建能夠交換或共同使用資料的平臺或資料庫，以及為資料持有者與資料用戶間的互聯，建立其他特定基礎設施技術或其他手段，以實現資料持有者與潛在資料用戶間的中介服務。此類中介服務者以法國的 Api-Agro 農業資料共享中心為例，經由成立眾多參與者

和中立中介者之 Api-Agro 平臺，提供農業技術參考或衛星圖像、實驗室資料或公共資料的農業生態系統。第二，為提供其個人資料的當事人，或尋求提供非個人資料自然人與潛在資料用戶之間的中介服務，包括提供行使 GDPR 之資料主體權利等技術或其他方法。例如《資料治理法》前言（30）所提個人資料空間（personal data space），著重於資料主體控制與使用 GDPR 個人資料各項權利。該類型服務與我國數位發展部提供「個人化資料自主運用（MyData）平臺」相近。

第三種資料中介服務提供者類型為資料合作社服務（services of data cooperatives），其支援資料主體或一人公司或微型、中小型企業的服務。資料合作社代表組織機構之成員，授權組織機構在其同意之前，先進行資料處理條款和條件的談判。組織機構在同意資料處理之前提供知情同意的選項，並允許為資料處理目的與條件進行意見交流機制，以能充分代表資料主體或法人的利益。例如由共享運具之司機所組成 Driver's Seat Cooperative，透過司機的駕駛資料之蒐集與分析，提供司機工作時段與駕駛策略分析，出售資料給尊重共享運具司機之單位，例如城市交通管理部門等。參與 Driver's Seat Cooperative 的司機，得經由選舉進入合作社董事會，也可分享合作社利潤。另一個資料合作社案例為 Polypoly Cooperative，則著重於透過 APP polyPod 個人資料之應用，企業或機構從 polyPod 用戶取資料服務，就需要支付用戶費用，產生的利潤可透過結算回饋給合作社成員。

㈣ 資料利他主義

指實現國家法律規定的公共利益（general interest）目標，例如：醫療保健，應對氣候變遷，改善交通，促進政府統計的開發、製作和傳播，改善公共服務，公共政策制定或符合公共利益的科學研究。在當事人同意處理與其相關的個人資料，或資料持有者

允許不尋求報酬或接受報酬，且不超過提供資料所生費用相關補償情形下，使用其非個人資料的基礎，而自願共享資料。依《資料治理法》第 17 條規定，資料利他組織應向會員國主管機關登記，並遵守透明度要求與受監督規範，成為受認可的資料利他組織（recognised data altruism organisations）。

　　歐盟認可之資料利他組織，須為實現公共利益為宗旨之非營利法人，且以法律獨立之架構實現資料利他活動，並與其他活動分離。資料利他組織依《資料治理法》第 25 條規定，應使用由歐盟執委會以模組化方式制定歐洲資料利他同意表（European data altruism consent form），因應個別產業要求，確保符合 GDPR 同意之規範，減輕個別蒐集資料使用同意書之成本，且該同意書應以機器可讀之格式或以能清楚閱覽之方式印刷於紙上。資料利他主義之具體案例，可參見德國聯邦衛生部 Robert Koch Institute 之 Corona-Datenspende-APP。從志願參與之當事人的健身手環和智慧手錶中蒐集資料（例如心率、體溫、血壓、睡眠模式），通過監測資料，研究人員可在早期識別出可能的 COVID-19 熱點。

三、歐盟資料法草案

　　2020 年歐盟資料策略指出，雖然資料共享深具經濟潛力，但公司之間的資料共享仍未見足夠規模的發展。其原因在於缺乏經濟誘因，或擔心失去競爭優勢，經濟個體間缺乏依契約協議使用資料之信任、談判能力不平衡、擔心資料被第三方盜用，以及對例如共同創建的物聯網（IoT）等資料運用缺乏法律明確性，有待進一步加以規範。歐盟執委會於 2022 年 2 月提出資料法草案時，負責數位世代（digital age）的歐盟執委會副主席 Margrethe Vestager 表示：「希望讓消費者和公司能夠有更佳地控制：可以使用自身的資料做什麼，明確何人得近用資料以及以何種條件近用資料。這是關鍵的數位化原則，將有助於創建堅實和公平的資料驅動型經濟，並

成為 2030 年的數位轉型之指引。」其立法目的在解決以下課題：中小企業常無法與強大市場參與者協商公平資料共享協議（data-sharing agreements），無法釐清物聯網產品（例如智慧家電或智慧製造機械）生成資訊之近用權利；存在競爭之可信賴雲端服務與邊緣服務的轉換障礙；組合來自不同部門間資料的能力有限等。

㈠ 資料共享之規範

　　資料法草案所定義的資料（data）範圍更為廣泛，係指行為、事實或資訊的數位表徵（digital representation），以及前述行為、事實或資訊的彙編（compilation），包括以聲音、影像或視聽紀錄的形式。第 3 條規定，消費者原則上可直接近用產品或服務所產生之資料，產品或服務提供者應在契約以清晰易懂方式揭示如何近用資料。若用戶無法從產品中直接近用資料時，第 4 條規範資料共享義務，使消費者和企業能夠近用物聯網資料，並擴大 GDPR 之資料可攜權之規定，將範圍從個人資料增加連接到物聯網的設備和服務生成的資料。第 5 條指出，在根據用戶或代表用戶的請求，資料持有者應將使用產品或相關服務產生的資料免費提供給第三方，不得無故拖延，與資料持有者可用的品質相同，並且在適當情況以持續和即時（continuously and in real-time）方式提供。歐盟《數位市場法》（*Digital Markets Act*, DMA）已經於 2022 年 11 月 1 日生效，[5] 第 5 條所稱之第三方，應排除經營核心平臺服務（core platform service）而被指定之守門人（gatekeeper），因此規範取得更多新的資料來源。

　　資料持有者若依資料法草案第 5 條或歐盟與會員國法律有

5　Regulation (EU) 2022/1925 of the European Parliament and of the Council of 14 September 2022 on contestable and fair markets in the digital sector and amending Directives (EU) 2019/1937 and (EU) 2020/1828 (Digital Markets Act) (Text with EEA relevance), OJ L 265, 12.10.2022, pp. 1-66.

義務對資料接收者提供資料時，應遵循公平、合理和非歧視性的
（FRAND）之授權原則。資料法草案第 9 條規定，資料持有者對
資料接收者為提供資料而約定之補償，應在合理範圍內。資料持有
者於特殊情況時提供資料之義務；公共部門機構在洪水和野火等公
共緊急情況，依資料法草案第 15 條規定，當資料有助於防止公共
緊急事態，或是有助於從公共緊急事態復原，且缺乏該資料使公共
部門無法執行符合公共利益之法定任務時，得近用使用私部門持有
的資料的方式。例如在 COVID-19 疫情期間，經由行動電話業者提
供匿名位置資訊，進行疫情的預測。

㈡ 中小企業的公平資料共享協議

　　歐盟強調支持中小企業近用資料，資料法草案禁止與 B2B 共
享資料相關義務不公平契約，該法引進不公平測試（unfairness
test） 保護締約弱勢的商業對手。資料法草案第 13 條。若對中小
企業之資料共享契約條款嚴重偏離資料近用訪問和使用的良好商業
慣例，違反誠信和公平交易原則，例如：排除或限制單方故意或重
大過失行為之責任或不履行契約之責任；阻止、限制一方在契約期
間合理使用資料；僅單方具有契約解釋權等情事，均被視為不公平
條款，而不具拘束力

　　為強化對中小企業之保護，確保資料近用和利用的 B2B 契約
條款的公平性，依資料法草案第 34 條規定，為謀求權利與義務之
衡平，必要時執委得訂定不具拘束力的定型化契約條款（model
contractual terms）。

㈢ 雲端和邊緣運算服務之轉換

　　具有競爭力和可互操作的資料處理服務，是蓬勃發展的資料
經濟的先決條件。資料法草案第 23 條允許用戶得有效地在不同的
資料處理服務提供商（providers of data processing services）之間
進行轉換，在通知後三十個日曆天內應終止契約，不得妨礙用戶締

結同類型契約。同時應協助將用戶資料、應用程式和其他數位資產移轉至另一家資料處理服務提供商。藉此促進雲端和邊緣運算服務等資料處理服務提供商之間的轉換。針對資料傳輸限制和第三方對非個人資料的非法近用實施保護措施。在資料處理服務提供商與用戶之轉換契約條款，資料法草案第 24 條進一步規範，除符合 (EU) 2019/770 消保指令規範，資料處理服務提供商應在最長三十個日曆天之強制性過渡期內，協助用戶在技術上可行情境下，完成轉換過程，並應確保提供相應功能或服務的完全連續性。在資料法草案生效後三年內，資料法草案第 25 條要求資料處理服務提供商收取用戶之轉換費用應逐步降低，三年後不得對用戶收取轉換費用。

㈣ 資料共享機制與服務技術標準

　　資料空間營運商（operators of data spaces）應遵守資料法草案第 28 條、第 29 條規範，促進資料共享機制和服務的相互操作性基本要求。上述要求包括資料集之格式、近用資料之技術方式，例如 API 與其使用條款，以及提供實現智能契約（smart contracts）相互操作性之方式，並建立資料處理服務相互操作性規範和歐洲標準（open interoperability specifications and European standards）。在使用智能契約 APP 的供應商，或為他人在貿易、業務或專業提供資料協議而部署智能契約者，依資料法草案第 30 條規定，應導入對資料共享智能契約之最低規範（minimal requirements regarding smart contracts for data sharing），應提供相當的穩定性以避免功能錯誤和承受操縱，資料共享智能契約供應商還應提供資料存檔和審計選項，並確保智能契約可以重置或可以被指示停止或中斷交易。

參、歐盟資料治理法制對我國之啓示

　　而歐盟從 2003 年就開始推動開放資料法制化，制定《公部門資訊再利用指令》。至 2019 年《開放資料指令》進一步革新，提

出擴大納入公營事業、強化動態資料公布、開放資料收費與授權原則之合理調整、開放研究資料與 FAIR 原則，以及引進高價值資料集等新規範。歐盟資料策略提出更為進階開放的資料模式與因應時代需求之資料治理法制設計，期待讓歐洲成為資料經濟中的翹楚。歐盟深切認知，資料是數位經濟的核心，同時是確保綠色和數位轉型的重要資源。雖然人類和機器生成資料呈現幾何式增長，不過，歐盟制定開放資料與資料治理法規，其目的為解決大多數資料未被使用，或由少數大型公司把持之現況，克服在資料驅動創新的過程缺乏信任機制、經濟誘因與技術障礙等重大課題。經由政策與法律規範提供資料再利用，消除歐洲資料經濟發展的障礙，讓所有人都能從中受益。歐盟 2022 年 6 月通過並公布《資料治理法》，進一步提升資料的可得性，強化資料中介機構的信任度以及優化資料共享機制。資料治理規則導入資料共享服務提供者與資料合作社等資料中介服務組織，並將資料利他主義入法，以及將受認可資料利他組織與資料利他同意表予以法制化。歐盟執委會於 2022 年 2 月提出資料法草案，提出資料共享之規範、中小企業的公平資料共享契約規範、保障用戶在雲端和邊緣運算服務等資料處理服務提供商間的轉換機制，建立資料共享機制，包括運用智能契約與服務技術標準。

　　我國從早期倡議修改《政府資訊公開法》納入資料開放的概念，研擬在《政府資訊公開法》以增訂專章形式處理費用與免責規定，在多項法令如《法院組織法》、《空氣污染防制法》等增修納入資料開放規範，到主張研擬專法制定「政府資料開放與利用法」，推動資料開放法制化已經歷漫長時程（戴豪君、顧振豪，2015）。環顧同時期歐盟資料開放法制之快速演進，從靜態資料集提升為動態 API、從公部門擴大公營事業、從開放政府資料到開放研究資料、政府資料開放之組織變革以及提供高價值資料集等趨勢。我國在 2021 年智慧國家方案（2021-2025）提出：「完備政府

開放資料制度，並就推動之需要進行配套法制研議規劃，促使政府各部會落實資料機器可讀、開放格式及開放授權等目標，加速改善政府開放資料的品質及高價值資料釋出。協調政府各部會研議公私跨領域資料互通與再利用機制，並進行隱私與個人資料等相關法規調適。」在 2022 年 6 月行政院資料開放諮詢小組會議中，國發會提出「高應用價值資料主題推動規劃」，初擬氣候環境、災害防救、交通運輸、健康醫療、能源管理以及社會救助等六項高應用價值資料主題類別。另一方面，科技部提出「部會對促進科研計畫資料開放及再利用之建議」，提出科研成果得公開者，宜以契約約定「科研資料」以開放資料提供為原則，開始推動研究資料開放。如何從現行之《行政院及所屬各級機關政府資料開放作業原則》出發，提升法律位階，研擬適當資料開放專法。藉此促進新興科技活化資料應用，強化資料驅動創新及數位治理，實為當務之急。

在資料治理層面，企業普遍認識組織數位化治理及管理轉型需求提升，需要對數位資料歷程加以完善管理。2021 年資訊工業策進會科技法律研究所提出「重要數位資料治理暨管理制度規範」（Essential Data Governance and Management System），著重企業內部與關係企業之資料管理。政府在資料治理法制方面的努力，除臺北市政府發布《臺北市政府資料治理規則》外，2022 年 8 月成立之數位發展部，其組織法第 2 條規定，數位發展部掌理下列事項：……六、政府數位服務、資料治理與開放之策略規劃、協調、推動及資源分配。數位發展部提出「數據公益」之政策，其概念係指數據持有者主動提供，合規且非直接利益性下用於公共有益領域（公共服務、創新技術、公益組織等），共創多元且共享創新。數據公益雖部分體現資料利他主義之內涵，但對於如何建立資料中介服務提供者等機制、推動資料利他主義與相關組織，仍有待推動。而中小企業面對大型科技公司如何公平近用資料、物聯網生成資訊之近用權利，以及整合不同部門間資料的技術標準等更進一步資料

法制，可見制定我國資料開放與資料治理之完善法律規範，已經是刻不容緩的議題。

參考文獻

1. 翁逸泓（2022）。資料治理法制：歐盟模式之啓發。東海大學法學研究，64，55-116。

2. 戴豪君、賴芃聿（2021年8月）。從歐美資料開放法制看我國資料開放專法之挑戰。臺灣科技法學叢刊，2，95-143。

3. 戴豪君、顧振豪（2015）。建構資料開放之良善法制環境。國土及公共治理季刊，3（4），17-26。

4. Communication from the Commission to the European Parliament (2020, February 19). The Council, the European Economic and Social Committee and the Committee of the Regions–A European Strategy for Data. *Com(2020), 66 final.*

5. European Commission (2020, November 25). Commission Proposes Measures to Boost Data Sharing and Support European Data Spaces. Retrieved May 25, 2021, from https://ec.europa.eu/commission/presscorner/detail/en/IP_20_2102.

6. Julie Baloup, Emre Bayamlıo lu, Aliki Benmayor, Charlotte Ducuing, Lidia Dutkiewicz, Teodora Lalova, Yuliya Miadzvetskaya, & Bert Peeters (2021). *White Paper on the Data Governance Act Proposal* (p. 6). The Centre for IT & IP Law of the University of Leuven.

7. The Economist (2017, May 6). Regulating the Internet Giants—The World's Most Valuable Resource Is No Longer Oil, But Data. Retrieved March 15, 2023, from https://www.economist.com/leaders/2017/05/06/the-worlds-most-valuable-resource-is-no-longer-oil-but-data.

第 8 章

人工智慧與資料主權

張濱璿

壹、前言

　　讀者可回想一下自己去醫院門診就醫的經驗。走進醫院偌大的空間，找不到掛號處、診間，初診還要填寫資料，再經歷漫長的等待看診的時間。進診間似乎才是困難的開始，醫師人很親切，但是問了很多聽不懂的問題，他很盡力地解釋病情和交代回家後的注意事項，雖然似懂非懂，但看到後面還有很多病人，就不敢再細問了。回到家後，一堆藥不知道該怎麼吃。雖然因為自己有糖尿病的慢性病，醫院有安排負責個案管理的護理師，可是自覺自己的問題似乎不是太緊急，不太應該打擾護理師的下班時間，但也不知道還能詢問誰。

　　而常在新聞報導中看到醫師過勞的新聞，除了外科醫師可能一個手術要開十幾個小時才能結束，其他如放射科醫師一天有幾百張的 X 光片、病理科醫師要看無數的病理切片、臨床醫師一個門診要看數十甚至上百個病人，這樣的工作量遠超過一般人的負荷，也可能會有一些誤判的風險。是否有方法可以幫助醫師減少工作量和減少錯誤，也能夠幫助病人更能照顧自己的健康，就醫流程也可以更方便和人性化？不只是在醫院內，如果政府也能利用有效率的方法，將我們的就醫資料以及生活習慣等進行分析，可以知道慢性病

和傳染病的分布與發生情形，便能夠投入更多資源給有需要的人民和地區，或可讓資源更有效利用。

　　因此，隨著科技的進步，開發出來許多人工智慧（artificial intelligence, AI）的利用，可以解決從最低階的取代重複性或機械性工作，到遠距離病人監測或示警系統，進一步協助醫師做高階的診斷工作。例如，病人在家中透過穿戴裝置，時間一到便自動偵測血壓、血糖或其他須定期量測的資訊，超過危險值可以提醒並告知病人應使用醫囑所給予的臨時性用藥；同時，這些資訊也會傳輸到個案管理護理師的電腦，隔日上班時可以主動聯絡病人給予衛教諮詢，如必要也可建議病人提早回診就醫，不會因為原訂回診時間未到而延誤病情。前往醫院就醫時，透過醫院 APP 的引導，不會在像迷宮一樣的醫院裡迷路，可以順利找到診間、檢查室、手術室，也能指導病人透過智能繳費機批價繳費；做完所需檢查後，放射科醫師可以在 AI 系統的協助之下，不至於漏失影像檢查中的細微異常，可進一步做出正確的判斷；手術後在加護病房中，也經由 AI 系統偵測病人生命徵象，提供呼吸器調整建議給呼吸治療師參考。對政府而言，這些就醫資料除提供健保支付的依據外，政府也能藉由機器的分析，偵測到近期某些疾病數增加的警訊，及早開始公共衛生的預防和管理措施。

　　除了醫療領域，一般生活中也存在大量藉助 AI 的應用。例如，電動車科技的發展近年來突飛猛進，除了減少排碳的環保優點外，電動車所使用的 AI 輔助駕駛，透過機器學習以及自動駕駛演算法，在行車過程中不斷蒐集駕駛的操作細節，能模擬人類駕駛的行為，避免人類可能發生影響行車安全的失誤，這更是引爆話題的亮點；而藏在看不見的地方，除了車輛操控，駕駛習慣對電池消耗的影響，也可能作為電池不斷改良的依據。另藉由蒐集所有與網路連線的使用者定位資料，可以提供車用地圖即時路況資訊，並可提出適合路線的規劃建議與計算到達時間；甚至車上還可用語音對話

系統直接給予指令，背後其實已有蒐集許久的龐大資料庫以回應我們所有的提問。

　　由上可知，在 AI 發展的過程當中，其實必定會先經歷包括個人資料在內的許多資料蒐集過程，以進行分析、學習，作爲後續 AI 運作的依據基礎。前階段所使用的資料常常是我們在不知不覺中被蒐集並進一步使用的；後階段則是當 AI 系統被開發出來後，我們很可能會受制於 AI 運算的結果，而決定我們如何享有資源或會被如何看待，在在影響我們個人的權益。

貳、AI 發展的重要性與可能問題

一、AI 發展的特徵

　　AI 讓我們聯想到演算法、資料數據或雲端等概念。AI 以過去人類累積的資料作爲智慧學習的訓練基礎，透過機器學習以及深度學習的模型，使用非常大量的資料去運算、分析，以發展所需要的演算法，再利用這些資料進一步驗證、改進 AI 產出的判斷結果。數據資料愈多，愈能呈現眞實情形，這是我們一般所理解的概念；但相對地，數據量愈大，一般人工的能力就愈難以有效率地處理這些資料及進行分析。因此，雖然目前能眞正達到與人同等思考的 AI 技術還不存在，但透過先進的 AI 運算技術，可以更有效率地處理大數據並將其導入機器學習（machine leaning）或深度學習（deep learning）之中。

　　在 AI 發展的過程中，一般會歸納有三波浪潮（圖 8-1）。第一次 AI 浪潮起於 1950 年至 1960 年網際網路開始以前，單純將問題轉爲符號，只能解決簡單的圖像遊戲問題，但無法處理實用問題。第二波浪潮出現在 1980 年代，隨著電腦與網際網路的普及，這時所進行的研究主要是發展專家系統，將各領域專業知識轉爲電腦語言，可以代替專家做出判斷、解決特定問題，但這些問題都必

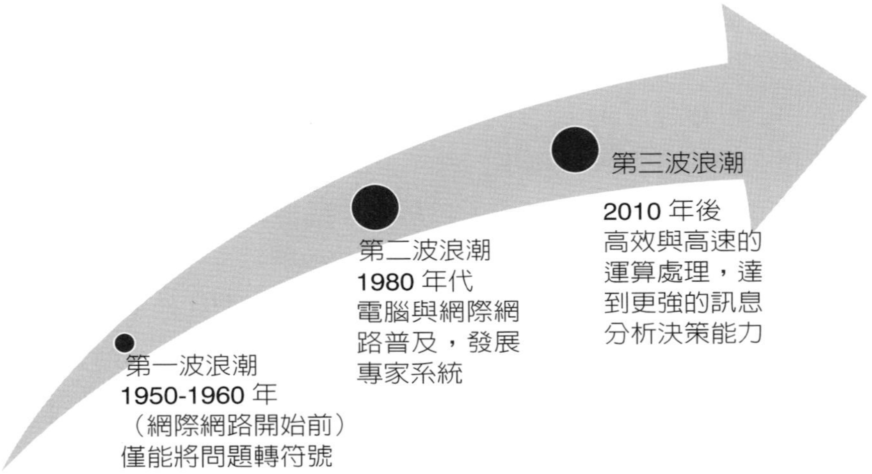

第三波浪潮
2010 年後
高效與高速的
運算處理，達
到更強的訊息
分析決策能力

第二波浪潮
1980 年代
電腦與網際網
路普及，發展
專家系統

第一波浪潮
1950-1960 年
（網際網路開始前）
僅能將問題轉符號

圖 8-1　AI 發展的三波浪潮

資料來源：筆者繪製。

須是專家事先設想到的，有其侷限性。近十多年間隨著電腦、網路
的快速發展，電腦的速度以可以處理極大量的數據資料，機器學習
便隨之興起。一般對於巨量資料（big data，又稱大數據）的理解
是大量、高速且類型多變的資訊，透過高效的資訊處理方式，以達
到更強的訊息分析與決策能力。而第三波 AI 的發展，就是讓電腦
學習巨量資料，使其可以進行辨識、判斷，使電腦可能處理過去未
曾遇到過的問題，甚至模擬人類思考的模式解決問題，語音辨識和
影像辨識技術便是以深度學習為基礎的產物。

二、資料使用與 AI 開發

　　資料是改善深度學習系統的關鍵，輸入的資料數量愈多、品
質愈高、愈貼近真實，AI 學習的效能就愈好。而在這些巨量資料
中，有些資料是來自於可以辨識資料提供者個人，例如透過人臉辨
識系統應用於手機或電腦的開機，或用於機場海關通關系統並連結
到個人身分資料，都會需要先蒐集大量的個人資料和人臉特徵進行

分析，才能開發出辨識人臉的技術；另外有些資料雖來自於人，卻已經過去識別化的處理而無法直接由該資料辨別資料提供者為何，例如醫院保存我們就醫的病歷和紀錄，原是與病人相對應的，但透過資料去識別化處理檢驗檢查資料，使研究者進行分析時就不會有可辨識而能連結到特定原始病人的資訊；其餘有些資料則與個人資料完全無關，例如車輛在駕駛途中所學習辨識路上的交通號誌、障礙物、其他出現的物體等。

在前階段使用這些資料進行 AI 開發時，就會涉及一些與個人權益有關的問題。首先在機器學習的部分，AI 系統必須先取得許多包括個人資料在內的資訊以進行分析，例如要獲得許多人臉照片以分析人臉的細微特徵，加強辨識的精準度；或是政府要建立犯罪預防評估系統，就需要先取得受刑人的種族、性別、年齡，甚至是健康疾病、身心狀態，或許還可能有基因等資料。但這些資料的擁有者，為何要提供資料、提供資料後可能獲得何種好處，以及資料蒐集者取得資料後是否會做不當的使用，都涉及資料提供者的個人資料保護問題。

而在 AI 系統建立的後階段運用，各部門開始利用 AI 系統進行決策，同樣也涉及被決定者的權益。美國政府使用「矯正犯人替代處罰管理分析」（Correctional Offender Management Profiling for Alternative Sanctions, COMPAS）系統幫助法官以及警察單位評估被告和受刑人之再犯風險，以作為決定量刑的基礎，系統透過回溯性資料之分析，做成前瞻性之預測判斷（Larson et al., 2016）。然而，在建立系統時的回溯性分析過程中，可能會把人類價值偏見（bias）的思考加入判斷參數中，造成黑人或移民者被判斷再犯的風險較高，AI 系統運算產出白人獲得保釋機率較高之結果，也因此引發許多人權爭議。而這些被評判的人可能因為 AI 的使用，影響其重回社會的機會，以及被社會評價的歧視也影響了被評判者的權益。

因此，在 AI 發展過程中，前階段的資料提供者以及後階段個人資料受 AI 評判者的權利保障都會受到影響，這些與個人相關的資料，其資料主體的權利保障方式，是法律與倫理所強調與思考的重要問題。如何避免資料提供者的資料受到不當應用，以及使用的正當性基礎；或是當個人提供資料予 AI 系統進行判斷時，個人所受到的評判是否來自於一套可受信任的 AI 系統；另外，當我們的個人資料在我們不知情的情況下被使用於未預期的目的，並作為他人商業或犯罪目的時，都涉及人權保障中資料主權行使的保護，也是各國 AI 規範思考的重要議題。

參、資料主權的基礎

一、人性尊嚴與個人自主

　　多數國家對於自主權的定位，可以從憲法位階的人性尊嚴以及人格權作為法律上的基礎。人性尊嚴強調個人的獨立性，以及個人間的差異性，是人權保障的核心。人性尊嚴強調個體自我主權範圍的權利行使，以個人的自治和自決作為人性和理性事物的尊嚴基礎，也是人性尊嚴之本質或核心內容和最後一道防線。生而為人，理當有為自己做適合自己決定的權利，因此在每個人權利正當行使的範圍內，自治自決的機會應受充分保障及尊重；當人民要逐行其目的時，有其自治的「自由空間」，則尊嚴由此而生。1979 年 Tom L. Beauchamp 與 James F. Childress（2008）二位教授在生醫領域提出生命倫理四原則（Principles of Bioethics），其核心內涵包括：尊重自主原則（autonomy）、避免傷害原則（non-maleficence）、行善原則（beneficence）、公正原則（justice）。其中闡述「自主」代表的是自我管理、自我規範，具體落實於知情同意（informed consent）的操作中，要件包含完整的資訊告知（information）、受告知者有決定能力（capacity）、

對於告知內容充分瞭解（comprehension）、最後做出自願的同意（voluntary）。尊重自主是為尊重一個有自主能力的個體所做出的自主選擇，也就是承認個體基於個人價值信念而可持有看法、做出選擇、採取行動；知情同意原則則是在自主原則之下更進一步的實踐規則。

二、憲法人格權保障：德國

德國於 1967 年聯邦憲法法院創設了憲法上的人格權，關於私領域的保護，先後創設了「領域理論」用以認定保護範疇，及「資訊自主權」界定隱私權及言論自由之界限（王澤鑑，2007）。憲法不但肯定個人人格具有獨立的自主性，並承認個人在社會關係和其對社會之多種義務。因此自主決定權或自決權，例如生前預立遺囑之行為或依自由意志所決定的臨終照護方式，性質上均屬於一般人格權及人性尊嚴之核心內容。《德國基本法》的一般人格權又被稱為行為自由（handlungsfreiheit），也就是在人格自由發展權利中，個人行為除非傷及他人權利，否則應有完全之自由，包括人格或行為的自我形成權以及自我決定權（李震山，2011）。人格自由發展應該以個人自我形塑權為核心，衍生出個人生活方式之主動權，個人的意見及行為均被允許由自己決定，但也應由自己負責，人格權才能獲衡平保障。因此在「人性尊嚴」這個最高價值體系運作下，人性尊嚴與一般人格權最密切關係的部分就是自我決定權，使個人得以在自由社會中做出自主之決定。

三、隱私權保障：美國

若從美國法的角度，個人自主的核心理念乃是在於「個人自主做出選擇和決定」的權利（劉靜怡，2006），強調個人自主性保護原則，指一種「不受侵犯的人格」（the right to an inviolate personality）的概念。自主決定之權利，也涉及了人類意思之表達，人得以自由表達其思想，才有自主決定權利行使的空間。所以

表意自由對於人類整體發展及個人自我實現而言極為重要。兩位美國律師 Warren 和 Brandeis 在 1890 年更進一步提出隱私權的概念，主張「生命的權利即指享受生活的權利，也就是不受干擾的權利」（王皇玉，2009）。保障個人隱私的理由在於維護個人自主性（autonomy）以及個人的身分認同（personal identity），以達到維護個人尊嚴（personal dignity）的目的。所以「個人自主決定權」並非僅政治層面的權利，亦為憲法保障隱私權或人格權的範圍。

四、我國憲法人性尊嚴的保障

司法院大法官曾在釋字第 603 號解釋關於先按捺指紋才能核發身分證一案，於解釋文中闡述：「維護人性尊嚴與尊重人格自由發展，乃自由民主憲政秩序之核心價值。隱私權雖非憲法明文列舉之權利，惟基於人性尊嚴與個人主體性之維護及人格發展之完整，並為保障個人生活私密領域免於他人侵擾及個人資料之自主控制，隱私權乃為不可或缺之基本權利，而受憲法第 22 條所保障（本院釋字第 585 號解釋參照）。其中就個人自主控制個人資料之資訊隱私權而言，乃保障人民決定是否揭露其個人資料、及在何種範圍內、於何時、以何種方式、向何人揭露之決定權，並保障人民對其個人資料之使用有知悉與控制權及資料記載錯誤之更正權。」由此可知，對於人性尊嚴的保障，使資料主體的權利不受侵害，資料主權的行使是重要的實現方式，可以突顯並維護人的主體性，是保障人的權利不受他人侵害的重要做法。且依解釋的意旨，資料主權保障具體方式除了事前保障人民決定是否揭露其個人資料以及揭露的方式、範圍外，對於資料被使用後，人民仍可要求知悉、控制甚至更正錯誤，其核心精神即在保障資料主體對其資料自主控制的權利。

五、研究資料使用的倫理要求：世界醫師會 2016 年《臺北宣言》

基於 AI 開發必定會使用巨量資料進行相關研究，世界醫師會

於 2016 年對於生醫領域使用擁有大量人類生物資料的健康資料庫或生物資料庫進行研究時的倫理考量，提出了《臺北宣言》。基於保護資料來源的研究對象，應尊重並保障其尊嚴、自主、隱私和保密性（第 1 條），因此自主、隱私和守密之權利賦予個人可控管其個人資料和生物材料的使用（第 9 條）。資料與生物材料的蒐集、儲存與使用之同意，必須來自於有能力表達意願者之自願，並獲得參與者特定、自由且知情的同意（第 11 條）。個人有權要求和被提供有關其資料及使用的資訊，亦可要求更正錯誤或遺漏，並受告知資料庫之活動（第 14 條）；也有權隨時且不受到報復地改變其同意或撤出其資料（第 15 條）。可見保障個人尊嚴與自我主權的具體實踐，除事前完整的知情同意外，事後的瞭解以及要求更正權利也極為重要且須被保障。

肆、AI 開發應重視的價值

參考一些國外建立 AI 相關規範的歷程，可以看出對於個人權利保障的思維。不論國際組織或先進國家在 AI 發展的過程中所建立的規範原則，都透露出對於以人為本價值原則的憂心（如表 8-1），也因此會特別強調。

一、經濟合作暨發展組織（OECD）

OECD 於 2019 年 5 月通過了《AI 原則》（*AI Principles*），以促進使用具有創新性和可信賴性、尊重人權和民主價值觀的 AI 為目標，並提出五項基於價值觀的原則，包含：包容性增長、永續發展和福祉；以人為本的價值觀和公平；透明性和可解釋性；穩健性和安全性；課責性（OECD, 2019）。其中就以人為本的價值而言，強調 AI 系統的設計應尊重法治、人權、民主價值觀和多元性，並應有適當的保障措施以確保社會公平公正；透明性和可解釋性的價值原則則須確保人們瞭解何時會有互動並可以挑戰 AI 運算

的結果。也就是說，OECD 對於各國發展 AI 所秉持的態度是基於以人為本的觀點，不能因為 AI 的發展，而忽略了以人為中心的價值。化為實際的作為，便應尊重法治和適當保護人權，確保人們可以瞭解他們的資料會被如何使用；以及透過透明性的要求，確保他們知悉自身是如何評價 AI。

二、歐盟

在「歐盟執委會」下設之「AI 高階專家工作小組」（Artificial Intelligence-High Level Experts Group, AI-HLEG），於 2019 年 4 月 8 日發布其研擬的一份《值得信賴的 AI 倫理指引》（*Ethics Guidelines for Trustworthy AI*）。在指引中，AI-HLEG 專家直接點明，「可信賴度」（trustworthiness）是在開發、部署及使用 AI 系統之重要先決條件。「值得信賴的 AI」（trustworthy AI）包含三項要素：㈠ 應為「合法的」（lawful）：應遵守所有適用的法律規則；㈡ 應為「合倫理的」（ethical）：必須尊重倫理原則與價值；㈢ 應為「穩定的」（robust）：不論從技術面與社會面觀點都應確保 AI 系統穩定以避免風險。

在《值得信賴的 AI 倫理指引》所提出的三項構成要素的抽象概念下，值得信賴的 AI 之基礎必須扣合於對於人的基本權利保護，可以從《歐盟基本權利憲章》的價值觀中得到包含「尊重自主」、「避免傷害」、「公平」、「可解釋性」等四項倫理原則，作為歐盟 AI 倫理規範架構的四大原則。而要實現值得信賴的 AI，還有七大要求：人為介入與監管、技術穩定與安全、隱私與資料治理、透明性、多元性、非歧視性及公平性、社會與環境友善、課責性；七項關鍵每一項均同等重要，彼此相互支援，且於 AI 系統之整個生命週期中應不斷加以落實及評估。

基於上面的倫理架構，歐盟執委會又於 2020 年底發布的《AI 白皮書》（*White Paper on AI*），希望平衡「AI 運用帶來的好處」與「AI 對個人或社會帶來的潛在負面風險」，維護歐洲價值與公

民基本權利；在充分尊重歐洲公民價值觀與權利的同時，也能發展快速、安全的 AI 技術，避免民眾擔心在面對 AI 決策的訊息不對稱時造成自己的權利和安全風險。隱私保障、資訊透明以及自主同意權的行使，也是保障個人免於風險的重要步驟。

三、美國

美國是從歐巴馬政府開始，持續針對大數據與演算法發布相關報告，強調勿因為過於依賴演算法，而忽略了其所附帶的歧視風險，資料選取可能發生偏誤或不正確、不完整，或因演算法設計不佳及 AI 決策系統的錯誤假設而導致歧視。AI 系統像一個「黑盒子」，一個不透明的機器，也會使「大數據是客觀的」這個假設的前提產生錯誤。

因此，川普總統執政後在 2019 年與 2020 年發布了兩項重要的行政命令，提出之《美國 AI 倡議》（*The American Artificial Intelligence Initiative*），除了作為 AI 政策發展的方針外，也強調必須兼顧促進 AI 創新應用及同時保障人民自由隱私，以支持可靠的、穩健的與值得信賴的 AI 技術系統。在行政命令中也提出了在聯邦政府中設計、開發、獲取和使用 AI 時各機構應遵守的原則，其中包括應合法並尊重國家的價值觀，尤其重視隱私、人權與人民的自由，而且要使 AI 決策是可以理解、可究責且透明的，至於 AI 的應用則必須準確、有效、安全、可靠且具有彈性（The White House, 2020）。

後續美國政府與國會也陸續提出相關 AI 指引與法規草案，首要均著重公眾的信任，強調應以適當監管來保護個人隱私，並確保 AI 不會損害個人知情決定的權利。從美國政策與立法的演進可看出美國一直在尋求開發 AI 的戰略和政策，希望保護公眾免受 AI 技術潛在風險，與鼓勵積極創新和競爭力之間取得平衡。

表 8-1　國際間揭示的 AI 原則

國家或組織	OECD	歐盟	美國
文件	AI 原則	值得信賴的 AI 倫理指引	第 13960 號行政命令
揭示原則	五項價值原則 1. 包容性增長、永續發展和福祉 2. 以人為本的價值觀和公平 3. 透明性和可解釋性 4. 穩健性和安全性 5. 課責性	值得信賴的 AI 三要素： 1. 合法的 2. 合倫理的 3. 穩定的 四大原則： 1. 尊重自主 2. 避免傷害 3. 公平 4. 可解釋性	1. 合法並尊重國家價值觀 2. 有目的性的 3. 準確、可靠、有效 4. 安全、可靠且有彈性 5. 可以理解的 6. 負責任和可追溯 7. 定期監測 8. 透明 9. 可信賴的

由上可知發展 AI 應用是先進國家不變的策略，但面對 AI 所帶來的可能風險，主要國際組織以及國家不斷強調發展 AI 的過程中不能忽略並應持續秉持以人為中心的價值觀，並強調尊重人性尊嚴與人權保障的人本價值，不論尊重自主、透明性與可解釋性要求以及維護資料隱私安全，都是必須具體落實於法律規範中的內容，才能使公眾對於 AI 的使用產生進一步信任。

伍、資料主權的實踐

基於展現人性尊嚴與人格權利保障的精神，個人自主權的落實是重要基礎，可以突顯並維護個人對於資料的主體性，確保個人不受他人或是不當 AI 運算的侵害。當事人自主原則的展現，很重要的是資料當事人可以清楚瞭解自己的資料將使用於何種目的範圍、如何被利用，以及是否同意被利用；在資料的蒐集、處理、利用的過程，都要符合誠信原則、必要性原則以及比例原則。因此，除了

形式上的取得同意以外，同意前的充分資訊告知，更是容易被忽略的程序。

　　2022 年 8 月憲法法庭就全民健康保險的資料以資料庫方式供生醫或學術研究的合憲性問題，做出了 111 年憲判字第 13 號判決，就健康保險資料的儲存、處理、對外傳輸、對外提供利用等規範和監督防護機制，因均無明確法律層級之規定，違反法律保留原則，也不符合人民資訊隱私權的保障，而認定此部分為違憲。判決理由除引用司法院釋字第 603 號解釋意旨以外，並揭示：「資訊隱私權保障當事人原則上就其個資，於受利用之前，有同意利用與否之事前控制權，以及受利用中、後之事後控制權。除當事人就獲其同意或符合特定要件而允許未獲當事人同意而經蒐集、處理及利用之個資，仍具事後控制權外，事後控制權之內涵並應包括請求刪除、停止利用或限制利用個資之權利。」可知資訊隱私權的保障，並不只限於事前同意權，也及於後續對於個資利用過程的相關請求和限制的權利。

　　若以 AI 開發階段而言的具體作為，可以區分為 AI 發展的前階段資料蒐集，與後階段的運算結果。在 AI 開發前階段的資料蒐集、處理、利用，著重於對資料擁有者能有自主知情同意和是否可拒絕同意（退出）的權利取得與程序保障；至於開發後階段已完成之 AI 使用，則是就受到 AI 運算評價的結果，應擁有對於 AI 演算過程可要求透明性與要求解釋的權利，並落實於法律規範中。

一、資料蒐集的自主權行使：知情同意權

　　以機器學習以及深度學習的模型所開發出來的 AI，需要非常大量的資料去演算及改進；相對地，也需要靠 AI 的演算法才能有效率地管理大數據資料，找出大數據背後有意義的資訊。而這些資料的來源，若取自於個人，則可能會涉及每位資料擁有者的隱私，也因此對於個人資料會有保護的相關規範。在自主權的行使上，強

調完整的知情同意，其意義不僅是取得「同意」，還要確保當事人知的權利，才能彰顯出當事人的主體性，保障人格權。積極面應提供充分且適當之資訊，以促成當事人得以做適當抉擇，當事人也可以有「不同意」的權利；消極面則應使自主行為不應遭受他人之操控或干預。

歐盟在 2018 年起開始施行的《一般資料保護規則》（*General Data Protection Regulation*, GDPR），即是為了針對資料控制者處理個人資料時，提供相關應遵循之規則和原則，作為歐盟各國一致遵循的法規，以保護資料主體之權利；該規範也可說是國際間公認最嚴謹的個人資料保護法律，也深深影響非歐盟國家的法律。在 GDPR 的一般性原則中，就已經揭示須尊重權利主體之基本權及自由，尤其是保護個人資料之權利（第 5 條）；對於個人資料主體同意基於特定目的處理其個人資料，而且此些目的必須明確且合法，作為個人資料處理的合法要件之一（第 6 條）；至於同意必須是資料主體依其本身意思決定，所為具體、肯定、自由、明確、受充分告知的指示（第 4 條），而且資料主體有權隨時撤回原先的同意（第 7 條），均展現法規強調資料主體的自主性。

臺灣《個人資料保護法》也有相類似的規定，強調當事人自主原則的展現。首先在第 1 條立法目的中，就已經先強調該法是為了避免人格權受到侵害而進行立法，並以誠信方法，符合必要性原則以及比例原則（第 5 條）。在資訊告知部分，於該法中就公私部門直接蒐集個人資料時規定應明確告知事項（第 8 條）；在間接蒐集個人資料後，處理或利用個人資料前，應向當事人告知資料來源（第 9 條）。就當事人自主權的行使部分，查詢或請求閱覽、請求製給複製本（第 10 條），以及請求補充、更正或刪除（第 11 條）等權利，並強調此揭權利不得預先拋棄或以特約限制（第 3 條）。

由上可知，為了避免資料使用者對於個人資料的濫用或其他當事人所未能預期的使用目的，例如業者與醫院在病人不知情的情形

下，將原為接受親子鑑定所蒐集到的血液檢體進行其他疾病的癌症基因分析，而開發出 AI 基因檢測技術獲取龐大商業利益，但卻未曾取得該血液檢體來源當事人的同意。當事人原先僅知悉血液會作為親子鑑定的使用，卻不知醫院會進行後續研究及商業利用；醫院亦未將該利益分享給資料來源之主體，而對當事人的身體以及人格自主造成了侵害。在充分尊重個人資料於人格權行使所代表意義的思維下，法規範對於資料的前段蒐集、中段處理、後段利用行為，強調並要求事前的充分告知、取得當事人的自願同意；要求資料使用者於當事人同意的範圍內進行資料使用，是公認充分保障當事人資料主權的具體展現。

二、透明性與要求解釋的權利

除事前資料蒐集的知情同意外，參照司法院釋字第 603 號解釋和世界醫師會《臺北宣言》，都揭示當事人對於個人資料使用應享有知悉與控制權及資料記載錯誤更正權，因此對於 AI 透明性以及可解釋性的要求，可說是另一種個人自主權的展現。如前所述，AI 的運算像是一個黑盒子，設計者設計了機器學習的演算法後，由機器進行自我學習建構模式，後續應用於實際個案的運算結果，可能不是由設計者直接設計演算法，而只是設計了機器學習的演算法，再經由機器自我學習所建立的 AI 運算模式，因此對於 AI 的演算法內容以及假設的前提，設計者不見得能夠掌控結果。

然而，對於受到 AI 運算決定結果影響的人，其權利卻可能因此受到侵害。例如，若有一犯罪預防的 AI 系統，經由機器學習的結果，僅以年齡、性別、種族等客觀無法改變的資料作為再犯風險評估依據，卻不參考個別罪犯過去前科紀錄的犯行輕重，而成為警察加強監視的對象，甚至影響量刑或是否給予假釋的判准時，特定的個別受評判者可能會因此造成人身自由、名譽或金錢財產等權利受到侵害，甚至受到旁人異樣的歧視眼光；又或是社福系統藉由

AI 的輔助，決定申請社福補助對象的資格與核定金額；該系統開發時，藉由機器學習而分析出女性與老人可能為社會較弱勢而發給較高額補助，而不將申請者所處環境的物價、家庭人數、健康因素等困境列入判准基礎，則對於男性或中壯年申請者可能造成較為不利的結果，也影響申請者後續的生存權益。

因此，一般對於自然人所給予的評價或所做出的決定，在法律上我們可能可以透過究責的方式主張自己的權利受到侵害；但對於這些受 AI 評價的個人，應該如何對 AI 主張自己的權利，一直是大家討論的問題。透明性以及可解釋性的要求也就因而產生，並呈現於先前所述的各國對於 AI 倫理原則與法律規範的要求中，才能達到建立「值得信賴的 AI 系統」的目標。歐盟在 2021 年提出「AI 法律調和規則草案」（Proposal for a Regulation Laying Down Harmonised Rules on Artificial Intelligence, AI Act），希望平衡「AI 運用帶來的好處」與「AI 對個人或社會帶來的潛在負面風險」，避免對新技術發展的恐懼造成不必要的限制或阻礙。其中第 13 條規範了資料使用者，尤其在高風險的 AI 系統（例如：人類生物資料、獲得必要公共服務、執法行為及民主程序等），應充分揭露系統運作訊息的透明性（transparency），並規定資料控制者應確保 AI 系統之設計和開發足夠透明，以及資料主體是可以知悉其個人資料被正確運用於該 AI 系統，且針對與資料主體相關、可近性和易於理解之訊息，應以適當和清晰之形式呈現說明。這些訊息應包括：AI 提供者之身分、AI 系統之特性、能力和性能限制；其內容包括：預期目的、已經過的測試和驗證，以及可預期的準確性、穩健性和網絡安全水準。

除了事前經過充分資訊告知所取得的合法知情同意以外，加上事後對於 AI 系統運作訊息充分揭露的透明性要求，可以使資料主體在受到 AI 系統判斷後，仍可以知悉其個人資料如何被使用，進一步可以信賴該 AI 所判斷的結果，或是對於該 AI 系統所造成的

權利侵害對系統負責人進行究責，才能確實使個人資料主權的保障得以完全實現。

陸、結語

在科技進步的過程中，幾十年前科幻電影中由機器人判斷，或是機器人像人類一樣運作或共存於我們生活中的場景，愈來愈有可能實現。但是大家也開始思考，發展 AI 的目的，是為了要取代人類或是為了要幫助人類。我們希望藉由 AI 系統的開發，讓我們可以減少處理具重複性、事務性工作的時間，使人類可以多花一些時間處理需要思考的工作，以及不要因大量機械性的工作，使人類間的溫暖互動受到影響。因此，尊重以人為主體的自主性和權利的行使，其實就是在 AI 快速發展的潮流中，重新找回人的主體價值和人性尊嚴。

AI 科技的進步，常常引起哪些人類工作會被機器取代的討論。然而，在尤其重視倫理關係的醫療領域，就有許多倫理學者提出，雖然醫師不去瞭解 AI，即可能會被世界潮流所淘汰；但 AI 系統開發的目的不是為了要取代醫師，而是希望藉由 AI 讓醫師可以有更多時間面對需要被治療的病人。在其他各領域也是類似的道理。發展 AI 的目的絕不是希望把人的世界變成機器的世界，而是期待能將因為科技造成人際疏離的世界，重新把人變回人應有的角色。

參考文獻

1. 王皇玉（2009）。墮胎、同意、隱私權——以美、德法治視角檢視墮胎諮詢制度。月旦法學雜誌，**174**，164。
2. 王澤鑑（2007）。人格權保護的課題與展望（三）——人格權的具體化及保護範圍（6）——隱私權（中）。臺灣法學雜誌，**97**。

3. 李震山（2011）。從生命權與自決權之關係論生前預囑與安寧照護之法律問題。載於：李震山，人性尊嚴與人權保障（修訂再版）（139頁）。臺北：元照。

4. 劉靜怡（2006）。隱私權保障與國家權力的行使——以正當程序和個人自主性為核心。月旦法學教室，50。

5. Beauchamp, Tom L. & James F. Childress (2008). *Principles of Biomedical Ethics* (6th ed.). Oxford University Press.

6. European Commission (2021). Proposal for a Regulation Laying Down Harmonised Rules on Artificial Intelligence (Artificial Intelligence Act). Retrieved May 30, 2022, from https://eur-lex.europa.eu/legal-content/EN/TXT/?qid=1623335154975&uri=CELEX%3A52021PC0206.

7. European Commission High-Level Expert Group on Artificial Intelligence (AI HLEG) (2019). Ethics Guidelines for Trustworthy AI. Retrieved May 30, 2022, from https://digital-strategy.ec.europa.eu/en/library/ethics-guidelines-trustworthy-ai.

8. Larson, J., S. Mattu, L. Kirchner, & J. Angwin (2016). How We Analyzed the COMPAS Recidivism Algorithm. Retrieved April 29, 2022, from https://www.propublica.org/article/how-we-analyzed-the-compas-recidivism-algorithm.

9. OECD (2019). Recommendation of the Council on Artificial Intelligence. Retrieved May 30, 2022, from https://legalinstruments.oecd.org/en/instruments/OECD-LEGAL-0449.

10. The White House's Office of Science and Technology Policy (2020). Guidance for Regulation of Artificial Intelligence Applications. Retrieved May 30, 2022, from https://www.whitehouse.gov/wp-content/uploads/2020/01/Draft-OMB-Memo-on-Regulation-of-AI-1-7-19.pdf.

11. Warren, Samuel & Louis Brandeis (1890). The Right to Privacy. *Harvard Law Review*, *IV*(5). Retrieved April 29, 2022, from https://groups.csail.mit.edu/mac/classes/6.805/articles/privacy/ Privacy_brand_warr2.html.

PART

2

個案演練

第 9 章

健保資料治理、利用與跨域合作

衛生福利部中央健康保險署

例一：兩頭跑的陳伯伯

　　陳伯伯用健保卡在臺大醫院看高血壓，也在榮總看糖尿病，做了很多檢查，但年紀大了！記不住檢查結果。如果要自己查詢檢查結果，難道還要再去一趟醫院嗎？

例二：焦慮的林婆婆

　　林婆婆身體不舒服，去醫院做健康檢查，醫師說檢查還要經過二週時間判讀，才可以確定林婆婆身體的情況，難道沒有更好的方式可以早點知道嗎？

壹、問題意識

　　健保自開辦以來，持續收載全國國民健保就醫資料，近幾年並鼓勵特約醫療機構上傳檢驗與檢查報告，資料量非常龐大。健保署擁有歷年來民眾的就醫申報資料，累積成健保大數據，如何運用這些資料，瞭解民眾的健康狀況，自然成為健保署無法避免之重要課題。

　　健保資料提供利用雖然方便，但因為涉及資訊隱私權，應該如

何避免侵害此權利，便成為重要關鍵。有關隱私權保護，雖未明定於《憲法》明文，但大法官已於釋字第 603 號解釋文第 1 段明示：「維護人性尊嚴與尊重人格自由發展，乃自由民主憲政秩序之核心價值。隱私權雖非憲法明文列舉之權利，惟基於人性尊嚴與個人主體性之維護及人格發展之完整，並為保障個人生活私密領域免於他人侵擾及個人資料之自主控制，隱私權乃為不可或缺之基本權利，而受憲法第 22 條所保障（本院釋字第 585 號解釋參照）。……」承認隱私權乃為不可或缺之基本權利，而受《憲法》所保障；而個人資料之保障則以《個人資料保護法》予以規範。基於隱私權及個人資料之自主，民眾並不一定願意提供各自的疾病、病徵做分析，特別是某些疾病（如 AIDS、開放性肺結核），在民眾尚未普遍建立應有的知識前，可能對該等病患具有歧視性眼光，使民眾不願在主管機關追蹤所需要的通報外，讓別人有得知自己罹患這些疾病之可能，這個時候就產生個人隱私權與資料利用的衝突。健保資料庫開放進行人工智慧（artificial intelligence, AI）運用，應該要如何執行呢？大家的隱私權、個人資料保護之要求又要如何調和呢？

人工智慧 ▼
指人類製造出來的機器所產生的智慧。目前科技進展的 AI 屬「弱 AI」，還沒有辦法像人類一樣真正解決問題，沒有自主意識，至多為演算法運算結果，只能協助人類解決問題。

　　健保署蒐集健保資料後，主要以「健保醫療資訊雲端查詢系統」（NHI MediCloud System）供醫事人員使用；以「健保快易通 APP」內之「健康存摺」供民眾使用，本文以「健保醫療資訊雲端查詢系統」之發展歷程、功能為主軸，對健保資料之治理進行介紹。

貳、健保醫療資訊雲端查詢系統之發展歷程

一、第一階段／初創時期：建置健保雲端藥歷系統（健保醫療資訊雲端查詢系統之前身）

健保署利用健保卡記錄民眾就醫的醫師開藥資料，提供下次醫師開立處方參考，但健保卡儲存容量及查詢回應速度有限，無法即時協助醫師參考病患先前使用的藥品，為避免醫師重複處方及病人重複用藥，提升民眾用藥品質，並加強醫師及藥師替民眾用藥把關之能力，健保署於 2013 年起結合雲端科技建置以病人為中心的「健保雲端藥歷系統」，協助醫師開立更符合病患治療疾病所需之處方。

二、第二階段：建置健保雲端藥歷系統病人用藥紀錄「批次下載」作業系統

除線上查詢作業模式之外，為利特約醫事服務機構結合就診病人用藥安全及品質管理系統，健保署評估個人資料保護及用藥紀錄資料應用管理後，2014 年 8 月於健保雲端藥歷系統建置病人用藥紀錄「批次下載」作業系統，特約醫事服務機構於取得病人書面同意後，可下載病人用藥紀錄結合院內用藥管理系統，以利院所進一步分析病患藥品交互作用之比對、病人藥物過敏史或不良反應紀錄之建置及查詢，進而開發更有效之用藥管理機制。

三、第三階段／逐步擴大：「健保醫療資訊雲端查詢系統」

為持續提升病人之就醫品質，健保署於 2016 年在健保雲端藥歷系統之基礎下，參考使用者回饋意見及臨床實務需求，將原本建置之「健保雲端藥歷系統」再升級，提供醫師於臨床處置、開立處方及藥事人員調劑或用藥諮詢時，可擴大查詢病人過去的就醫資訊，避免重複用藥，保護病人安全。嗣後陸續增加手術、牙科診療、檢驗檢查等查詢資料項目，並更名為「健保醫療資訊雲端查詢系統」。

四、第四階段／成熟應用：發展醫療影像上傳及調閱查詢等互享機制

2017 年起規劃建置「健保醫療資訊雲端查詢系統——影像分享調閱子系統」，將各院所即時上傳的醫療影像資料，推展到雲端查詢系統與檢驗檢查報告結合，供診間醫師調閱查詢，透過資訊分享機制，協助診斷並減少本院或跨院間不必要之重複檢驗檢查。

自 2018 年 1 月起再精進查詢系統功能，鼓勵各大醫院即時上傳電腦斷層攝影（CT）、核磁共振造影（MRI）、齒顎全景 X 光的影像及報告。其後於同年 2 月起，健保署也鼓勵院所將胃鏡、大腸鏡、超音波及 X 光等檢驗檢查結果上傳，擴大提供使用者透過健保雲端查詢系統調閱影像及報告內容，發展醫療影像上傳及調閱查詢之互享機制，建立了健保署與院所間網路傳輸互通功能，在醫師處方當下即時提醒醫師，在第一時間避免重複處方，提升病患就醫資料查詢與回饋效率，提升病患就醫品質及方便性（如圖 9-1）。

圖 9-1　健保醫療影像收載時程

為了節省醫師門診時間，健保署從 2018 年 9 月開始，在「健保醫療資訊雲端查詢系統」中，全面提供「跨院重複開立醫囑主動提示功能」，即時回饋病人過去處方還剩下多少藥（餘藥資訊），讓醫師開藥的時候，避免重複處方，提升病人用藥安全與醫療效率。

圖 9-2　健保醫療資訊雲端查詢系統宣導圖

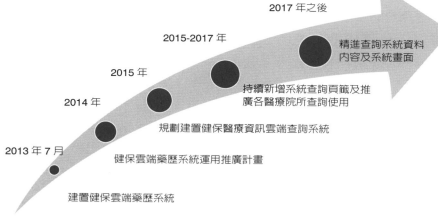

2017 年之後

2015-2017 年

2015 年

2014 年

2013 年 7 月

精進查詢系統資料
內容及系統畫面

持續新增系統查詢頁籤及推
廣各醫療院所查詢使用

規劃建置健保醫療資訊雲端查詢系統

健保雲端藥歷系統運用推廣計畫

建置健保雲端藥歷系統

圖 9-3　健保醫療資訊雲端查詢系統發展歷程

五、臨危受命：發展口罩實名制、TOCC 應用進行科技防疫

㈠口罩實名制：全臺各健保特約藥局透過健保醫療資訊雲端查詢系統的「防疫口罩管控系統」販賣口罩

　　2019 年底 COVID-19 疫情爆發，防疫物資「口罩」遭恐慌性掃貨，供需嚴重失衡。中央流行疫情指揮中心（簡稱指揮中心）於 2020 年 2 月宣布口罩實名販售制度，由民眾憑健保卡至全國藥局及衛生所購買口罩，健保署配合指揮中心政策，再次善用現有的「健保醫療資訊雲端查詢系統」，建置「防疫口罩管控系統」，作為配售平臺。

　　口罩實名制係以健保卡作為民眾（包括國人及外籍人士）購買口罩數量的實名註記工具。從口罩實名制 1.0 實體購買到 2.0 網路預購、3.0 超商預購，規定大家的購買數量和購買週期，不論幼兒、長者、弱勢族群、外籍人士等，都可以公平購買到口罩，用政府的力量確保全體國民生命安全。除了穩定防疫物資，安定社會民心之外，也彰顯社會公平正義，確保國家在疫情下的穩定發展。口罩實名制的其他效益將在本文第伍節介紹。

㈡ TOCC 應用：「健保醫療資訊雲端查詢系統」提示視窗

2019 年底，世界上爆發 COVID-19 疫情，因應國際疫情趨勢變化，指揮中心於 2020 年 2 月 27 日升級至一級開設，各部會依指揮中心指示分工合作，從邊境阻絕至社區防疫等各項措施，達成今日的防疫成果，「健保醫療資訊雲端查詢系統」亦配合運用 TOCC 資料（Travel history 旅遊史、Occupation 職業別、Contact history 接觸史及 Cluster 群聚史）進行防疫。

由於 TOCC 的資料均非健保署法定業務職掌範圍資料，健保署進行跨單位合作，與內政部移民署、國軍退除役官兵輔導委員會、交通部民用航空局、衛生福利部資訊處及疾病管制署等部會機關介接資料。由於此資料皆屬民眾個人資料，於防疫同時，仍需兼顧個人資料保護及資訊安全，故與各部會（機關）間的資料傳輸皆採用安全檔案傳送協定（secret file transfer protocol, SFTP）進行傳輸。並對相關資料設定查詢使用權限，非業務相關人員不得查詢使用，以保護民眾個人資料安全。

此次防疫以「健保醫療資訊雲端查詢系統」作為平臺，且在有效率、不改變醫事人員使用者習慣的情形下，讓醫事人員可以及時取得 TOCC 相關資訊，透過各醫事機構之串聯，在疫情初期作為病人後續是否需進一步採檢或通報等病情判斷之重要參考，將可能爆發的院內感染、社區傳播等風險降到最低。

參、健保資料應用的目標

一、促進健保及醫療業務的執行

透過「健保醫療資訊雲端查詢系統」，使健保特約院所之醫事人員在替病人看診時得有效得知病人至他院就醫的診斷碼、用藥歷程等資訊，使醫師看病更能對症下藥，也可避免重複用藥等情形發生。

除了「健保醫療資訊雲端查詢系統」以外，健保署亦運用數位化方式，利用各特約院所之申報資料，促進健保業務的執行。例如健保署可以利用特定適應症藥品的醫令申報量，考量是否納入新藥，並推估新藥納入後的財務衝擊；又例如將資料轉化為圓餅圖或長條圖等便利業務上判讀，除可以輔助決策外，同時也可以一目瞭然地看出特定數值的異常，有利於進行後續的查核或裁罰作業。

二、精準管控醫療費用

早期資訊系統不發達的時代，特約院所必須提供紙本申報資料供健保署查核，始支付醫療費用。不僅時間冗長，人工審查也免不了有所疏漏。

配合資訊工具逐漸發展，為了因應大量醫療申報資料，邁向精準審查院所費用申報的目標，健保署運用 SAS 等科技工具，協助審查作業的精準化及效率化。

三、提升民眾信任 [1]

民眾蔡君等七人，認為健保署利用資料適用之相關法令，有違反《憲法》的疑慮，所以向司法院大法官聲請解釋暨補充原來的司法院大法官釋字第 603 號解釋案（會台字第 13769 號）。

這個案子是關於全民健康保險資料，適用《個人資料保護法》規定，做健保目的範圍外的利用，是不是違反《憲法》？理由是什麼？該案在 2022 年 8 月 13 日改制後之憲法法庭做成 111 年憲判字第 13 號判決，認為《個人資料保護法》第 6 條第 1 項但書第 4 款有關敏感性個資的蒐集、處理與利用規定，與法律明確性原則、比例原則無違，不牴觸《憲法》第 22 條保障人民資訊隱私權。但欠缺個人資料保護之獨立監督機制，應於三年內修法。又《全民健康

---

[1] 類似法學上討論，有興趣者可以參考最高行政法院 106 年度判字第 54 號判決（健保資料庫案）會議紀錄（2018），月旦法學雜誌，272，75，范姜真媺老師的發言內容。

保險法》第 79 條、第 80 條及其他相關法律中，均欠缺對個人健康保險資料儲存、處理、對外傳輸及對外提供利用之主體、目的、要件、範圍及方式暨相關組織及程序監督防護機制，亦未賦予當事人得請求停止利用權利，違反《憲法》第 22 條保障人民資訊隱私權之意旨，應於三年內修法。

從這個聲請憲法解釋的案例，可以知道還是有國民對於健保資料開放利用之適法性存在疑慮，要如何增加大家對健保署之信任，就成為健保署努力的目標之一。

肆、解決方法

為達成健保署目標，解決方法必須兼顧到數位電子基礎設施（e-infrastructure）、數位為民服務（e-service）及數位服務滿意度調查，以下分述之：

一、數位電子基礎設施：強化基層光纖網路鋪設率

健保特約院所於 2022 年初將近有 3 萬家，各特約院所絕大多數使用「健保醫療資訊雲端查詢系統」替病人服務。為因應大量使用並需維持快速之回應秒數，實為一大挑戰。為了讓院所醫療影像調閱及上傳更順暢快速，方便瀏覽「健保醫療資訊雲端查詢系統」之醫療影像，以利推動分級醫療，在陳時中部長支持下，自 2019 年全額補助網路費用，健保署鼓勵院所升級網路，各醫事機構配合補助方案強化光纖網路鋪設率，基層診所光纖網路鋪設率已從 2015 年 37% 躍升至 2021 年 2 月 94%。

二、數位為民服務：發展健康存摺系統供民眾使用

健保署除了發展「健保醫療資訊雲端查詢系統」，供醫事人員使用外，也建置「健康存摺」系統，讓民眾查詢自己的就醫資訊，保障病人就醫及用藥安全，以有效利用健保資源。

健康存摺的發想係源自提升民眾自我照護及預防，為幫助民眾有足夠的醫療資訊做自我照護，縮減醫病間醫療資訊的不對等，健保署以科技協助施政創新，以網路取代馬路，促使科技與施政效益結合，將個人健康資料還給個人，落實知情權與健康自主，協助民眾做好自我健康管理，也可以在就醫時，提供醫師參考，幫助醫師快速掌握個人健康狀況，提升醫療照護安全與品質，同時落實民眾健康知情權，也呼應了歐盟 eHealth Task Force Report 之 2020 年目標。

　　健康存摺系統經過不斷精進改版，目前民眾已經可以透過自己的健康存摺查詢近三年就醫及健康資料，包括門診、住院、手術資料、用藥紀錄、過敏資料、檢驗（查）結果資料、影像或病理檢驗（查）報告資料、出院病歷摘要、成人預防保健結果、器捐／安寧緩和／預立醫療決定、成人預防保健、疫苗接種及生理量測、肝癌風險預測及末期腎病評估等 14 大項資料（如圖 9-4），而且用視覺化方式呈現，方便民眾掌握自身健康情形，健康存摺也成為自我健康管理的好幫手。

　　近年來隨著行動裝置（mobile device）普及，健保署積極發展行動版的健康存摺，讓民眾不受時間和地點的限制，隨時隨地可以進行查詢，提升便利性；也新增「眷屬管理」功能，透過單一帳號整合功能，可以幫家人做好健康管理。

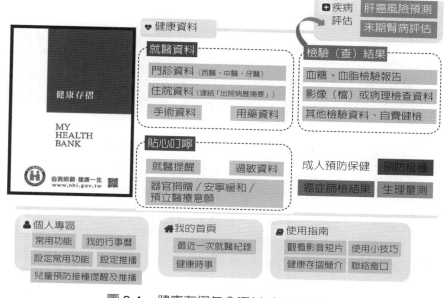

圖 9-4　健康存摺包含資料（APP 版）

三、數位服務滿意度調查：民眾意見調查

> 　　例一的陳伯伯用健保卡在臺大醫院看高血壓，在榮總看糖尿病，做了很多健康檢查，陳伯伯年紀大了！行動不方便又忘記詳細的檢查結果，就可以用健康存摺查詢自己的相關檢查檢驗資料喔！

　　目前，外界仍對健保署擴大資料使用範圍仍有所質疑，為瞭解民眾對個人健保資料利用資訊自主權之意見，以及對「健保資料運用及共享」議題之看法，以積極落實民眾自主與資訊安全，健保署於「全民健保行動快易通／健康存摺 APP」內及健保署 LINE 群組新增「健保資訊運用及共享」主題（如圖 9-5），讓大家表達對健

圖 9-5　健保資訊運用及共享意願調查宣導圖

保資料再利用的看法，蒐集意見以作為未來健保署政策規劃方向的
參考。

伍、成果（效益）

一、利用「健保醫療資訊雲端查詢系統」，避免重複用藥

健保署運用「健保醫療資訊雲端查詢系統」及其他藥費管理相
關政策及工具，盡可能減少了重複處方的藥費。這些資料、政策及

工具的利用，除了減少藥費以外，也同時避免民眾重複用藥，健保署希望經由醫藥雙方攜手，為病患的用藥安全好好把關，未來也希望落實「使用者付費」精神，透過調整藥品部分負擔來避免民眾潛在重複用藥造成之副作用，以及過多剩藥丟棄之浪費問題。而且正所謂「藥就是毒」，健保署一方面透過資訊系統的整合，提供醫師開立處方的參考，另一方面針對重複用藥的管理方案，也可以同時避免病患因為「逛醫院」或重複就醫而導致用藥劑量過多，甚至避免因為抗生素濫用而形成抗藥性的問題。健保署希望院所務必加強藥袋標示並購買標準包裝藥品，以加強民眾的用藥安全。

與此同時，健保署也希望民眾多加利用「健康存摺」，比對藥袋的藥品、數量是否有差異，若有差異可向醫師或健保署反映。健保署期待醫界共同善用「健保醫療資訊雲端查詢系統」共享機制，提供民眾更安全的用藥環境並提升用藥安全。

二、完成 10 億個口罩的銷售分配，發揮社區藥局與衛生所基層公共衛生與醫療保健角色

各健保特約藥局為提供健保處方，亦均設有「健保醫療資訊雲端查詢系統」，又各地方鄉鎮市區衛生所（或健康服務中心）是臺灣社區保健醫療網絡最基層的據點，口罩實名制動員全臺灣 6,300 多家健保特約藥局及 340 家衛生所（或健康服務中心）等投入口罩代為銷售的作業，增加了藥局、衛生所人員的工作負荷，但是也同時在疫情下建立社區藥局與民眾的連結，彰顯了社區藥局和藥師們的價值。

對於醫藥資源相對不足的偏鄉地區，衛生所亦是提供醫療照護及推廣健康促進不可或缺的角色，由各地方政府衛生局督導指揮，與中央衛生單位協力，推動各項基層健康照護服務，並在偏鄉擔負在地醫療與保健資源整合之角色。

陸、資料治理策略

一、健保資料類型及治理

(一) 以資料性質區分

1. 結構化資料

　　指可以表單化的資料，像一些姓名、地址、ID、代碼等資料，健保的結構化資料包括院所申報費用時，依電子申報表單個別欄位輸入之編碼（如診斷碼）等資訊。

2. 非結構化資料

　　結構化資料以外沒辦法表單化的資料，像是影像資料，就屬於非結構化資料。非結構化資料可以分為 DICOM 格式資料及非 DICOM 格式資料，DICOM 格式資料是依據醫療數位影像傳輸協定（Digital Imaging and Communications in Medicine, DICOM）格式定義的資料。兩個能接受 DICOM 格式的醫療儀器間，可藉由 DICOM 格式的檔案，來接收與交換影像及病人資料。

　　目前健保資料各類醫療影像的收載，是以 CT 及 MRI 為主，並持續新增收載其他原本不是 DICOM 格式（X 光、內視鏡、超音波、乳房攝影及心臟超音波等）的醫療影像。

(二) 以資料載體區分

1. 健保 IC 卡

　　健保 IC 卡為晶片卡，儲存部分健保就醫資料。該等資料上傳至健保署醫療資料庫時，民眾身分證字號欄即進行加密儲存。對外與對內主機採取不同金鑰之加解密函式，以避免對外主機資料庫若遭遇攻擊或竊取而直接對應內部主機資料庫，可降低資安事件造成之衝擊。顯示在網頁上或產生下載資料時再以明碼遮蔽顯示，並由系統自動記錄相關動作。

2. 健保醫療資訊雲端查詢系統

　　機敏資料儲存時皆經加密，且內外部主機使用不同加密金鑰。使用者端資料取得前需經過身分驗證，並由系統自動記錄相關動作。

3. 健康存摺

　　涉及機敏資料，如身分證字號等，在後端存放時皆採取加密處理，且內外部主機使用不同加密金鑰。顯示在網頁上或產生下載資料時再以明碼遮蔽顯示，並由系統自動記錄相關動作。下載之資料檔採壓縮加密處理。

二、以「健保醫療資訊雲端查詢系統」協助醫事人員執行業務

　　健保署為辦理健保加、退保及費用申報與查核等業務，蒐集保險對象相關個人資料及各特約院所的申報資料。除此之外，健保署為了強化醫療費用的審核及節省醫療資源，鼓勵各特約院所將所做的檢查（驗）資料上傳健保署，由健保署放置雲端，供醫師在看診時查閱。如此可強化健保署對檢查（驗）費用的審核，亦可避免醫師重複進行相同的檢查（驗）。

三、健保資料去識別化

　　除了辦理健保業務及協助醫事人員看診之利用外，為促進學術發展，健保署在將健保資料去識別化之後，依《個人資料保護法》及健保署相關作業要點的規定，將去識別化之資料提供學術利用。

　　什麼是去識別化？去識別化與識別性其實是一體兩面，兩個概念都是一個認知的過程，在判斷一個資料是不是具有識別性的時候，除了識別的客體之外，還涉及到識別主體及識別方法兩個要素，從不同面向觀察，關於資料是否有識別性，就可以分為絕對主義與相對主義兩個認定方式。

　　採絕對主義者主張只要世界上任何一個人能夠用任何方法識別出特定個人，這個檔案仍具識別性，就是個人資料。如果往絕對主

義的方向進行解釋，那麼去識別化將永遠不可能成功，因為將資料去識別化者多持有金鑰等要素，有能力將資料再識別。

採相對主義者則主張一般人無法以合理的方法識別出特定個人，該資料即已去識別化。依相對主義的方向進行解釋，那麼去識別

化還有成功的可能。歐盟《一般資料保護規則》（*General Data Protection Regulation*, GDPR）立法理由第 26 點便指出識別方法必須是合理的方法，不能是不計任何代價的方法。依學者整理我國司法判解之見解，去識別化係指「必須對於特定個人無標定可能性、無連結性、無推論性」。

四、去識別化之利用：以 AI 利用之優勢為例

　　健保資料以去識別化方式均衡資料利用與個人隱私之保護。由於健保資料庫可提供「全國性」、「跨院所層級別」等不同來源影像資料，十分全面完整，可最有效協助開發者團隊優化 AI 演算法及模型，解決目前醫院發展院內資料小型 AI 模型受到的患者「地域性」及「就醫特性」之限制，大幅提升臨床醫療診斷準確度，進而促進精準醫療發展，建置更符合民眾需求之疾病判讀、健康預測等 AI 模組。醫師也可以利用 AI 協助判讀，加快檢驗檢查結果出爐的時間，並提升準確率。

> 　　爲了減緩、縮短例二林婆婆的焦慮，林婆婆的醫師就可以利用 AI 協助判讀林婆婆的檢驗檢查資料！

五、資訊安全措施

　　除了資料的去識別化外，對於資料資訊安全，健保署也有適當的安全維護措施。任何電腦設備、系統及操作人員進入健保署，都需要經過資訊安全審核把關。爲了兼顧資料保護及利用，健保署另外提供了去識別化的健保資料給申請通過之開發者團隊到署內獨立作業區進行模式訓練，而且原始資料不得攜出，用最少提供、最少接觸資料的原則開放利用，這也符合最新的歐盟 GDPR 的精神。

柒、資料治理行政與管理核心層面

一、資料管理

　　前述健保醫療資訊雲端查詢系統、健康存摺等皆係運用健保署所蒐集的健保資料，該等資料之管理方式如下述。

　　健保署資料倉儲系統係利用 ETL 轉檔工具將業務資料經資料萃取（extract）、轉換（transform）、清理（cleanse）、加密（encrypt）後載入（load）倉儲資料庫，並採用多層次（multi-tier）架構建置相關應用系統。目前已收載超過二十年民眾就醫、檢驗檢查、健保卡上傳及投保等資料，資料量累計已達 30TB，醫療影像資料更高達 1,700TB（25 億張）。這個資料倉儲系統收載內容的豐富性與資料量可以提供健保署的各業務單位進行有關健保業務上的利用、資料分析，也讓健保署相關的決策能依據真實世界證據（real-world evidence, RWE）做成。

二、資料安全行政

㈠ 資通安全長之設置

健保署為了確保業務資訊係依規定正當使用、保存與管理，並保護相關資通訊與設備，避免遭受破壞或不當使用，特別設立了「資通安全暨個資保護策進會」作為資通安全暨個資保護相關事務的最高指揮單位。設召集委員一人，由健保署資通安全長（即副署長）兼任；副召集委員則由健保署的主任秘書兼任。

真實世界證據 ▼

係指常規性蒐集（routinely collect）與病人健康狀態相關或來自於健康照顧過程所得之多種數據。這些數據來源可包含電子健康紀錄（electronic health records, EHRs）、健康保險給付資料庫、藥品上市後研究或登記、疾病資料庫、經由病人產生的健康數據資料（例如居家生理監測資料）、或是穿戴裝置產生的數據等。[2]

㈡ 全民健康保險影像資料應用審議

在申請去識別化之健保影像資料應用時，健保署為保障個人隱私、促進公共利益及資料共享，以推動全民健康保險資料提供應用，也設立了全民健康保險資料管理審議會。

該審議會掌理全民健康保險資料應用及長期發展政策、全民健康保險資料管理規定及制度；全民健康保險資料的加密、彙整、應用及管理機制；全民健康保險資料的使用範圍、作業流程、申請程序、違規案件、資訊安全事件及申請案件；全民健康保險資料電子化處理之促進、整合及規劃；申請案件完成訓練的模型、參數及測試結果；以及其他資料應用之審議事項。

審議會設置委員 15 人，其中一人為召集人，由健保署署長指派單位主管一人兼任，其餘委員，由健保署就特定人員聘（派）兼之，其中一人為副召集人，由健保署署長指派專家學者擔任。執行秘書一人，由健保署企劃組指派人員兼任。

2　真實世界證據支持藥品研發之基本考量（草案），衛生福利部食品藥物管理署，2020年2月，頁4。

捌、資料治理推動者層面

　　此層面涉及數據治理發展的三大關鍵支柱，包含變更管理和使用者採用人與文化、流程和營運模式、工具與技術。而數位治理涵蓋五大領域，包括數位行政、數位服務、數位參與、數位建設與數位社會，健保資料利用與這五大領域有關部分如下：

一、數位行政：健保特約院所之費用申報、暫付、核付等費用計算事項，採電子資料申報、審查，並依計算結果暫付與核付。

二、數位服務：運用 AI 減輕約 3,000 位健保費用審查醫藥專家每年約需完成約 260 萬件專業審查案件的負擔，運用檢查報告資料可以更全面地評估檢查必要性，精準篩選執行量異常的醫院或醫師，再經由專業審查以合理提供健保給付，增加審查效率。

三、數位參與：積極試辦去識別化之健保資料與學術利用，以臺北榮○醫院為例，他們運用健保資料庫發展之 AI 判讀模組，判讀跨廠牌及跨院所之病灶標註表現，有顯著效果（precision 接近 95%）。於 AI 門診就醫的病患，在檢查當天即可得到 AI 初判結果，提供醫師輔助診斷，而且可以立即給予相應的治療處置，免除病人等待報告的焦慮期，有效率地加速疾病治療流程，也擴大了學術團隊健保資料利用之參與。

四、數位建設：健保署建置「健保醫療資訊雲端查詢系統」供健保特約院所的醫事人員使用，並補助醫療院所網路月租費；建置「健康存摺」系統供民眾使用、發展行動版健康存摺也新增「眷屬管理」功能，擴大健保資料利用的數位建設。

五、數位社會：健保署在「全民健保行動快易通／健康存摺 APP」內及健保署 LINE 群組新增「健保資訊運用及共享」主題，讓民眾表達對健保資料再利用的看法，瞭解民眾的意願，以促進健保署與民眾間彼此的互信。

玖、未來方向

　　臺灣邁入高齡社會，健保資料分析，65 歲以上族群，門診人次從 2009 年 1,050 萬件到 2018 年 1,662 萬件，成長 58.28%，門診醫療費用從 2009 年 276.9 億點，到 2018 年達 528.3 億點，也呈倍數成長。西醫門診就醫人次由 2018 年 2 億 8,665 萬人次，到 2019 年已達 2 億 9,251 萬人次，一年成長 586 萬人次。

　　面對高齡社會可能的問題，個人化的數位服務智慧生活將以資料治理為主軸，打造個人智慧新生活，發展以民為本的創新資訊服務，與民間共創政府服務，設計創新為民服務模式，這次 COVID-19 疫情下，口罩實名制就透過「健保醫療資訊雲端查詢系統」中建置「防疫口罩管控系統」進行了將近 10 億片口罩的銷售。

　　因應 2019 年爆發的 COVID-19 各項防疫作為，「健康存摺」成為民眾手機內自我健康照護的好幫手。未來各政府機關將配合國發會服務型智慧政府推動計畫，發展跨機關一站式整合服務，打造多元協作環境。

第 10 章

救急救難一站通：資料開放、資料民主與資料治理的公私協力旅程

陳昭文

壹、前言

2014 年 7 月 31 日 23 時 56 分，高雄市中心凱旋路、二聖路、三多路接連發生驚天動地的爆炸聲響，午夜的靜謐倏忽被驚恐呼救聲掩蓋。橫跨數百公尺的街區被連環氣爆炸毀，烈焰沖天、濃煙密布、建物崩塌、道路損毀。除了現場周遭的受災市民，許多應該是提供緊急救援的義消與警消也首當其衝成了待救援的傷患。這是一場高雄市從未經歷過的怪獸量級的複合型災害，這場襲擊既快且廣，雖然立即造成慘烈傷亡，但事發當下沒有人能清楚描繪現場傷亡狀況與急救量能。值得慶幸的是，這隻氣爆巨獸肆虐偷襲的午夜時分，正是許多醫院醫護執勤換班交接的時段。許多原本準備下班的醫護人員被徵召或自願留在各急救責任醫院，與原本待命人員共同準備開始面對由前線湧至急診的傷亡巨浪衝擊。

幾個小時後的急診現場，塞滿了大量傷患。許多人忙進忙出地救治傷病患，有人忙著清點醫院的急救量能準備回報，有人在詢問即將抵院的傷患病情。而氣爆現場救護車上的救護人員則焦急地要聯絡確認後送醫院，同時準備回報傷患狀況。緊急應變中心與許多政府部門則是急著詢問各地傷患人數和傷情。醫院外則佇立許多採訪媒體與受難者親友，等著獲取最新消息。值此同時，許多單位的

電話持續鈴響，也持續占線中；救護端與醫院端緊急溝通的無線電也因流量大增無法有效運作。在時間張力下，大家都急著想釐清與解決問題。但是當災難資料循環動線不良，終端使用者不清楚哪裡有可用且可信的資料時，忙著「問」問題，反而導出了更多的問題（圖 10-1）。

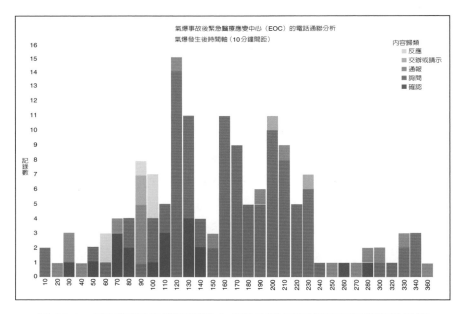

圖 10-1　高屏區緊急醫療應變中心於高雄氣爆期間之通聯紀錄分析
說明：可發現主要通聯密集發生於事故後四小時內，且大部分溝通屬於詢問性質。

在高雄氣爆這場災難中，急診現場有大量性命危急的傷患待處理，但無論是相關單位想掌握更新傷情數據，或是家屬尋覓傷患，常常會直接打電話至最混亂的醫療戰場，也讓許多分身乏術的第一線人員窮於應付這些資料需求；更麻煩的是，在兵荒馬亂的狀況下所得到的訊息，其可信度更是無法確認。這種溝通不順、資訊不明、資料不良的問題，其實常常出現在各種量級與不同型態的災難中。很多災難後的復原焦點多著重於具象的實體重建，但對於在災

難應變過程中所突顯出的資料面應變危機，更多元觀點的資訊藍圖規劃與實務改善策略卻常被遺漏了。

貳、實境問題求解的旅程

「救急救難一站通」是根據回溯氣爆事件歷史資料而生的應急資訊改善策略的跨領域提案，它並非是橫空出世的針對解決上述問題的錦囊妙計。從概念到具象化，其實這是一段漫長的旅程。從最初的起心動念而開展的「開放資料」倡議、接棒的「跨域合作」運動、衍生出的「資料民主」概念與其後應運而生的「資料治理」需求；每一階段都不是「top-down」的過程，更像是在緊急醫療生態中探索問題、試誤學習、尋訪盟友、凝聚共識與孵化創新的歷程。而這個案子在總統盃黑客松卓越團隊的出線，更像是在資料創新的演化歷程中豎立了一塊由下而上、由外而內的公私協力里程碑。

回顧過去，我們認為有幾個階段的磨合經驗與試誤學習歷程非常精彩，也值得與各位分享。這段歷程概略可分為前期（2008 年區域醫療網至 2014 年高雄氣爆）、中期（2014 年氣爆後至 2018 年總統盃獲獎），及後期（2018 年總統盃獲獎後至今）。以下介紹各階段的發展歷程：

一、前期（2008-2014）：急救生態的開放資料倡議

區域整體緊急醫療需求超出資源供應的機會其實並不常見。但由於緊急醫療的不確定性，動態的變化會導致部分醫療單位被癱瘓，這時後勤資訊分享將是一個效率良窳與否的重點。十幾年前的臺灣，內外婦兒急五大皆空的危機浮現，許多醫院常常為急診壅塞所困擾。當醫療現場應急能量窘迫，備援單位能力有限時，為了確保急重症傷病患的照護品質，轉診絕對是首要選項。但早期的院際轉診過程，許多時間其實耗費於電話聯繫、等待接收端回覆；若接收端無法配合接收，這種重複詢問與等待過程往往耗時二十至三十分鐘；而這些時間拖延，對時間敏感性高的疾病，或許正是黃金關

鍵期。面對這些問題,傳統的方式往往是人與人的溝通確認,而這正是變異性最高也最容易被人為操作的一段。試想,接收醫院第一線醫師接獲轉診求助電話時,現場繁忙與否是否影響其回覆內容?個人能力或性格特性是否影響回覆結果?是否還需要額外查詢特殊專科能力或加護病房承載容量資源?這些過程如果耗時又無法達到轉出端的需求,豈不是耗費傷病患寶貴的黃金時間?我們如要處理這棘手的問題,何不直接讓醫院的資訊端彼此溝通,運用律定的規則庫建置,達成一個資源需求媒合的脊椎反射輸出,再將萃取出的資訊提供給急救現場醫師大腦做最有效益的決策(陳昭文、羅崇杰,2014)?

這些針對實境困境所提出應急資料開放的倡議,雖不牽涉個資,聽來可行也合理。但政府在 2011 年才開始孵化開放資料政策,很多人對資料如何開放仍不明就裡,更遑論在公共衛生與緊急醫療的專業領域討論要解封的關鍵資訊(mission-critical data)。這牽涉急診動態就醫人數與加護病房床位資訊等,傳統上屬於各醫院內部業務資產,這種資訊傳遞流線化與現代化的解法對當時的醫療環境衝擊太大,沒辦法一蹴可幾。但很多仍懷抱改造生態的人還是嘗試想要翻轉困境。高雄市衛生局與高雄醫學大學附設中和紀念醫院(簡稱高醫)外傷科團隊在 2008 年至 2010 年開始合作在高屏區域探索可行性方案,透過區域醫療網的協助,開始在偏鄉的前線醫院與後線醫學中心進行資料傳遞之測試與概念原型開發(圖 10-2)。

在這幾個單位間的初期探勘,團隊發現緊急醫療服務長期被忽視的服務設計(service design)的重要性,也透過工作動線重整與強化使用者介面與經驗,進行了緊急資訊傳遞的概念驗證,具象化了幾個緊急醫療數位化的里程碑:㈠ 救護人員於現場完成救護紀錄數位建檔;㈡ 現場、到院前救護紀錄資料即時傳送至預計接收醫院端確認;㈢ 後續之院際轉診相關訊息可透過數位封包傳送資訊給最後接收醫院端接收。

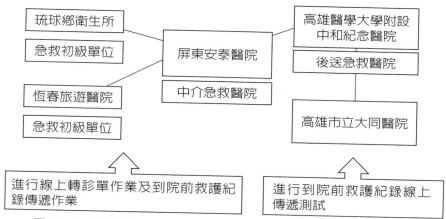

原型運作模組醫事單位

- 琉球鄉衛生所
- 急救初級單位

↘

屏東安泰醫院

中介急救醫院

↗

- 高雄醫學大學附設中和紀念醫院
- 後送急救醫院
- 高雄市立大同醫院

- 恆春旅遊醫院
- 急救初級單位

↑
進行線上轉診單作業及到院前救護紀錄傳遞作業

↑
進行到院前救護紀錄線上傳遞測試

圖 10-2　初期於高屏區參與應急資料傳遞的單位與相關測試作業

　　而這些原型測試成果，包括為了減少實務工作適應不同系統的門檻，而基於所見即所得概念（WYSIWYG）設計的雲端數位轉診單（圖 10-3）及到院前數位救護紀錄（圖 10-4），在後續期間被多方借鏡取經，也成為政府正式運作實務。

　　於上揭探索緊急醫療服務流程中，更貼近實務工作動線的數位資料跨單位傳遞的可行性已被證實。在有志之士協助下，高屏澎醫療網於 2011 年開始倡議在轄區內建構「緊急醫療作業能量分享資訊平臺」，這項專案即是後續之高屏區域緊急醫療應變聯盟（Kaoping Area Medical Emergency Response Alliance, KAMERA）。此計畫透過網頁即時資訊整合技術，藉由雲端技術即時連線至配合的急救單位，取得各醫療單位最新的資源資訊，以供區域之應急決策所需。

　　此跨平臺系統技術簡單，但實務推動難度非常之高，最大困難點在於醫院端之緊急醫療資訊上傳之授權。然而，在緊急醫療資訊屬於公共財的概念下，高醫與安泰醫院分別代表高雄與屏東的急救責任醫院，嘗試跨出緊急資訊透明化的第一步，參與了資訊分享平

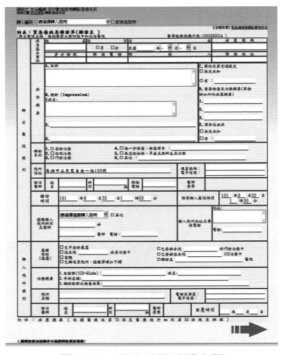

圖 10-3　數位轉診紀錄表單

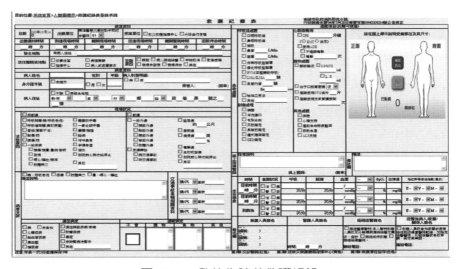

圖 10-4　數位化院前救護紀錄

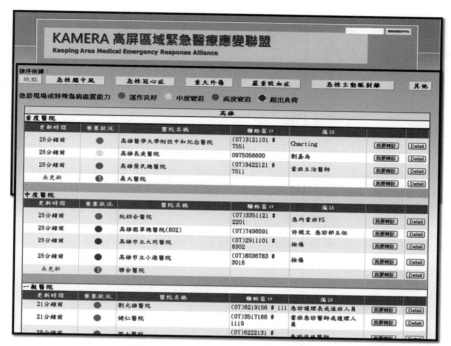

圖 10-5　KAMERA 平臺頁面圖示

臺的原型構築。2011 年 7 月開始出現第一筆由醫院自動上傳資料，
經過半年測試後，KAMERA 計畫由原本的高醫、安泰醫院，逐漸
延伸至阮綜合醫院、高雄國軍總醫院及高雄市立大同及小港等六間
醫院，各醫院每三十分鐘會自動更新單位之急重症能量，並透過平
臺分享訊息。這項成果透過會議交流增加可見度，也讓轄區內的高
屏澎衛生局、健保分處敲邊鼓加溫推動，主要的急救責任醫院逐漸
認同資訊交換與互惠分享的重要性而參與協作。在 KAMERA 計畫
啓動的三年期間內，高屏澎醫療網轄區之中重度醫院陸續加入資訊
平臺，整體參與比率達四分之三，而緊急醫療主要骨幹的中重度急
救責任醫院參與率則達九成以上。這個由草根倡議、區域發展的緊
急資訊互惠架構，儼然成爲當時臺灣最大型跨院急重症應變能量動

態監測系統。透過 KAMERA 計畫的實踐，除了驅動資料的透明當責，也催化了更多人對於應急資訊是否屬於公共財與相關資料是否開放的討論。而隨著應急資料的逐步解封，也催生了後續零時政府（g0v）的「急診即時看板」與健保署目前的公開資訊「重度級急救責任醫院急診即時訊息」看板。

二、中期（2014-2018）：跨域協作的資料民主化

KAMERA 平臺自 2011 年 6 月啓動三年後，在 2014 年 7 月 31 日高雄市經歷了史無前例的氣爆災難。災後二週，隨著硝煙散盡、傷病大勢底定，新聞熱度也逐漸減低。然而，一場在災難發生前已籌辦三個月的臺灣第一場醫療黑客松（Code for Healthcare），在高醫的校園開始進行（圖 10-6）。在當年黑客松仍不普及的年代，這場活動有幾個象徵意義，其一是臺灣第一場聚焦醫療相關領域的黑客松，其二是政府部門參與事前規劃、法規評估與資料整備，並實際參與解題過程的跨界協作。

這場黑客松有來自臺灣各地 50 位希望以資料改變社會的夥伴參加，包括政府部門業管人員、醫師、護理師、救護員、流程設計專家、資料處理專家、統計專家及美術設計專才等。而協辦單位有高雄市衛生局及消防局、台灣外傷醫學會、高醫及民間團體等。活動中提供了經過授權，限一次性使用的多樣化應急資料集，包括運作了三年的 KAMERA 急診監測歷史數據，及急救醫院的外傷登錄資料。很應景地，活動中也討論了高雄氣爆事件的資訊應變方案，探討如何有效率地後送病人，如何包容使用者觀點來開發應用於大量傷患情境的 APP，也針貶了實務運作轉診平臺優劣與工作動線等。二天一夜的活動，根基於解決實境問題，對不完美的現實困境注入跨領域能量，發掘脫困制勝之道，也希望把專家睿智解放在盡情破關的挑戰，將適當科學理論或應用技術運用在對應實務困境。更重要的是，這個活動導引出團隊合作的重要性遠勝於找單一天才

圖 10-6　2014 年醫療黑客松現場拾影

解題，也讓許多公務背景參與者理解面對實境問題時需要更多公私協力的能量。

　　短時間匯聚不同領域觀點的彙智結晶令人驚豔，但當活動結束後所面臨的最大挑戰，通常是完成度與延續性的問題。四十八小時的醫療黑客松成果是半成品或概念展示。但眞正要能深化打磨出實務可行性方案，絕對需要資源導入。而在上述協作基礎下，如何將緊急醫療資訊活化的工作由單純的討論或學術研究中，外推至產生更大的社會效應？高屏澎醫療網及其他單位在 2015 年籌劃了緊急資料動線地圖工作坊，讓管理端與作業端共同繪製了緊急醫療應變資料地圖與交換動線，希望延續參與者的能量，讓彙智火花不要成爲消逝煙花。2016 年在地方政府同意下，破天荒地對公衆釋出高屏區急救醫院的急診動能監測數據，辦理臺灣第一次的急診資料挑戰競賽（KAMERA-DATA-Challenge）。爲了因應急診壅塞的問題，活動參賽流程讓參賽者針對過往的「急診量能資料」進行

探勘，分析充滿不確定性、卻可能又潛藏規律性的緊急醫療作業歷程，希冀能發掘急診壅塞之預測模型。這種緊急醫療實境問題求解的創新共創模式，吸引全臺超過百組隊伍參加腦力激盪。競賽前三名及佳作也在發表會中公開分享解題過程。令人驚喜的是，前三名得獎選手使用塑模預測方式皆不同，但都能創造高預測力之佳績。會後也激盪出政府對緊急醫療資訊透明化的正向回應，包括當年行政院張善政院長也南下與會，並正向呼應過去在區域醫療網架構下倡議的強化透明資訊及驅動區域治理（圖10-7）。某種形式上，政府的正向回應，也代表過去對緊急應變改革的草根倡議已逐漸演化成為政府支持的政策。

圖 10-7　2016 KAMERA 資料挑戰賽成果發表會

　　現存的臺灣民主政治機制，公眾透過投票，將權力交給政府來管理眾人之事。同樣的類比狀態，公眾也需要透過某種契約機制，將資料交給政府來優化公眾事務。「資料民主化」的某種意義在於降低資料取用的門檻，以協助所有終端資料使用者擁有使用資料的

權利與能力。另一方面，在身兼資料產製端的使用者取用資料過程，也能導引出確保資料品質的動機。而這些資訊如何在保障個資與公眾利益之間，在不同情境與場域找到新的配置權重，並授予政府妥適的管理機制，絕對需要更多公眾參與和透明治理。運用歷史災難情境來討論原本被不同利害關係部門掌握的關鍵資料（mission critical data）優化運用的解法，也因為政府與民間要面對的痛點與需要解決的問題類似，觀點較易對齊，而能得到更多自由度與討論空間。

　　而在2018年為配合國家發展需求，展現政府對開放資料與資料創新運用的重視，「總統盃社會創新黑客松」的徵案競賽，正好加速過去在高屏醫療網架構下對緊急應變資料的透明、分享、互惠、共創的孵化過程。高雄市衛生局、屏東縣衛生局、澎湖縣衛生局、高雄市消防局、中研院地理資訊科學研究專題中心、醫學資訊雜誌、台灣外傷醫學會與高醫共同提出「防災及公衛醫療——救急救難一站通」專案，以高雄氣爆為案例，再次導入KAMERA歷史資料進行分析。默默記錄的歷史數據，透過時間軸重建還原了實境災難應變的混亂，也反映出應急資料基礎建設的重要性（圖10-8）。也透過這個專案所揭露的歷史經驗，強力增幅了「緊急醫療與災難應變是公共任務，相關資訊在應急狀態下應屬於公共財產」的倡議。

　　而在災難應變中，也因為院前救護與院內醫療環境是多面向的，從社區事件發生至接收醫院的照護服務期間，會產生許多軸線與節點，也引動許多不同領域服務提供者的觀點融合與衝突。團隊透過重新檢視災難應變的資料傳遞歷史，發現主要問題在於正確訊息掌握與單位溝通。政府管理端總想查知傷患有多少，或送至哪些單位照護。但實務上卻常見管理端人工電話聯繫，要求忙於處置傷病患的作業單位回報。而收治單位爆滿時，也不容易將滿載狀況反應，導致整體效能下降甚至危害後續抵院之患者。

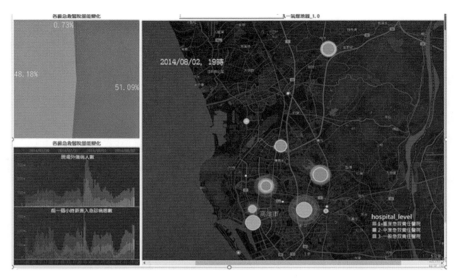

圖 10-8　運用 KAMERA 資料分析氣爆前後區域能量變化示意圖

　　透過三個月密集的跨領域討論，一站通團隊收斂出了彙智解法，建議運用模組化概念，制定資料交換共通格式與既存或新建系統溝通，讓資料接駁或訊息連動來解決備援不夠的公務人員或救護醫護人員負擔，讓關鍵訊息的公開揭露來取代應付要求的盲目搜尋。以一站式的整合窗口，解決跨單位資訊溝通障礙，並透過模組化的設計，可將成果外推至其他工作場域或地理區域來共享與升級（圖 10-9）。很幸運地，我們過去數年累積的痛點反芻經驗及跨界協作文化，透過「救急救難一站通」得以厚積薄發地展現，進而得到了第一屆總統盃黑客松卓越團隊的肯定。這次得獎在某種層面上強化了轄區內公私部門對緊急資訊共構的信心，也讓過去處於概念共構的階段，透過一站通的實際原型產出，而使日後的應急資訊基礎建設目標有更具象化的呈現（陳昭文等，2018）。

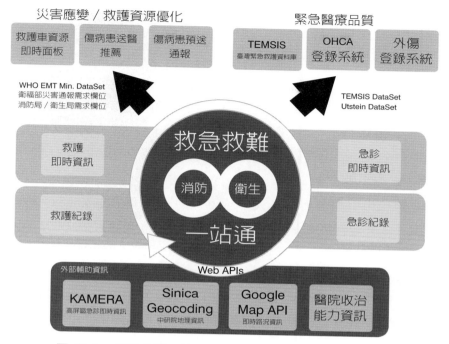

圖 10-9　救急救難一站通之資料整合式服務原始概念圖

三、後期（2018 至今）：公私協力的永續資料治理。

　　當總統盃黑客松活動結束，真正的挑戰浮現。因為四方媒合的黑客們對主軸議題的黏著度不一致，心態上並沒有廝守的準備。所以幕後推手必須接手，媒合願意持續協作的單位，導引能量嫁接更多關係構面零件補強。「救急救難一站通」的團隊某方面是一種混搭黑客組織團隊，涵蓋衛生局、消防局、醫院端、學術單位、學會組織及外掛的健保分組。原本要讓這些單位針對議題聚在一起討論是極其困難的過程，但得獎後，我們很驚喜地發現在這次專案中，主責高雄市衛生局發出宏願，要為了下一個十年世代做基礎建設，帶領主要醫學中心與急救責任醫院誓師開說明會。而高雄市消防局也主動媒合併行資通專案的開發資源，與「救急救難一站通」專案

規劃內容做互補設計。這種生態圈內的新協作文化運動，或許的確是透過總統盃活動而昇華了。幾個月的高張力溝通過程，讓面對災難應變的關係人及組織開始思考消弭跨單位資料穀倉效應的策略，而這種比賽結束後的熱情延續火力，馬上面臨的是地方政府的倡議中央部門買不買單的問題。可喜的是，因為應急整備規劃及應急資料的共通標準制定是跨部會及全國性的議題，國發會接下了一站通的火種，主動與地方倡議團體接洽，並媒合籌劃更高階政府部門間的對話工作坊。

　　對於中央部會而言，天外落下一件原本不在施政計畫內的得獎案件，要如何推動？起初真不知如何因應。國家災害防救科技中心、衛福部醫事司、內政部消防署及地方衛生消防機關與倡議民間人士受到國發會邀請，持續參與了三次工作坊。透過會議中有效的情境鋪陳與議題收斂，各單位開始由放話進展到對話。從剛開始的壁壘分明，到意見交流，再到觀點包容；從中央到地方的各參與單位也逐漸凝聚「救急救難一站通」這個專案需具體落實的共識（圖10-10）。也在此時，所有參與者感知到總統盃比賽結束，正是另一場馬拉松的開始。

圖 10-10　國發會邀集相關單位進行「救急救難一站通」後續推動工作坊

在接下來的半年內歷經了多次會議討論，許多單位逐漸熟稔「救急救難一站通」揭示的資料與知識循環的目標，也出現了在各自生態儲備分進合擊能量的期待。而後在唐鳳政委協助及科技會報同仁的努力之下，2019 年正式由衛福部、內政部消防署及國家災害防救科技中心進行跨部會合作，向行政院國家科學技術發展基金管理會申請補助，提出「緊急醫療救護智能平臺——救急救難一站通推動計畫」。這個計畫在 2020 年正式啟動，成為一個四年期的中程計畫。而衛福部、消防署及國家災害防救科技中心也分別進行各自熟悉領域內應急生態與緊急醫療數位轉型規劃。而最初提出應急資訊革新倡議的高雄市也成為試辦區域，基於精進緊急醫療救護品質的目標，希望於試辦區進行應急資料數位化與資料跨單位串接，並建立可複製之外推模式（簡鈺純、江元淞，2021）。

此計畫主要希望建構跨衛生及消防單位之標準化資訊串流平臺，整合緊急救護與醫療流程，提升資料的即時性與利用度，以利緊急資源調度分流，並提升緊急醫療救護品質與重大災害救護的成效。跨單位的資料交換模式與布建策略如圖 10-11 所示。

雖然緣起於災難應變，但在非災難時期的資訊規劃對策，則特別針對搶救時間敏感的急重症（如到院前心跳停止、重大創傷、急性冠心症、急性腦中風），嘗試用標準格式來進行交換資料，以完成到院前及到院後的關鍵訊息及時串流。以往社區發生急難事件時，院前救護人員除了處置病患，相關檢傷與處置紀錄是紙本留存，日後進行資料檢索或品質管考是一大問題。但一站通則透過先導入臺灣緊急醫療救護系統標準（TEMSIS）來啟動數位化作業。從 2018 年發想到 2020 年啟動，至 2022 年 7 月後全國已建立數位溝通渠道。當到院前救護人員至現場進行急難救助時，能透過數位化救護紀錄表進行記錄，並將數位警訊傳輸至醫院。這種數位示警做法能使病患還未抵院時，接收醫院能提前接收通知，並將其轉化為各種形式於急診場域中提醒當責醫護人員；而這些提前預警所騰

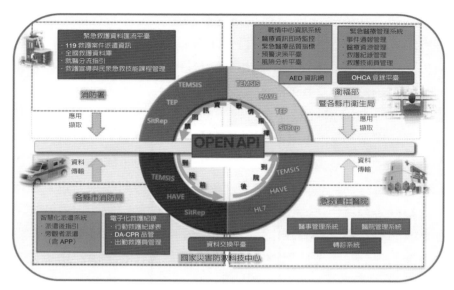

圖 10-11　國家災害防救科技中心於一站通推動計畫中的資料生態規劃

出的時間，能使醫護人員進行資源整備。而病患就醫後之相關處置與預後關鍵資料，則可以透過資訊通道再回傳院前救護端，日後可進行經驗與知識交換之數位基礎（如圖 10-12）。

　　根據先行導入「救急救難一站通」資訊架構工程之高醫統計，透過過院前警示，平均可提供約六至十分鐘之預先整備時間。對重大外傷、心肌梗塞、腦中風或心臟驟停的時間敏感性傷病患而言，這些提前預警的時間可以預先排程與組建急救團隊，可以爭取更多傷病患存活的機會。而院前救護的資訊封包傳遞至接收醫院後，可以透過 TEMSIS 定義，讓相關資訊導入結構化病歷中，方便使用者參考與查閱，進而使資料科學的 FAIR（findable, accessible, interoperable, reusable）原則應用在急救場域之中（圖 10-13）。

　　除了全國救護紀錄表數位化的重大進展外，消防救護端亦同時開發數個 APP，包括：

㈠急救先鋒 APP：此為整合署版派遣系統，當 119 指揮中心受理

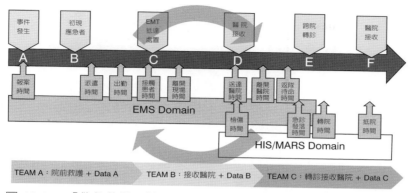

圖 10-12 「救急救難一站通」希望建立跨單位資料渠道產生經驗循環

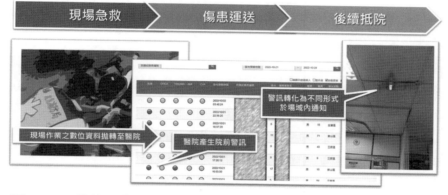

圖 10-13 院前救護人員透過數位渠道將警示訊息拋轉至醫院之實際應用

案件，值勤人員辨識救護對象為心肺功能停止（OHCA）之患者，可於 119 指揮派遣系統啟動「急救先鋒」系統 APP 推播，在派遣消防救護車同時，119 將同時透過「急救先鋒」APP 召喚急難事件周邊的使用者，在 119 抵達前實施 CPR 和使用 AED，爭取更多存活機會。

㈡大量傷病患檢傷追蹤 APP，同時設計了全國通用的傷票：在 APP 上可勾稽 TEMSIS 之識別編號，方便日後與數位救護紀錄

串聯。

㈢醫療指導醫師管理系統：可提供醫療指導醫師學會、醫師端、消防局端及消防署端不同的視角及功能。2022 年已先完成 13 個縣市的救護數位紀錄表可於醫療指導醫師管理系統進行簽核。

　　過去的作業模式，當院前救護完成了出勤任務後，醫院的資料並無法回饋消防端，也就無法產生品質改善的洞見。而透過一站通系統導入，消防端與接收醫院端的資訊開始有了對應的交換標準，也開始能產生知識與經驗的循環。以高雄市的經驗為例，當資料能互通有無時，能透過資料串聯，前後線作業紀錄可以銜接補全，也可以透過資訊端的資料策展，讓使用者針對關心重點進行更全面性的觀察。如圖 10-14，救護派遣端可以掌握全區救護車出勤狀態，優化跨區支援與勤務分派作業。而另一方面，醫院端的急診壅塞狀態與承載院前救護病人人數也能透過跨機構資料交換，而呈現更全面性的整合策展（圖 10-15），這些資訊能讓我們更深入理解救護或醫療量能狀態，也能提供我們調配緊急資源時非常重要的輔助決策依據。

　　而隨著一站通場域導入更多元化數位資料，如何有效地擷取訊息並進行資料處理從而萃取知識，也成為我們必須面對的新興挑戰。以緊急醫療為例，從事發現場、院前救護、抵院照護、轉院過程之中，傷病患傳遞與照護過程會產生許多不同關係人與異質資料間的互動。為了在有限的時間內將傷病患送到適切的醫院接受適切的處置，愈來愈多人意識到需要建立一個以知識蒐集和利用為基礎的醫療照護系統，並期盼它能活用數位生態內的巨量數據，引入病患觀點和共享決策，以協助實境中的連續性品質改善。我們由高醫進行的示範場域說明其潛力如下：當我們將一站通的資料由院前救護與醫院端資料進行串接時，所有事故發生地至接收醫院的直線位移路徑可以完整列出（圖 10-16），而每次任務的特徵也能進一步進行識別，可分成較危急（檢傷一級）的病患、傷病況較和緩

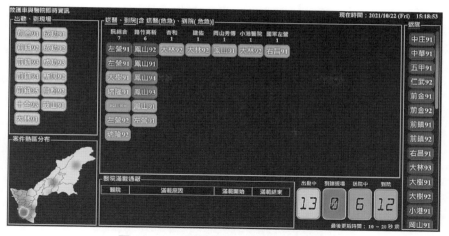

圖 10-14　救護出勤即時資訊儀表板

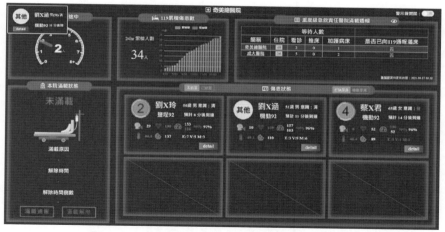

圖 10-15　醫院端院前預警與承載量能儀表板

的（檢傷三級）。在時間張力下，有些嚴重患者仍然是遠道而來，而這些病患是否因而產生風險，值得進一步探討。過去紙本檢索會出現曠日廢時的勞務及訛誤，現在透過資料清楚的定義、整合與策展，彈指之間就很容易讓觀測者從大量歷史資料中找出需深入探索的重點。

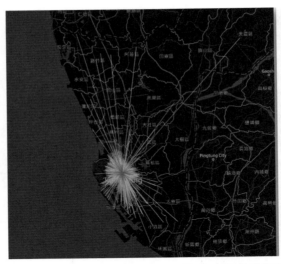

圖 10-16　事故地點與接收醫院地點之直線位移示意圖

　　而一站通數位基礎建置後，這些實務作業資料除了可提供更詳盡的描述性分析外，也可以透過歷史資料進行不同觀點、不同場域的客製化預測性分析。譬如高醫透過院前資料對應傷病患入住加護病房之歷史資料，可依據病患院前救護紀錄所獲得資料，進行風險校正，計算出各區位風險，並揭示其重症照護資源需求的可能性（圖 10-17）。等級 7 表示需要重症加護資源可能性高，等級 0 為較低。

　　而在圖 10-18 中，我們可發現透過院前與院後資料串接，能觀察到發現嚴重外傷（傷害嚴重度 ISS 大於 16 分）的病患容易產生的路段或路口，甚至可清楚描繪傷患是否死亡、平安出院或轉入慢性照護等。這種細膩程度是以往用次級資料推估所無法描繪的傷害分析或事故預防的新風貌。緊急援救過程是多元關係模式，而透過一站通跨領域對話後，從實務需求引動的資料需求，再進行務實的數位鋪軌，這些日常的急難救助過程所產生的數位資料，除了能讓急救生態內的多元關係人活用，未來也能透過事件編碼（event

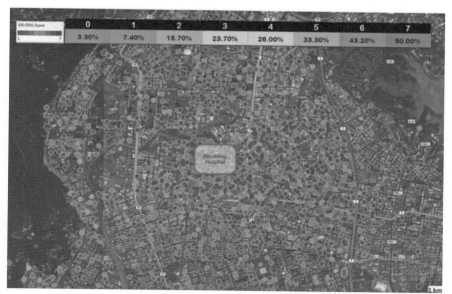

圖 10-17　社區發生院前救護之急難事件之加護病房需求風險地圖

圖 10-18　因交通事故所造成的嚴重外傷（ISS 大於 16 分）病患分布密度圖

ID）與其他資料源混搭而產生非常扎實的真實世界數據（real-world data, RWD）。而透過不同關係構面的觀點的反芻洞見，我們也能藉此進行知識淘金而產出更多品質改善的真實世界證據（real-world evidence, RWE）。

透過這個計畫進行，也產生許多問題導向的資料治理需求。此創新專案提出許多資通訊科技改善對策，伴隨著引導服務流程中資料擷取擴增，也使得決策需多方考量的複雜性增加，從而使參與這個專案的行政管理者、資料產製端及許多實境工作者面臨更多利害關係人、更多資訊源、更新的選擇與更高的期望。

為了解決這些問題，「緊急醫療救護智能平臺——救急救難一站通推動計畫」也在科技會報的建議下籌備資料治理委員會，並於2021年3月5日正式召開第一次的資料治理委員會會議，討論一站通推動計畫需要釐清的資料相關問題。也因計畫前期著墨於資料庫開發、資料共通格式建立及資料流動之規劃，在第一次會議所揭櫫的資料治理委員會之任務如下：㈠ 提供該案計畫資料標準與交換之建議；㈡ 評估資料標準及資料交換（介接）模式；㈢ 有關該案資訊安全之諮詢事項；㈣ 提供其他與該案系統擴充與資料管理相關事宜之建議。

因為過去「資料治理」的概念並未深植於政府部門內，很多人並不清楚管理與治理的差異。所以一站通推動計畫嘗試導入治理結構時，其實很多與會者還不太清楚自身角色與權利義務，也使得第一次會議討論時，議題相對比較發散而不易收斂。但是瑕不掩瑜，這應該是臺灣資料治理發展歷史上首見：一個橫跨部會（內政部、衛福部、國家災害防救科技中心及地方執行單位）且有明確問題導向（應急資訊革新）而成立的資料治理結構。它的存在非常值得鼓勵，而其接下來的發展更值得悉心維護。不管是組織架構是否內化？功能是暫時性或常設性？任務是反應性還是預應性？這些資料治理的磨合經驗與日後發展，都相當值得未來其他部門取經與學習。

圖 10-19　緊急醫療救護智能平臺計畫第一次資料治理委員會會議召開情形

參、結語

　　「資料」相對應於緊急醫療服務進行數位轉型時，正扮演一個關鍵角色，正如一個緩步行走運動員搏動的心臟。當運動員準備奔跑衝刺時，心搏必須跟上他的腳步。當我們希望在緊急醫療場域進行數位轉型的智能過程時，也必須調整好我們的資料策略與資料品質。若不從這些層面著手，當我們準備跨步向前進行數位轉型的衝刺時，資料的脈動跟不上，智能化的目標也只能眼高手低地供奉擺著，而非讓資料科學真正地進入我們的實境生活。我們過去從2008 年在高屏區的倡議建構緊急醫療作業能量分享資訊平臺，透過KAMERA 計畫逐步播種，到2018 年總統盃黑客松的卓越團隊，再演進至 2020 年「緊急醫療救護智能平臺——救急救難一站通推

動計畫」的啓動，這其中包含了緊急醫療生態的開放資料倡議、資料民主為基礎的跨域協作，以及由下到上、由外到內的資料治理播種。這些環環相扣的篳路藍縷歷程並非可一蹴可幾，發展脈絡非常值得日後推動國家資訊藍圖者參考。藉此一隅提供十年磨一劍的經驗與諸君分享：有場域、有機遇、也有際遇；而資料治理，仍需持續孕育。

參考文獻

1. 陳昭文、羅崇杰（2014）。面對區域緊急醫療資源供應與需求媒合問題，我們需要大腦思考還是脊髓反射？—— 高屏區緊急醫療應變聯盟（KAMERA）運作經驗分享。**臺灣醫界雜誌**，**57**（7），50-53。

2. 陳昭文、趙恩、李佩玲（2018）。孵育區域創新治理之里程碑：救急救難一站通。**國土與公共治理季刊**，**6**（4），118-123。

3. 簡鈺純、江元淞（2021）。優化臺灣 EMS，2030 從「救急救難一站通」開始。**消防月刊**，**110**（4），34-37。

第 11 章

一站式智能防災利器：全災型智慧化指揮監控平臺（EDP）

羅凱文

壹、前言

每年防汛期開始，上班族盧先生就開始關注颱風的資訊，尤其是颱風路徑與風力資訊。他必須在風雨來臨之前關閉家中窗戶，也要做好公司內的防颱整備措施。此外，他也很注意地方政府公布的防救災資訊，例如停班停課、停水停電、交通停駛、活動異動或是垃圾收運等資訊。他必須跟老婆提前安頓好家中兩個學齡兒童，變更早已安排好的假日親子行程。

之前造訪過的景點，在前幾年強颱蘇迪勒的強風豪雨侵襲下，原本的山明水秀，變成了暴漲的溪水與肆虐的土石流，甚至造成當地居民被河水沖走的憾事。

在災害即將發生之前，臺灣各地方政府是如何瞭解災害潛勢及預判災害的衝擊呢？他們又是如何超前部署，將可能的傷害降到最低的呢？

貳、問題痛點

臺灣位於東經 120 度至 122 度，北緯 22 度與 25 度之間，全長 394 公里，包含北部的副熱帶氣候區及南部的熱帶氣候區。靠近中國大陸的海島地型，同時受到大陸型氣候與海洋型氣候的影響，

讓臺灣難以避免極端天氣的威脅。而南北都市發展後的城鄉差異，也造成各縣市多樣性的災害潛勢。其中，人口最多、可說是臺灣縮影的新北市，近年來就面臨了天然災害與 COVID-19 疫情的挑戰。

一、天災、疫情風險頻繁

近年襲臺的強烈颱風如象神、納莉、莫拉克、蘇迪勒，曾經重創新北市。夏季午後的短延時強降雨，常常宣泄不及，造成多處的積淹水。全市超過 3,000 個坡地社區，及 200 多餘處的土石流潛勢溪流，則讓土石坍塌的威脅無法完全去除。

此外，地震恐懼仍然存在於新北市民心中。近年備受關注的山腳斷層，[1] 從樹林區往東北方延伸至金山區，經過了大屯山與七星山系，影響範圍涵蓋整個大臺北生活區。新北市多樣的潛勢災害與城鄉差距，挑戰著所有災害防救人員。

不僅天然災害，2020 年席捲全球的 COVID-19 也帶來史無前例的衝擊。臺灣於 2021 年 5 月 12 日在萬華區爆發本土疫情，新北市鄰近區域的板橋、三重、中和及永和等確診病例大幅增加。當 5 月 15 日第一次衝到 80 個本土病例後，中央流行疫情指揮中心立即宣布臺北市與新北市進入第三級警戒。

COVID-19 病毒已經進入社區傳播階段，新北市從來沒有經歷過如此擴散迅速的疫災，嚴峻的挑戰不斷地出現。例如，如何找出隱形傳播的感染熱區，設法阻斷傳播鏈？如何有效設置快篩站及疫苗接種站，鼓勵民眾就近前往？以及如何有效傳遞防疫資訊，讓民眾迅速得知並降低染疫風險？

二、防救災系統盤根錯節

為了有效降低各種災害的衝擊，臺灣從中央部會到地方機關，皆運用資訊科技，致力於開發所屬的防救災系統。

1　地質雲加值應用平臺—活動斷層：www.geologycloud.tw/map/ActiveFault/zh-tw。

中央部會依管轄災害提供全臺灣的監測資訊。例如，國家災害防救科技中心的天氣與氣候監測網（WATCH, watch.ncdr.nat.gov.tw/）提供衛星、雷達等完整監測資訊；交通部中央氣象局（www.cwb.gov.tw/V8/C/W/County/index.html）提供即時天氣與重要災害警特報；內政部消防署開發全民防災 e 點通（bear.emic.gov.tw/MY/#/），提供客製化的防災資訊；經濟部水利署的防災資訊服務網（fhy.wra.gov.tw/）則提供淹水、水位及水庫的即時警戒；行政院農委會水土保持局的土石流及大規模崩塌防災資訊網（246.swcb.gov.tw/），內含防災監測與土石流、大規模崩塌防災資訊；經濟部中央地質調查所的土壤液化潛勢查詢系統（www.liquid.net.tw/CGS/Web/Map.aspx）則有著詳細的土壤液化潛勢圖資訊息。

新北市的地方機關則以轄內的監控與災害應變作業為主。例如，消防局自建災害管理資訊系統（EMIS），負責分派與管控災害案件；水利局建置雨水下水道地理資訊系統，將所有的下水道電腦圖資化；農業局研發地滑區監測資訊系統，即時監控著名景點九份的地下水位；負責社區管理的工務局，發展山坡地社區智慧防災系統，提供該社區即時雨量與坡地警戒服務。線上即時監控災情也很重要，警察局 e 化天眼與新聞局的新北有線公共監測平臺，進行全天候不間斷作業。

地方政府平時既要面對各種災害的威脅，災時又要耗費許多人力在不同平臺之間蒐集數據。在秒秒必爭的救災壓力之下，繁複的作業流程想必是非常費時的。有沒有什麼方法，甚至不需要人力，就能整合各式各樣的防救災系統，讓指揮官可以迅速決策呢？

參、資料蒐集與困難

防救災系統的快速整合也許可以從手機中得知一些端倪。在颱風來臨前，大部分民眾都會打開手機，查閱中央氣象局官網，試圖推斷停班停課的可能性。一旦點擊手機上的「颱風警報」，不到幾

秒，很快就會出現颱風警報單與路徑圖。事實上，點擊之後的資訊流程，其實跟防救災系統一樣，有著類似的資訊架構。

　　資訊架構大體上分為三類：前臺、後臺及資料庫，如圖 11-1 所示。

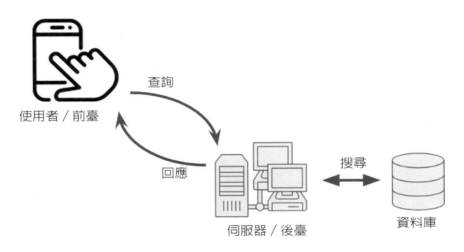

圖 11-1　使用者點擊手機內的前臺後，整個資料串流過程

　　使用者手機內的氣象局官網就是前臺，也就是使用者界面或網頁，包含了氣象局提供的所有內容與服務。當使用者確認了想要的資訊，只要透過點擊，就會由前臺將需求送到後臺，讓伺服器來執行並向資料庫提交指令。幾乎是同一時間，資料庫會立即回傳答案，再由後臺將收到的答案傳到前臺，呈現在使用者眼前。

　　這個流程跟日常生活裡的餐廳點餐幾乎一模一樣。想像你在一間米其林餐廳，你看過菜單後決定向前場服務員（如前臺）點一客沙朗牛排，服務員將你的訂單拿給廚房後場（如後臺），廚房後場再給廚師（如資料庫）備餐。廚師做好了牛排給廚房後場，然後再交給前場服務員送餐到你的面前。資訊流程說穿了跟現實作業過程沒什麼兩樣。理解了資訊流程後，就不難推論日常生活所用的

APP、網站，甚至是 ATM，都有專屬的前臺、後臺與資料庫。

因此，要整合防救災系統，關鍵就在資料庫。只要從各式各樣的防救災資料庫中，透過應用程式介面（即 API）的技術，取出必要的資料集，並設計一個平臺加以整合應用，就不再需要費時費力地轉換系統了。

然而，API 雖然解決系統轉換的難題，但由於來自於不同的資料庫，常有以下的問題產生。

一、缺乏 API 使用方式及資料格式的說明

為了降低運用 API 的障礙，提供單位或機構通常會提供 API 文件，詳細說明如何使用的程式語法、更新頻率與資料欄位的定義與格式。但若缺乏說明文件，使用單位還是可以使用 API，但必須一一釐清資料代表的意義，耗時費力。

二、API 資料未即時更新

這是很常見的問題，也常造成前臺使用者的困惑，尤其是整合各種防救災系統的時候。例如，橫移門應於颱風期間關閉，但系統上卻顯示開啟中；或者是，颱風過後應該開啟，但卻顯示關閉。未能即時更新的資訊很可能造成狀況評估與救災決策上的障礙。

三、API 介接狀態不穩定或出現空值

愈複雜的平臺，介接的 API 數量愈多。雖然更能發揮資料整合的綜效，但能否維持穩定運作非常關鍵。實務上，來源系統異常斷線時，通常是系統維運、升級改版，或者是停移機作業等原因。使用單位需要即時監控，並能提供使用者告警資訊，才不至於混淆。

四、相同的資料，在不同 API 中會有不同定義

因為人員登打習慣，或系統運算模式的限制，就連最常見的日期、時間及地址等資料，都會有不同的格式與定義。日期格式是

民國年月日或是西元年月日；時間格式是二十四小時制、十二小時制、臺灣時區還是世界協調時間；或者是，地址門號是阿拉伯數字、國字、全形或是半形等。不同定義與格式的欄位都必須經過資料清洗及標準化後，才能做進一步的資料運用。

五、API 更新頻率愈頻繁，對資料庫負擔愈大

為了指揮決策，防救災系統無不希望資料愈即時愈好，就能快速進行整合、分析與研判。然而，還是得視各資料來源的 API 來決定。通常 API 更新愈頻繁，資料庫不僅需要做本身的資料處理，還得同步將資料提供給 API。在沒有災情的時候，不會出問題。但到了災害的高峰時，系統反應時間就會愈來愈長，最糟的狀況是造成原有系統與 API 同時當機。

值得慶幸的是，目前臺灣的各級政府都大力推動開放資料（open data），提供高品質的 API 利後續的資料應用，大幅減少資料品質不一的問題。例如，中央政府提供政府資料開放平臺（data.gov.tw）、內政資料開放平臺（data.moi.gov.tw）、中央氣象局開放資料平臺（opendata.cwb.gov.tw）、經濟部水利署水利資料開放平臺（opendata.wra.gov.tw）等。各地方政府計有臺北市資料大平臺（data.taipei）、新北市政府資料開放平臺（data.ntpc.gov.tw）、臺中市政府資料開放平臺（opendata.taichung.gov.tw）等。

為了同時管理複雜的天然災害及 COVID-19 疫情，新北市透過 API 的介接，將散置在中央及地方的防救災資料集中在一個平臺上，並進行資料清洗及標準化。一方面將龐大的災害數據整合至電子圖資上，以視覺化方式迅速提供災情狀況。另一方面應用大數據、機器學習及人工智慧（AI）等智能技術，提供災前預測與災害預警，在災害來臨之前就能超前部署、防患於未來。

就這樣，具有一站式的 AI 決策輔助平臺誕生了！

肆、解決方法與技術

　　EDP 起源於數位治理的概念，也就是透過資訊與通訊技術，獲取、分析、分享所累積的大量資料，擴大資料的加值應用，並進一步運用 AI 科技，來達成決策輔助的目標，正面對決新北市所面臨的天然災害與 COVID-19 疫情的種種挑戰。

　　它的全名是全災型智慧化指揮監控平臺（Emergency Data Platform），是新北市災害應變中心（EOC）所使用的智能科技平臺。在災害應變期間，讓新北市政府不同單位的應變人員，在同一個平臺上，能同時處理成千上萬件的災情。不僅簡化以往繁複的書面資料，也去除資訊不一致的障礙，讓智能科技取代勞力工作。這種簡單明瞭的即時視覺化平臺，讓災害案件能有效率地被分級管理，如圖 11-2。

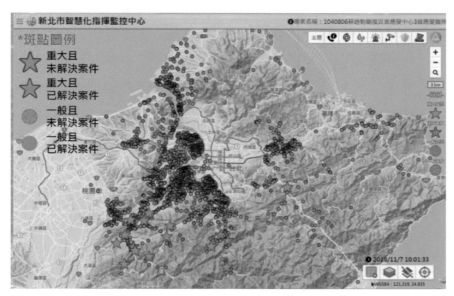

圖 11-2　災情分級管理地圖

說明：以形狀區分重大／一般，用顏色代表案件狀態；紅色星星為當下最重要急迫的案件。

因應管理災害潛勢及提升應變速度，EDP 發展出「災情管理」、「預警監控」及「衝擊預測」等三大應用主軸。前二項主要是因應災害發生或即將發生的處置作業，而第三項主要用於超前部署，提前得知災害衝擊之處，進而預先部署資源。這些智慧化防救災決策輔助及災情處理服務，讓市級 EOC 得以高效能地運作。

一、災情管理視覺化，快速掌握災害案件

EDP 的災情分級管理地圖提供災點的發生時間、報案地點、案件類別與後續處理歷程等資訊，並於電子地圖上顯示災點分布情形。為了快速評估災害現況，EDP 以形狀與顏色區分嚴重程度與處理狀態。例如，用圓形與星形代表災害的嚴重程度，用紅色及綠色代表案件處理狀態。

即使像蘇迪勒颱風超過 4,000 件的災點，在 EDP 圖層上也能一目瞭然地看到紅色星星的點位，星狀代表著重大案件（如人員受困、建物倒塌、交通受阻、大範圍淹水等），紅色代表仍在搶救中、尚未結案的類別。視覺化的呈現解決災防人員難以迅速彙整情資的難題，讓各級指揮官能迅速掌握全部情資、有效決策。

二、即時災情預警，強化防救災應變效率

以往災害發生的時候，需大量人力巡查水情、災情及等待傳真通報，時效難以掌控。但透過智慧防災物聯網，EDP 內建 10 種以上的監測模組。例如，積淹水監測模組能監測新北市內水位站、雨量站、抽水站、移動式抽水機、橫移門等即時狀態，於災害來臨時，確認有無異常狀況發生。此外，山坡地社區風險監測模組可監測山坡地社區雨量警戒值，以及順向坡、斷層、侵蝕、崩塌、下陷與軟弱層等六項潛勢，在發生異常情形時相關單位能即時發現，並在災害發生前疏散撤離住戶。值得一提的還有地震預警模組，主要針對震度四級以上的地震，能立即產出該地區重要維生設施的巡檢清單，以利新北市 EOC 能立即派遣工務、衛生、教育、消防、警

察等巡檢人員，迅速檢視相關關鍵基礎設施的災損狀況，以避免災害影響進一步擴大。

最後，現場的即時影像對評估判斷災害發展是不可或缺的。EDP 整合中央與地方計八個機關共同建置的視訊監控系統（CCTV），能提供災點周遭 500 公尺內的畫面，使災害應變人員未到達現場前亦能迅速瞭解附近的情形。

三、多元災情預測，提早整備超前部署

災情預測能解決以往彙整資訊很難、精準決策更難的困境。經由各項演算法及 AI 大數據分析，EDP 能預測颱風淹水、停電、降雨後坡地坍塌及午後短延時強降雨等所造成的可能衝擊，提供指揮官提早部署，爭取救災時間。

例如，颱風積淹水災情預測模組，如圖 11-3，利用颱風降雨預測蒐集資料，進行淹水模式的預測，每六小時一報，預測未來三十六小時可能的淹水地點、深度與範圍。

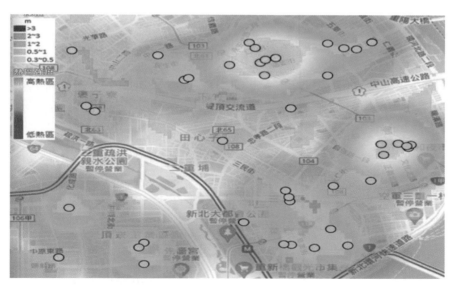

圖 11-3　颱風積淹水災情預測模組圖

說明：黃色系區域代表預測的淹水範圍，愈深色代表淹水愈深。黃色點位代表歷年來曾經淹水的災點。兩者的交集區域就是預測可能淹水的熱區。

不只是淹水，颱風強勁的風力也常造成停電，讓收容避難所、醫療院所或老人安養機構等電氣設備無法運作，增加人員安置的風險。因此，EDP 的颱洪停電風險模組，如圖 11-4，運用中央氣象局的風力預測、各項電力設施與過去災害停電情況，經由 AI 的機器學習發展預測模組，每三小時可即時計算未來六小時內可能的停電村里及可能影響的戶數，以能提早因應處置。

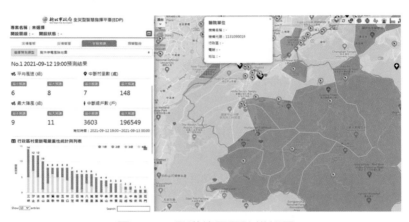

圖 11-4　颱洪停電風險模組圖

說明：紅色區塊代表高風險停電區域，黃色區塊代表中風險停電區域，能清楚定義受影響的重要場所。

　　強降雨很容易造成市區淹水與郊區土石流的災情。EDP 的午後雷陣雨預測模組，如圖 11-5，於每日上午 8 時至 11 時期間，經由研判氣象參數，包含水氣壓、溼度、風向與風速等，預測當日下午是否會發生午後雷陣雨。而坡地災情預測模組透過降雨預報資料，以統計、力學及 AI 等多種模式，推估土石流發生機率以及流動範圍，而每一次預報可預測未來二十四小時趨勢走向。

　　在經過三年的建置與開發，EDP 在處理天然災害已臻成熟。也因此，新北市在疫情初發之時，能夠迅速地在資料治理的架構下進行疫情資訊的整合，目標在於定位出隱形傳播鏈熱區位置、設置快篩站點位，與客製化地宣導接種疫苗。

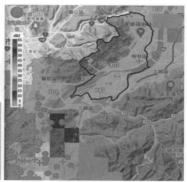

| 區域 | 站名 | \multicolumn{6}{c|}{觀測時間} | 結果 |
		12	13	14	15	16	17	
樹林	三角埔軍墓	0	0	5.5	-	-	-	發生
	國三N046K	0	0	26	-	-	-	
	大同山產業道	0	0	1	-	-	-	
	山佳	0	0	11.5	-	-	-	
	桃改臺北分場	0	0	21.5	0.5	-	-	

當日午後雷陣雨觀測統計

觀測結果

共有「1區」發生午後雷陣雨，
區域為樹林區

*註：本系統判斷區域發生午後雷陣雨(該區域觀測時間著發生，表格以■標示。)，須符合兩種條件(1)該區域午後雷陣雨且有發生短延時強降雨(10分鐘雨量達10mm以上)、(2)該區域有強回波與閃電觀測發生。

圖11-5　午後雷陣雨預測模組圖

說明：左表可看出樹林區即將會發生午後雷陣雨，從右圖可知雷電位置（+），而色塊代表預測降雨區域。

　　首先，整合警察局的疫調足跡與衛生局的確診資訊，由EDP提供疫情熱區資訊及疫情風險，作為衛生局設置快篩站、疫苗接種及民眾宣導等後續政策評估與執行。在既有的功能架構之下，搭配著EMIS及新北災訊E點通，迅速地開發出五種進階的疫災模組。

㈠ 疫情熱度圖

　　整合確診個案及疫調足跡的點位資訊，EDP提供了熱度圖與點位圖，如圖11-6，讓指揮官清楚掌握密集確診的地區，除了作為快篩檢疫站的設置依據，也立即清消街道、宣布關閉並清潔相關店家。即時發布新聞，提醒曾停留此處的民眾自主健康管理。

㈡ 社區疫情風險象限圖

　　藉由追蹤各行政區的確診比例及案件增減趨勢，EDP定義二個軸線，如圖11-7，分別是橫軸的週確診量占全市比重，及縱軸的週成長趨勢。因此，可將行政區劃分在四個象限中，判斷當週的疫災風險。此外，每週追蹤行政區在象限間的移動軌跡，即可觀察出風險轉移變化，讓區級指揮官瞭解該區風險，據以加強或調整各項的防疫決策。

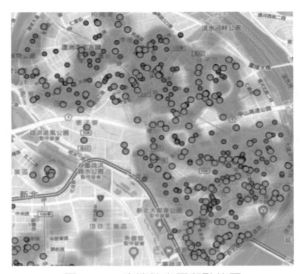

圖 11-6 疫情熱度圖與點位圖

說明：紅色代表確診點位、灰點代表足跡點位所顯示的熱度圖，可精細至最小行政區——里。

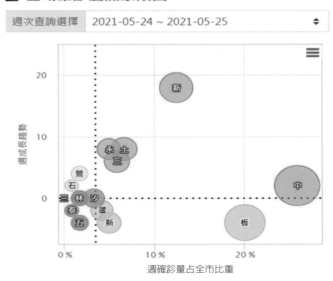

圖 11-7 社區疫情風險象限圖

說明：愈往右側代表週確診占比愈重，愈往上方代表週成長率愈大，顯示各行政區的疫情發展狀態。

以上是 EDP 供指揮官內部的資訊，至於對外民眾的公開資訊，就將數據介接至新北災訊 E 點通進行發布。

㈢ 疫情風險圖資化

E 點通提供熱區防疫中心服務據點及熱區範圍資訊，如圖 11-8，針對高風險社區（里），讓各區公所能掌握重點，進行環境大清消、強化防疫宣導、高頻率巡邏及弱勢民眾關懷，也讓民眾快速掌握周遭染疫風險並配合政府的防疫措施。

圖 11-8　疫情高中低風險里別圖

說明：透過高中低風險里別發布，讓民眾清楚所在地的疫情現況。

㈣ 一鍵導航篩檢與接種

將全市疫苗接種站及快篩檢疫站（包含避難收容所）圖資化，如圖 11-9，提供 31 處社區接種站、29 區衛生所、35 家醫療院所、232 家合約診所據點洽詢電話、預約方式等資訊（截至 2021 年 7 月 27 日），方便民眾獲知鄰近接種站並透過手機快速導航前往，以利提高施打覆蓋率。

圖 11-9　一鍵導航篩檢站與接種站路線圖

說明：提供各類篩檢站與接種站的圖資與路線規劃。

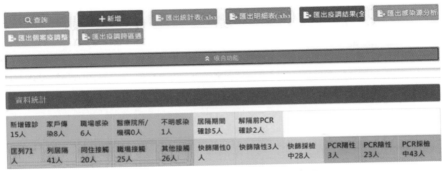

圖 11-10　疫調管理平臺統計圖

說明：疫調系統控管每日確診來源、居隔人數與快篩、PCR 檢驗結果，以利擴大匡
　　　列密切接觸者。

㈤ **疫調管理平臺：這是因應疫災處理的必殺技**

　　「平寧計畫」所開發出來的服務如圖 11-10。由各區公所運用
EMIS 案件管理功能，接續由市府 EOC 逐案管控 COVID-19 確診
者的感染源（例如家戶、職場或醫院內或不明感染）。接著，嚴格
監控匡列對象及居家隔離者的篩檢結果（含 PCR 檢驗結果），尤
其是不明感染源，持續擴大匡列密切接觸者。最終目標是將可追蹤
的感染源皆可以斷絕其傳播鏈。這一管理平臺，也是指揮官宣布執
行平寧計畫的重要智能科技平臺。

伍、實際效益

一、對民眾、社區與產業的助益

　　新北市的災害防救資訊主要是透過前臺的新北災訊 E 點通來發布資訊。例如，在 2021 年疫情最高峰的 5 月及 6 月，新增的疫情模組，提供了 18 個行政區計 27 處熱區防疫中心、39 處快篩檢疫站及 327 處疫苗接種站等資訊。對外服務瀏覽量從單月平均 20 萬人次，激增到 360 多萬人次，成長逾 1,600%，單日高峰接近 60 萬人次使用。

　　此外，透過新北災訊 E 點通的視覺化圖資，公告了 15 個行政區計 854 里的高中低風險疫情熱區，除了讓民眾快速掌握周遭的風險地區，降低曝險機會外，也讓民間企業採取對應的防疫措施，設法減少員工及顧客的染疫機會。例如，很多公司讓家住高風險區域的員工逕行在家上班；物流業者減少配貨運送至高風險里內；傳統市場據以實施人流管制、分時段分流擺攤；餐飲業者適度調整上下班時間及降低食材庫存量，減少營業損失等。

二、對新北市政府及各區公所的助益

　　EDP 提供的決策資訊讓單日確診數減少至個位數。透過政府端積極推動社區廣篩、熱區防堵及平寧計畫等防疫作為，使新北市有效控制疫情發展，於 2021 年 7 月 5 日單日確診數降至六例，直至 7 月 27 日警戒降級。

　　不僅在疫災能即時救援，在天然災害的防救上，也有實際的應用績效。例如，2019 年 7 月啟用之後，已服務超過新北市 96 個局處，單日最高使用人次超過 375 次。除此之外，災害應變上也大幅提升案件管制的品質。在 2015 年蘇迪勒颱風，新北市轄內共計有 4,427 件災害案件，事後發現有高達 500 餘筆案件未完整記錄及解除列管。但自從 EDP 系統上線後，藉由情資動態視覺化功能，結案率由原先 88% 有效提升至 100%。大幅提升災害處理效率，減少

遺漏案件的發生。

另外，EDP 系統將複雜的防救災資訊調閱流程，簡化爲單一平臺窗口，串聯起 235 條土石流潛勢溪流警戒區、85 座抽水站、23 處中央管轄的水位站、五處市府管轄的水位站以及 77 座雨量站等警戒資訊，及 14,000 餘支 CCTV 即時影像，能快速掌握重大災害位置。這些實際助益主要來自 EDP 系統掌握超過 90 項防救災資料集，共超過 900 萬筆防救災監控數據。

更特別的是，EDP 系統榮獲「107 年資訊月百大創新金質獎」、「2018 雲端物聯網創新傑出應用獎」、「2019 智慧城市創新應用獎」及「亞太地區智慧城市（IDC）大獎」，甚至也獲得世界資訊科技與服務聯盟（WITSA）「2021 Smart City Awards」首獎，贏了新加坡及韓國等智能科技卓越的國家，成爲災害防救類指標性決策輔助系統的首創標竿。

陸、未來發展

一切還都只是開頭，未來的挑戰更多。當所有的防救災大數據匯集在一起，進行視覺化、物聯網（IoT）預警及 AI 預測之際，必須考量到硬體效能、資訊安全，及使用者需求變動快速的問題。

一、硬體效能

EDP 在第一期發展之初，只有新臺幣 300 多萬的預算，實無法同時開發平臺與高效能的後臺。取而代之的是儘量降低硬體規格，將經費集中於平臺開發上。

到了中期，隨著颱風、洪水、土石流、坡地崩塌、地震、停電、火災、短延時強降雨等災害資料逐漸增多之際，初始的硬體環境已無法滿足使用者需求。EDP 進而發展出資料倉儲的架構，專責進行標準化程序，將不同來源的資料進行資料清洗，即抽取、轉化及載入，轉換一致性的格式。最後，交由 EDP 進行資料處置與分析。

然而，隨著資料量的增大與機器學習運算需求增加，硬體、網路、儲存設備遇到規格不一致且擴充性複雜的問題。因此，EDP導入超融合架構，將伺服器、網路、儲存等硬體單元，及虛擬化軟體平臺，全部整合在單一模組機箱上。直接用虛擬化軟體平臺，調度所有所需要的硬體資源，如記憶體、硬碟及中央處理器等。也不用擔心擴充相容性的問題，只要直接添購其他的機箱，就可以立即與既有系統無縫接軌。

二、資訊安全

　　隨著防救災的應用愈來愈廣泛與頻繁，如何維持 EDP 服務不中斷，顯然已是維運單位接下來的課題。雖然前面所述的超融合架構能因應尖峰時段的流量需求，但卻面臨另一個重大的威脅：資訊安全。依據 iThome 的調查，駭客、勒索軟體與漏洞是 2021 年企業認為最容易遭受的資安威脅，而 EDP 愈來愈多的使用者、日益複雜的資料交換，及民眾報案等機敏資料管理，都有可能被有心人士利用並找到突破的點（羅正漢，2021）。

　　依據《資通安全責任等級分級辦法》，地方消防局每年都有高達數十萬，甚至百萬通的報案電話及數萬處需設置消防安全設備的場所資料，屬於業務涉及區域性或地區性民眾個人資料檔案之持有，依法歸屬於 B 級之公務機關。此外，地方消防局亦要依照《資通安全責任等級分級辦法》中的附表三資通安全責任等級 B 級之公務機關應辦事項，檢視消防有關資訊安全的管理面、技術面及認知與訓練等三個構面，並逐一達成所有應辦的事項，才能合乎規定。

　　在管理面部分，一年內針對自行或委外開發之資通系統，進行系統分級及防護基準，並在二年內全部的核心系統導入 CNS 27001或 ISO 27001 等資訊安全管理系統標準，並持續維持其有效性。此外，局端要配置二名專責的資通安全人員，每年辦理一次內部資通

安全稽核及資安治理成熟度評估，所有的核心系統每二年要辦理一次以上業務持續運作演練。

而技術面部分，全部核心資通系統每年要辦理一次網站安全弱點檢測，每二年要辦理一次系統滲透測試。而且，每二年要辦理一次資通安全健診，含網路架構檢視、網路惡意活動檢視、使用者端電腦惡意活動檢視、伺服器主機惡意活動檢視、目錄伺服器設定及防火牆連線設定檢視等。同時，一年內要完成資通安全威脅偵測管理機制並持續維運，也要依主管機關公告之項目，完成政府組態基準導入作業並持續維運。最重要的是，在一年內完成各項資通安全防護措施之啓用並持續使用，例如：防毒軟體、網路防火牆、入侵偵測及防禦機制、電子郵件過濾機制、應用程式防火牆等。

最後，在認知與訓練部分，計有資通安全教育訓練，例如主管及一般使用者每年要有三小時以上之資通安全通識教育訓練，而資通安全專職人員每年則接受十二小時以上之資通安全專業課程訓練或資通安全職能訓練。當然，也要各持有二張以上的資通安全專業證照及資通安全職能評量證書，並持續維持證書之有效性。

資訊安全的管理、技術、訓練及證照，皆是身爲 B 級機關須具備的基本法定事項，以期能因應日益複雜的資安威脅。

三、需求快速變動

世界的本質是 VUCA，亦即變動（volatility）、不確定（uncertainty）、複雜（complexity）及模糊（ambiguity）。因此，在難以觀測與預測的外在環境與人爲因素不斷地相互影響下，天然災害與人爲災禍就更是無法及時掌控。快速的變化讓縝密的計畫在下一刻變成過時、不符時宜了！

因應快速變動的需求，現今眾多科技業龍頭一致採用的解決方案是「敏捷式開發」，強調敏捷原則與思維下，在短期間的迭代中，不斷地讓利害關係人參與，共同面臨需求的改變，快速地達到目標：價值導向的交付。

其中最常使用的框架工具是 Scrum 與 Kanban。

Scrum 用五種不同的活動來快速定義需求並交付價值。首先，決定日期區間，少則一週，長至一個月不等；接著是第一天的規劃會議、每天十五分鐘的站立會議，及最後一天審查會議及回顧會議等四種工作團隊的會議。

而 Kanban 是一個視覺化的工具，展現所有工項目前的進度，最常見的分法是 to do、doing 及 done。此外，亦可依工項的難易度給予分數（稱之為 story points），及給予優先度的識別，例如貼上紅圓點。此一視覺化工具讓所有的利害關係人不需要透過傳統的列管事項，就能清楚知道各個工項目前的狀態如何，也用最低的成本達到資訊的一致化。

透過上述的 Scrum 與 Kanban，讓所有人都可以獲得透明公開的資訊，隨時查驗，增加上下信任度，與不斷因應需求改變的迅速調適。快速的迭代、即時的交付，讓執行者能滿足不斷變動的需求，最後讓決策者得以搶得先機、降低可能的災害衝擊。

參考文獻

1. 羅正漢（2021）。【iThome 2021 企業資安大調查：資安挑戰】今年臺灣企業最關心的資安威脅是什麼？取自 https://www.ithome.com.tw/article/144236。

第 12 章

銀髮天使：銀髮安居需求指數

饒志堅

壹、前言

> 　　林伯伯年逾 80，林媽媽也已 70 多歲，二人沒有子
> 女，每天上下老舊公寓四樓，非常辛苦，身體不舒服時更
> 是維艱。二老平時互相照顧，生病時住家附近沒有醫院
> 診所，出門看病很不方便。再加上這棟老舊公寓屋齡超過
> 四十年，又位在土壤液化高潛勢區，萬一哪天發生地震或
> 火災，二老安全著實堪虞！
>
> 　　而且，林伯伯與林媽媽都是資訊弱勢，根本不會使用
> 電腦、智慧型手機，平時也很少看報紙，對社福及長照消
> 息所知有限，沒有人輔導，根本不會去申請使用！我們的
> 社福資源似乎沒辦法用到他們身上。
>
> 　　請問您們知道，在臺灣這樣的人有多少？他們又分布
> 在哪裡呢？政府的社福資源，要怎樣才能用在正確的人身
> 上呢？

貳、問題痛點

　　從上面這個案例，來看實際的統計數字。2018 年底臺灣老人
數約 343.5 萬人，其中獨居老人，或老老照顧之老人即超過百萬

人，而建物屋齡超過三十年者更逾半數，住在無電梯公寓之老人超過 35 萬人。另一方面，由於高齡化衍生之老人照顧問題益受重視，政府推出很多社會福利措施，但由於 65 歲以上長者上網率只有三成（財團法人台灣網路資訊中心，2018、2019），很多福利他們不見得知道，就算知道也可能不知如何申請。

例如，衛生福利部（簡稱衛福部）估計需要長照人數達 79.4 萬人（衛生福利部，2016），但真正已加入長照、使用長照服務者僅 18 萬人（衛生福利部，2020），占不到四分之一，剩下超過四分之三的 62 萬人，他們為什麼沒加入長照？其中有多少是獨居及老老照顧者？如圖 12-1 中的黑色區塊，就是獨居或老老照顧者，有長照 2.0 的需求卻沒有實際使用，他們是不想加入？不會加入？還是根本就不知道有這些福利？他們又分布在哪裡？這就是痛點所在。

長照 2.0 ▼
即長照 1.0 的升級版，特色是被照顧的人增加（例如將 49 歲以下失能身心障礙者包括進來）、服務項目增加（如新增失智照顧服務）、地方普遍性增加〔也就是長照 ABC 的設計，即每一鄉鎮市區一個 A 級店（旗艦店）、每一個國中學區一個 B 級店（專賣店）、每三個村里一個 C 級店（柑仔店）〕，長照品質都比以前提升。

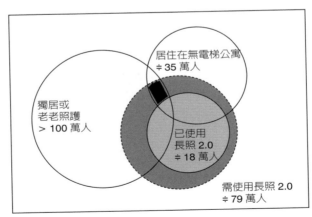

圖 12-1　需要照顧的老人在哪裡？

參、資料蒐集與困難

為了找到這些老人，第一步必須要蒐集資料。

內政部主管戶籍與建物資料，再加上國土資訊系統社會經濟資料（SEGIS）（內政部統計處，2022），也就是建物周邊的環境資料，像是住家附近的實價登錄資料、市場、學校、醫院診所等資料。將這三者（戶籍、建物、環境資料）透過地址門牌串聯起來，這樣就可以知道什麼人住在什麼樣的房子裡，周邊生活環境如何。道理看似很簡單，但這卻是以前從沒做過的事。這樣做可發揮什麼政策功效呢？舉例來說，由於社會高齡化，雙老議題（老人＋老屋）發酵，使人好奇住在老屋裡的老人有多少？有跟家人同住嗎？如果災害發生時，他們安全嗎？就算沒發生災害，他們平時生活便利嗎？

一開始內政部的目標是想改善老人的居住環境，特別是住在無電梯公寓樓上的老人，希望透過內政部推動的包租代管政策，政府幫他們找到適合他們（一樓或電梯大樓）的住宅，而他們原先的住宅可釋放出來，交托政府代為轉租給不怕爬樓梯的年輕人，這樣老人不僅出入方便，更可節省租金，同時還幫助了年輕人。但深入瞭解後發現，由於包租代管政策推動不久，供給量（房東）仍嫌不足，不容易在老人家附近找到合適住家，如果遠一點，又有離開原有環境的適應問題；理想雖好，但當時供給面配合不上，難以落實。

雖然初始目標無法達成，惟討論過程中，發現很多獨居老人最需解決的，不是居住問題，而是醫療照護，許多老人家對政府有完善的長照措施並不瞭解，更不知如何申請。因此，內政部主動與衛福部聯繫，並設定以「提高長照服務涵蓋率」為指標，希望將「需要長照」且「尚未加入」者納入，使服務涵蓋率不斷提升。當然，這其中也需考量供應的問題。雖然長照政策之推動較包租代管早了多年，供應量相對較為充裕，但由於各地區長照需求不一，短期內

還是不可能一步到位，規劃是分階段提升，先將最有需要的人納入，然後再逐步擴大。

既然要做長照議題，當然就需要用到衛福部的資料，其中與長照最密切相關的就是「健保」資料，從中可看出高齡者健康狀況與就醫歷史，為判斷是否需要長照的利器。但由於健保病歷資料屬於《個人資料保護法》第 6 條所列之高敏感性資料，除非有特殊理由，否則不得蒐集、處理或利用。因此退而求其次，改以衛福部「身心障礙」及「照顧管理評估量表（失能類別）」的資料取代。

同理，衡量老人經濟狀況的最好資料當然是「所得」，但因財政部所得資料不易取得，因此我們以衛福部「中低收入」資料取代。雖然資料完整性與密切度沒那麼好，但先求有，再求好，這也是大數據分析資料蒐集過程常遇到的情形。

由於內政部與衛福部過去在許多政策上密切合作，行政業務往來頻繁，雙方已建立很好的合作默契，所以當內政部（統計處）與衛福部（長照司）聯繫，提出上述資料需求，及共同解決痛點構想時，隨即獲得正面、熱烈的回應，資料取得完全符合《個人資料保護法》規定，沒有問題。

至於住宅是否位於土壤液化潛勢區、附近有沒有站牌、便利商店等資料，因非屬個資，在網路上都有開放資料可找得到。因此，綜合上述各項資料來源，整理如圖 12-2。

肆、解決方法與技術

瞭解痛點與蒐集資料後，接下來就是解決問題。為求周延及避免閉門造車，內政部與衛福部擴大參與層面，邀請第一線的服務提供者一起討論，共謀解決之道，包括新北市永和區公所、平溪區公所、中華民國老人福利推動聯盟、社團法人中華民國士林靈糧堂社會福利協會、社團法人台灣也思服務學習協會等。綜整各方意見後，設定執行步驟如下。

建物、實價登錄資料

戶籍地址

身分證
字號

長照 2.0、身心障礙、
低收入或中低收入資料

戶政

350 萬筆
戶籍資料

座標
點位

斷層、土壤液化、淹水潛勢圖資、
交通站牌、零售商及醫療點位

圖 12-2　銀髮安居需求指數資料來源

一、用數據找出最需要幫助的老人

　　編算「銀髮安居需求指數」（ANGELS Index），並篩選出指數值最高的前 1% 老人。首先，思考並蒐集與前述痛點有關之老人生活及環境資料，整合了戶籍、建物、長照、中低收入戶等跨機關資料，如表 12-1。

　　再輔以土壤液化、淹水潛勢區圖等開放圖資，建構出老人之行動健康（action）、照護人力（nurse）、經濟狀況（gold）、住宅狀況（entity）、環境便利（liberty）及環境安全（security）等六大生活面向之「銀髮安居需求指數架構」，如圖 12-3 所示。其中，與老人家庭特性有關的是行動健康（如年齡）、照護人力（如有無子女同戶），與經濟狀況（如是否中低收入戶）三方面，而與建物環境特性有關的是住宅狀況（如屋齡）、環境便利（如附近是否有便利商店），及環境安全（如是否位於土壤液化潛勢區）三方面。

表 12-1　銀髮安居需求指數資料檔案一覽表

名稱	筆數	來源
A. 戶籍登記檔	約 2,300 萬筆	內政部戶政司
B. 建物登記檔	約 750 萬筆	內政部地政司
C. 國土資訊系統社會經濟資料檔（SEGIS）*	約 1,000 萬筆	內政部統計處
D. 醫療院所檔	約 50 萬筆	衛福部醫事司
E. 身心障礙檔	約 100 萬筆	衛福部護理及健康照護司
F. 低收及中低收入戶檔	約 40 萬筆	衛福部社會救助及社工司
G. 長照服務檔	約 18 萬筆	衛福部長照司

資料來源：原始資料來自內政部地政司、經濟部、交通部等機關單位，由內政
　　　　　部統計處綜整於網站：https://segis.moi.gov.tw/STAT/Web/Portal/STAT_
　　　　　PortalHome.aspx（截至 2018 年 8 月底）。

說明：＊國土資訊系統社會經濟資料檔（SEGIS）內含最小統計區實價登錄、便利
　　　　商店、交通站牌、土壤液化潛勢區、斷層帶、易淹水區等資料。

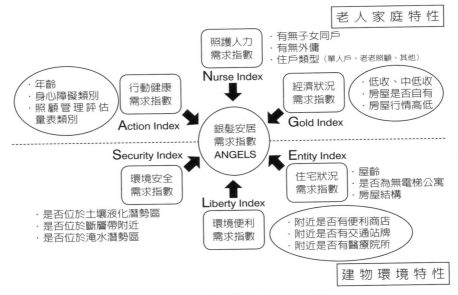

圖 12-3　銀髮安居需求指數架構

資料來源：筆者繪製。

最後，依據上面六個面向，選擇具代表性指標三項，共計 18 項指標。這些指標的選取是考量諸多因素所選出，包括：可理解性、規範性（正負向性清楚）、政策相關性、時序性（領先指標較佳）與及時性。在表 12-2 中，已盡可能選取現有具代表性之指標項目，但部分屬於高隱私資料，如就醫紀錄、個人所得等，無法取得者，就只能以其他接近項目替代（proxy）。例如以「行動不便之身心障礙者（身心障礙類別為第一、二、六、七、八類者）」，取代過去一年曾到醫院診所看骨科或復健科者，以「房屋行情高低（小於或等於所在縣市房價中位數的八成）」作為所得較低者之取代。

表 12-2　銀髮安居指標（ANGELS）項目一覽表

生活面向	指標	高需求（指數值高）者特性	檔案
行動健康（**Action**）	年齡	高齡（年齡大於 74 歲）	A
	身心障礙類別	行動不便之身心障礙者（身心障礙類別為第一、二、六、七、八類者）	E
	照顧管理評估量表類別	坐在一般背靠高度且有扶手的椅子無法維持坐姿（**L5**）	G
照護人力（**Nurse**）	有無子女同戶	無子女	A
	有無外傭	未聘用外籍看護	G
	住戶類型	獨居	A
經濟狀況（**Gold**）	低收、中低收	低收入戶第 0 至 4 類者	F
	房屋是否自有	房屋非自有	B
	房屋行情高低	小於或等於所在縣市房價中位數的八成	C
住宅狀況（**Entity**）	屋齡	屋齡大於或等於三十年	B
	是否為無電梯公寓	居住於無電梯公寓且住在 2 至 5 樓	B
	房屋結構	為非鋼骨或非鋼筋混擬土結構	B

表 12-2　銀髮安居指標（ANGELS）項目一覽表（續）

生活面向	指標	高需求（指數值高）者特性	檔案
環境便利 （Liberty）	附近是否有便利商店	大於或等於 500 公尺才有便利商店	C
	附近是否有交通站牌	大於或等於 500 公尺才有交通站牌	C
	附近是否有醫療院所	大於或等於 1,000 公尺才有醫院診所	D
環境安全 （Security）	是否位於土壤液化潛勢區	位於中高度土壤液化潛勢區	C
	是否位於斷層帶附近	位於地質敏感帶	C
	是否位於淹水潛勢區	位於淹水大於或等於 0.3 且小於 2 公尺潛勢區	C

說明：1.「檔案」欄內之代號內容參見表 12-1。
　　　2. 18 項指標詳細分類內容參見「銀髮安居資料」：https://segis.moi.gov.tw/ STAT/Web/Platform/BigData/STAT_BigData.aspx。

　　指標項目之選取、分類、級距，都是經反覆討論、計算、測試再測試後之結果，非常費時。舉例而言，身心障礙類別要怎麼分？爲什麼有的（如失去腎臟功能）納入，有的（如失去肝臟功能）又不納入？爲什麼附近是否有便利商店及交通站牌是以 500 公尺爲範圍，而附近是否有醫院診所是以 1,000 公尺爲範圍？都是試跑後檢視數據分配情形所做之結果。

　　再來，就要根據以上資料，找出誰才是最需要幫助的老人。我們採用的方法是社會科學常用之「層級分析法」（analytic hierarchy process, AHP）（維基百科，2022），其概念是，由於每個人在「每個資料項目（年齡、身心障礙、中低收⋯⋯）對目標值（長照需求程度）的影響度」看法不同，爲求得眞正的影響度，於是特別訪談與長照有關之領域專家 20 人，透過設計好的兩兩比較問卷，經過公式計算，即可得到各指標權數，再用以編算「銀髮安居需求指數」，如圖 12-4 所示，並根據指數值篩選出最需協助

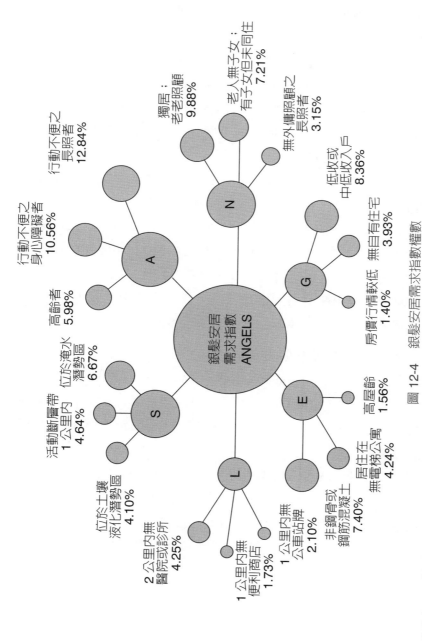

行動不便之長照者 12.84%

獨居：老老照顧 9.88%

老人無子女：有子女但未同住 7.21%

無外傭照顧之長照者 3.15%

行動不便之身心障礙者 10.56%

低收或中低收入戶 8.36%

無自有住宅 3.93%

N

A

G

高齡者 5.98%

房價行情軟低 1.40%

位於淹水潛勢區 6.67%

銀髮安居需求指數 ANGELS

活動斷層帶 1 公里內 4.64%

S

E

高屋齡 1.56%

位於土壤液化潛勢區 4.10%

居住在無電梯公寓 4.24%

2 公里內無醫院或診所 4.25%

L

非鋼骨或鋼筋混凝土 7.40%

1 公里內無便利商店 1.73%

1 公里內無公車站牌 2.10%

圖 12-4　銀髮安居需求指數權數

資料來源：「銀髮安居計畫」團隊繪製。

的 1% 老人，最後才產製出「銀髮安居高需求名冊」。

　　從圖 12-4 可知，專家學者們認為對長照需求度影響最大的是「行動不便的長照者」（權重 12.84%），其次為「行動不便之身心障礙者」（10.56%）、「獨居；老老照顧者」（9.88%）、「低收或中低收入戶」（8.36%），而影響程度較小的因子為「房價行情較低」（1.40%）、「高屋齡」（1.56%）、「1 公里內無便利商店」（1.73%）；以上結果與多數人感受大致相同，考量上是以人為主，建物、環境為輔。

　　在全國 350 萬名老人中，依「銀髮安居需求指數」產製最需協助前 1% 的 3 萬 3,674 人名冊，再與衛福部長照檔交叉比對，發現其中已加入長照相關服務者 1 萬 4,134 人（即長照使用率為 41.97%）。接下來，以此 3 萬 3,674 人中的 80% 為訓練資料，20% 為驗證資料，有無使用長照為應變數，其他為自變數，用監督式機器學習法找出影響長照需求因子，找出無使用長照 1 萬 9,540 人中，最優先（機率值最高）潛在需求個案 1,000 人。

二、主動遞送服務給有需要的老人

　　開發「智慧型老人照顧動態診斷系統」，將資源主動遞送給最需要的人。圖 12-5 中的每一點代表每個老人，顏色愈深表示其需求度愈高，右邊權數調整區有六根長軸，分別代表 ANGELS 每個項目的權重值，可左右移動，依需要自行設定數值高低。左上方為縣市別及數量設定，如設定臺北市要選出前 1,500 位老人，系統就會將 1,500 名以後的資料排除，留下來的以顏色高低顯示其需求強度，並看出其於各行政區的分布情形。透過此系統，各區公所社福人員可根據自身資源多寡，評估、調節各地所需人力，並提供第一線人員探訪之用。

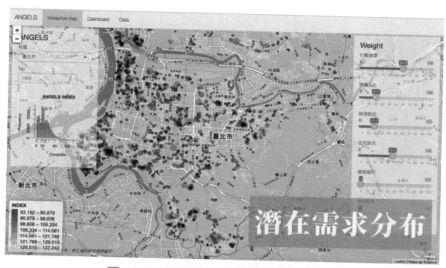

圖 12-5　智慧型老人照顧動態診斷系統
資料來源：「銀髮安居計畫」團隊製作。

三、運用第一線探訪回饋，精進編算模型

　　為使計畫更接地氣並具體可行，將名冊提供給地方政府依權責交公所或長照中心，透過上述系統進行探訪並將結果回饋，再以機器學習方式修正指數編算模型，更準確地找出有需要協助的老人。

四、參加總統盃黑客松競賽

　　總統盃黑客松之目的為驅動資料擁有者、資料科學家及領域專家三方交流，集結群眾智慧，共同加速公共服務優化與政府服務創新效能。因此報名此項競賽，目的是要藉參賽過程，廣納各方建議，使之更具體可行，這將是後面會提到的「數位參與」的實踐。結果證明，評審委員意見使「銀髮安居計畫」（下稱本案）更接地氣，同仁也藉此機會歷練成長，學到許多寶貴的知識經驗。

　　另外參賽也使本案獲得內政部及衛福部二位部長高度支持，陳建仁副總統亦囑咐本案列為施政計畫，落實進行，蔡英文總統更期勉早日完成，嘉惠銀髮族；加上總統盃黑客松的獲獎案件，皆會被

圖 12-6　參與總統盃黑客松活動

說明：內政部徐國勇部長及衛福部陳時中部長高度重視本案，有助計畫的後續推
　　　動。

行政院國家發展委員會納入列管項目，需按季填報執行進度，這些
都有助強化本案未來推動執行的力道。

伍、實際效益

　　經過資料蒐集，並運用「銀髮安居需求指數」，再透過「智慧
型老人照顧動態診斷系統」，是否找出有需要（長照）的老人，並
主動幫助之，使長照涵蓋率提升呢？

　　於 2019 年透過前述方式，找出最優先（機率值最高）潛在需
求個案 1,000 人，經衛福部照顧管理專員進行實地訪查，發現有需
求者共計 667 人，占 66.7%，比率明顯高於先前以隨機方式從老人
中找出長照需求者之機率（23.0%），如圖 12-7 所示。顯示出以銀
髮安居需求指數及機器學習法，主動找出長照需求者，是非常有效
率的做法。於是，內政部依此架構，於 2020 年起產製「銀髮安居
高度需求名冊」供衛福部使用。

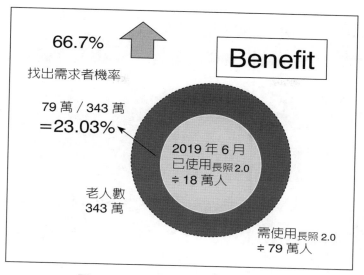

圖 12-7　銀髮安居需求指數效益圖

資料來源：「銀髮安居計畫」團隊繪製。

　　我國長照 2021 年照顧服務人數達 26.4 萬人，較 2019 年之 18 萬人增加 46.67%，這是全體衛生福利人員努力的結果。未來透過銀髮天使「銀髮安居需求指數」的應用，期能加速納入需要照顧的老人，達到「智慧政府很用心，銀髮居住真安心」的目標。

　　此外，既然本案是連結內政部及衛福部大數據所做之應用，另一個成果是做出與老人居住有關，並以最小統計區為單元之統計開放資料（open data），俾供民間社福團體或公司企業參考運用。例如，由各種不同特性老人之分布情形，據以判斷各類照護中心或老人送餐設置地點。目前已產製縣市別、村里別及最小統計區別三類共 24 個資料集，詳見圖 12-8，最近一年下載次數已超過 2,400 次。近年更產製銀髮安居模擬資料（synthetic data），每一筆都是一個老人的資料，因為參照母體資料之整體結構或態樣產製，其占比、平均等聚合運算結果與母體資料相近，但又完全無揭露個資之虞，相信可以再次提升資料應用效益。

圖 12-8　銀髮安居資料集

資料來源：https://segis.moi.gov.tw/STAT/Web/Platform/BigData/STAT_BigData.aspx。

最後，此計畫成果還可供以下單位及民間應用：

一、地政司、營建署：鼓勵名冊中的老人加入「社會住宅」相關服務，對於有搬遷意願者，由政府或包租代管業者協助找尋適合的住宅，其住宅則可出租供其他人（如外地青年）使用，必要時，不足之租金差額政府可予補助。

二、營建署、消防署、警政署：優先改善名冊中老人之無障礙環境、消防安全狀況，及居家環境安全（防詐騙等）。

三、衛福部：強化名冊中老人照顧措施，如「長照2.0」相關服務，及對居住偏鄉且附近無便利商店者提供物資送暖、送餐服務；對需經常就診、行動不便者提供接送及陪診服務等。

四、金管會：名冊老人中住宅權屬為自有者，鼓勵其辦理「反向抵押」，並將反向抵押貸款所得為承租適合其居住的住宅，以提升暮年居住及生活品質。

五、民間組織：可運用本計畫產製之 open data，建立民間長照據
　　點等。

陸、未來發展

　　雖然本案已發揮功能，達到當初設定的第一階段目標。不可否認，還是有很多可提升、發展的空間。

　　例如，資料來源方面，未來若能納入整合健保、所得及勞動部外籍看護工資料，相信更能提升指數代表性及模型準確度，找到的人更精準。在資料應用方面，不只銀髮老人需要主動照顧，身心障礙者、幼兒托育、無殼青年等議題上，也可運用類似手法，建立相關衡量指數，找出最需要照顧的人，主動去幫助他們。

　　另外有一個比較迫切需要解決的問題，就是篩選出的高需求老人家，在被進行實地拜訪時，會反問：「你怎麼知道我需要長照服務？」「我又沒有要你來！」。目前所編製之最後高需求老人清冊僅提供衛福部在權屬職掌範圍內使用，另產製完全不含個資之「銀髮安居資料」（表 12-2）供民間團體免費使用，並無疑慮，也沒有遇到上述問題。惟畢竟原始資料之連結涉及隱私資料使用，雖不違法但心裡多少會有點疙瘩。建議未來宜立專法，在具公信力委員會監督下，鬆綁資料連結應用限制，讓公務員放心地做，才能發揮資料最大應用效益，福國利民。

　　以上介紹「銀髮天使」案例之發起、規劃及執行，接下來將就資料治理的「策略層面」、「行政與管理核心層面」以及「推動者層面」進行歸納探討。

柒、策略層面

　　組織要有治理策略與願景，以達到資料治理中公共治理相關價值，像是效率、效能、透明（陳敦源等，2020）。內政部有感於智慧政府、資料治理已成政府管理趨勢，遂於 2017 年起推動，並

於 2018 年成立「內政大數據決策應用工作小組」，由統計處擔任幕僚單位，積極展開相關大數據連結應用，有系統的推動大數據分析相關工作（饒志堅、黃毓怡，2018）。小組由政務次長親任召集人，常務次長爲副召集人，相關部內單位主管及所屬機關副首長擔任委員，提升執行層次、強化執行力道，統計處處長則爲執行秘書，負責實際業務推動（組織架構詳見圖 12-9）。

當初設立時，並沒有那麼多單位參與，內政部只有戶政司、地政司、資訊中心、秘書室及統計處五個單位，所屬機關也只有警政署、消防署、營建署及移民署四個單位加入。後來因爲推動成果逐漸明顯，大數據連結愈來愈重要，因此將主任秘書室、民政司、合團司籌備處及消防署等單位加入。先求有、再求好，先成立，有成果後自然會逐漸擴大。

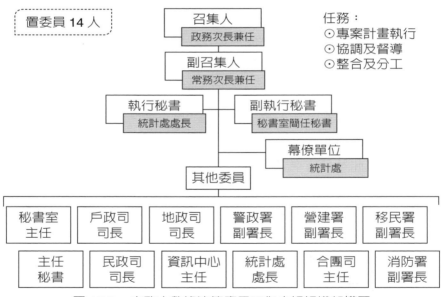

圖 12-9　內政大數據決策應用工作小組組織架構圖

資料來源：筆者繪製。

業務能順利推動的最大關鍵，就是首長的支持。每次會議召集人都親自出席，將大數據分析工作推展至內政部部內各單位及所屬機關，強化單位間橫向合作，只要工作小組討論通過即據以執行。內政大數據的願景是「透過大數據找出有需要的人，並且主動去幫助這些人」，透過業務、資訊與統計深度合作的模式，開展政府數據應用分析的新風貌。銀髮天使「銀髮安居需求指數」為小組運作下初熟的果子，在策略層面上具有三個特點。

一、主動服務：目前政府政策及福利措施多以報章、網路等方式宣導，僅限於獲訊息者才能受益；本案考量老人族群為資訊收取弱勢，尤其獨居、身體及經濟狀況不佳者，若無專人探視、輔導，根本無從知悉使用各類服務，就算設計出再好用的 APP，對這類老人言仍是沒用的。本案依據名冊主動探訪最有需要之老人，將當前政策（如長照 2.0、社會住宅）主動告知，列入後續輔導對象，把服務送到家，讓有需求者能真正受惠。

二、精準分配：將資源花在刀口上。現代公私企業治理策略常講求精準，如精準醫療、精準行銷，以最小成本達到最大效果。本案以 18 項客觀指標數據篩選出銀髮安居高度需求名冊，找出最有需求的老人，供中央或地方政府更客觀精準投放資源，讓最有需要的老人優先得到應有之照護，符合社會公平公義之精神。此外，精準分配亦是政府有限資源下的最佳選擇，在不擴充資源規模前提下，唯有透過精準分配才能提升資源使用效率。

三、跨域合作：發揮 1 + 1 > 2 的團隊力量。大數據時代，數據分析與應用的重要性日益增加，但只有單一領域數據還不夠，有其侷限性，若想做更好的應用，一定要進行跨領域整合。本案跨域合作面向包括：

(一)資料跨域：連結戶籍、建物、中低收入戶、環境等多項資料。

（二）專業跨域：結合統計（指標編製）、資訊（系統展示）、業務（住宅及長照）等不同專業。

（三）部門跨域：包括內政部不同單位（戶政司、地政司、統計處）及衛福部（長期照護司）一起合作，甚至公私協力，與中華民國老人福利推動聯盟、社團法人中華民國士林靈糧堂社會福利協會、社團法人台灣也思服務學習協會等共同討論推展方向。

捌、行政與管理核心層面

　　此層面強調組織當中行政與專案管理中的操作功能與保護，包含處理歷程、品質與信任、使用權與所有權、資料管理、詮釋資料以及隱私與安全等合規（compliance）議題。本案與之有關為資訊安全及資料清整（data cleaning；資料品質）兩方面。

一、資訊安全：內政部一開始進行內政大數據工作時，即認定包括資安在內的資料治理至為重要，並參考衛福部衛生福利資料科學中心、財政部財政資訊中心標準，採用最高安全層級的實體隔離作業模式。因為唯有取得資料來源單位的資安信心，才能讓對方放心。本案取得之各樣資料（如表 12-1）及連結分析，都是在上述環境中完成，安全無虞。

二、資料清整：資料治理中的資料品質亦為關注重點；資料清整為資料前處理的第一步，主要包括：修正資料的不一致、填補遺失值、處理極端值等問題。一般人多認為機器學習的重點就是訓練模型與調校模型，其實根據《經濟學人》報導，資料整理（data-wrangling）在機器學習專案作業中占了 80% 以上的時間（The Economist, June 2020），詳見圖 12-10。在整個內政大數據連結應用分析中，資料整理中的資料清整所花的人力更超過一半，這些工作包括一致性檢查、無效值與缺失值處理、錯誤校正等，非常繁瑣卻攸關資料品質，因為大家都知道垃圾

進、垃圾出，基礎工作沒做好，愈往上蓋愈危險。舉例而言，本案連結戶籍檔與建物檔的關鍵是靠「地址」，透過地址才可知道老人所住房子的特性是什麼，因此這項作業不可或缺。但地址比對的複雜性遠超過想像，因為很多看起來一樣的地址，電腦比對結果就是不一樣，像是「3」與「３」半形全形、「館」與「舘」異體字、「-1」與「之1」之差別等，錯誤樣態洋洋灑灑近百種。本案剛開始時，中部某縣市地址的完全比對率不到四成，目前已建立精準地址比對技術，將比對率提升至近七成，全國比對率更達九成，對精進整體資料品質，提升需幫助之老人清冊完整性，助益甚大。

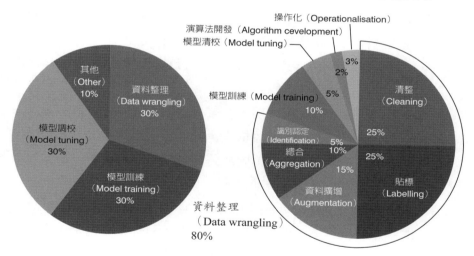

圖 12-10　機器學習花費的作業時間

資料來源：左圖為筆者繪製；右圖引自 The Economist (January 2020). More Complex Than It Looks Average Time Allocated to Machine-learning Project Tasks。

玖、推動者層面

　　此層面涉及數據治理發展的三大關鍵支柱，包含變更管理和使用者採用人與文化、流程和營運模式、工具與技術。數位治理涵蓋五大領域，包括：數位行政、數位服務、數位參與、數位建設與數位社會，銀髮天使與這五大領域有關部分如下：

一、數位行政：精進以往等人來申請，然後再去提供服務的行政流程，加入以數位方式分配社福人力，使之做最有效的運用，觸及最需要的人，提升資源運用效率。

二、數位服務：運用科技技術（例如 AI），讓社會面之最需要者的需求能被滿足，化被動爲主動，這是數位服務的重要特質。

三、數位參與：銀髮天使能被具體落實運用，很大一部分原因來自總統盃黑客松。總統盃黑客松是一項由公民許願，黑客解題的活動，正因爲是公民許願，內含高度公民參與，加上黑客解題評比過程也參採高度公民參與的平方投票結果，所以可以說，總統盃黑客松是一項全民數位參與的展現，而銀髮天使在總統盃黑客松得到卓越團隊的肯定，更是數位參與提升政府服務、優化行政效率的具體表現。

四、數位建設：基礎數位建設提升，諸如資料建置完備、大數據分析方法的普及應用，相信對於將銀髮安居計畫精神，推動用於其他領域，一定會有所助益。

五、數位社會：銀髮天使要推動成功，與數位治理中的數位社會也有關聯。試想，如果今天有人打電話告訴你，你是被選爲最需要照顧的人，政府將派專人輔導你免費使用相關長照服務，你第一個會想到什麼？詐騙集團又來了！沒錯，這反映了當前推動數位管理非常需要提升的面向——健全的數位社會。唯有良好的數位社會關係，才能使銀髮天使在內的主動式服務能更放心地推展開來，提升民衆福祉。

政府服務優化需要許多層面共同配合。銀髮天使「銀髮安居需求指數」的推動，在數位治理上雖往前踏出一步，但需要改進之處仍多，還需大家一起努力！

參考文獻

1. 內政部統計處（2022）。國土資訊系統社會經濟資料服務平臺，2022 年 3 月 31 日，取自：https://segis.moi.gov.tw/STAT/Web/Portal/STAT_PortalHome.aspx。

2. 財團法人臺灣網路資訊中心（2018、2020）。臺灣網路報告，2022 年 3 月 31 日，取自：https://report.twnic.tw/2018/TWNIC_TaiwanInternetReport_2018_CH.pdf；https://report.twnic.tw/2020/assets/download/TWNIC_TaiwanInternetReport_2020_CH.pdf。

3. 陳敦源、朱斌妤、蕭乃沂、黃東益、廖洲棚、曾憲立（2020）。政府數位轉型：一本必讀的入門書。臺北：五南。

4. 維基百科（2022）。層級分析法（AHP），2022 年 3 月 31 日，取自：https://zh.wikipedia.org/wiki/%E5%B1%A4%E7%B4%9A%E5%88%86%E6%9E%90%E6%B3%95。

5. 衛生福利部（2016）。長期照顧十年計畫 2.0（106-115 年）（核定本），2022 年 3 月 31 日，取自：https://www.mohw.gov.tw/dl-46355-2d5102fb-23c8-49c8-9462-c4bfeb376d92.html。

6. 衛生福利部（2020）。「長照 2.0 執行現況及檢討」專案報告，2022 年 3 月 31 日，取自：https://www.mohw.gov.tw/dl-64981-86dfd40d-7294-40d6-b914-52ac5483b43d.html。

7. 饒志堅、黃毓怡（2018）。創辦內政大數據連結應用專案計畫——提升統計支援決策效能。主計月刊，**753**，6-13。

8. The Economist (2020, June 13). For AI, Data are Harder to Come by than You Think.

第 13 章

智慧空氣品質監測資訊服務

黃俊銘

壹、前言

　　空氣品質監測網（https://airtw.epa.gov.tw）與環境即時通 APP 是行政院環境保護署（簡稱環保署）提供國人獲取空氣品質資訊最便捷的管道，而善用科學技術，加強污染或高風險的監測與落實資訊公開是重要施政目標之一，環保署長期以來對落實環境資訊公開及推動資料開放不遺餘力。近幾年來，民眾意識到空氣中主要污染物細懸浮微粒（$PM_{2.5}$）濃度持續過高時，伴隨呼吸進入人體後可能導致心血管或肺部疾病，也可能造成生態破壞乃至影響氣候變遷。每逢秋冬季節，常常因為氣象不佳或境外污染因素，空氣品質惡化更為明顯，故對於空氣品質或污染排放情形日益關注，期待能得到更好的資訊服務。

　　環保署由環境監測及資訊處（簡稱監資處）負責空氣品質監測與資訊服務推動，過去民眾回饋許多寶貴的意見與建議，民眾常問的問題不外乎：「空氣品質的數據多久會更新一次？可以縮短更新時間嗎？」或是喜愛晨間運動的民眾會問：「現在戶外能見度不佳，是不是空氣不好？環境即時通 APP 顯示的空氣品質指標顯示良好是不是有誤？」不然就是：「當下最近一小時的 $PM_{2.5}$ 濃度數值已經比前一小時更高了，還適不適合運動呢？」「戶外明明

看起來空氣品質很糟糕或霧霾嚴重，為什麼網頁顯示的資訊卻是普通？」「為何他參考的監測站沒有顯示空氣品質指標數值或污染物濃度數據？有的監測站顯示維修狀態，是什麼原因？」民眾反映的問題，雖然都能獲得環保署的回應與說明，但對於減少民眾對資訊的疑惑，卻是環保署提供空氣品質監測資訊服務的一個重要課題，經歸納，導致問題的核心多半反映在資訊的即時性、正確性、完整性、可用性等因素。

　　除了一般民眾外，也有來自具有資訊處理能力的族群，對於監測資料或資訊有不同的需求。例如，某國中的電腦老師因學校當地的空氣品質長期不佳，為保護對空污敏感的學生健康及培養學生關切環境品質的能力，認為應採取更有效率的方式告知學生及教師空氣品質，希望環保署能提供可嵌入網頁的網路服務，以結合學校網頁及電視廣播系統於下課時自動化提醒全校師生目前的空氣品質指標（air quality index, AQI）。此外，隨政府與民間應用政府資料開放的蓬勃發展，開發者更亟需環保署提供穩定可靠的應用程式介面（application programming interface, API）介接服務。

　　無論來自一般民眾或進階資訊的使用者，都反映出民眾切身需要或影響其日常生活，如常見的痛點無法有效改善，民眾會給予負面的評價。儘管從多數的意見觀察，整體空氣品質監測資訊服務仍有不錯的滿意度，惟持續減少民眾使用資訊的疑惑或能主動提升服務，獲得民眾的信賴，是空氣品質或空氣污染監測資訊服務之治理資料努力的目標。

貳、空氣品質監測數據蒐集與運用

　　為讓民眾隨時知道生活環境中的空氣品質狀況，必須持續不斷地監測大氣中的污染物，再將監測數據轉換為民眾易於閱讀及理解的資訊，環保署監資處依據《空氣品質監測站設置及監測準則》已建置了 78 個空氣品質監測站，由各式監測儀器量測空氣中

的污染物濃度，包含 $PM_{2.5}$、懸浮微粒（PM_{10}）、臭氧（O_3）、一氧化碳（CO）、二氧化硫（SO_2）、一氧化氮（NO）、二氧化氮（NO_2）、氮氧化物（NO_x）、碳氫化合物（包括甲烷及非甲烷碳氫化合物）、酸雨及苯（BTEX）等污染物數據；另外也設置輔助氣象監測設備，用來擷取風向、風速、大氣壓力、溫度、雨量、相對溼度等輔助性數據（行政院環境保護署，2021），提供空氣品質資料分析用（如圖 13-1）。

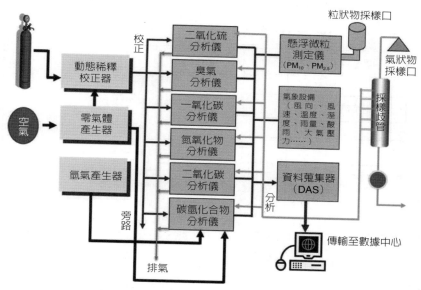

圖 13-1　空氣品質自動監測系統架構圖

　　每一空氣品質監測站房宛如一座小型資訊機房，依據環保署（2019）《空氣品質監測站數據處理手冊》數據處理流程（如圖13-2），數據由各式分析儀或監測儀器偵測後，需經由儀器數據自動化蒐集系統（data acquisition system, DAS）的數據記錄器（data logger）將資料儲存於測站端資料庫系統內，並經檢核、處理及運算後，再傳回環保署電腦機房儲存於中心端資料庫，由空氣品質監

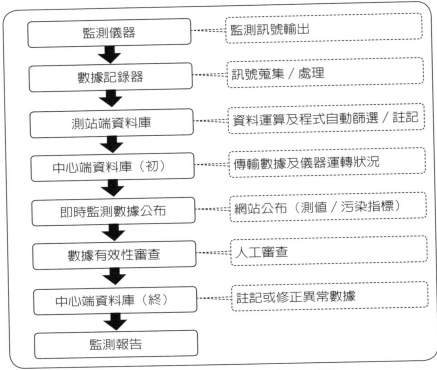

圖 13-2　空氣品質監測數據處理流程圖

測網站房管理後臺集中管理各測站數據,再即時將監測數據公開於
「空氣品質監測網」,最後由專人審查數據有效性,確認數據無需
註記或修正異常後,即儲存於中心端資料庫系統,監測報告並公開
於環保署官網。為操作與管理測站端儀器與數據,並提供儀器操作
管理資訊系統(instrument operation management system, IOMS)
給維護人員使用。

　　除了將即時空氣品質監測數據公開於「空氣品質監測網」外,
為提供民眾適地性的行動資訊服務,相關數據另公布環保署開發的
環境即時通APP,透過該APP親和、簡易與圖像化的互動操作介
面,民眾可易於閱讀及瀏覽空氣品質監測資訊,包括最近一小時

AQI、活動指引、空氣品質預報、各污染物小時濃度值、空氣品質概況及預報等資訊。

此外，爲落實政府資料開放，每小時的即時監測數據也即時傳送至環保署環境資料開放平臺（https://data.epa.gov.tw）供公眾以 API 介接加值應用或自網站下載資料運用。

參、痛點

隨資通訊技術不斷演進，空氣品質資訊服務雖已逐年精進，然而從近年民眾給予環保署的意見來看，仍有可進一步解決或改善的問題。經歸納有幾個痛點，需聚焦加以改善，以滿足民眾提升生活品質所需，說明如下：

一、即時監測資訊偶有延遲或缺值

民眾從環保署網站或 APP 取得的資訊，必須每天二十四小時不間斷地從分散在全國各地的監測站，利用不同的監測儀器擷取數值，每小時經過遠端電腦的計算、檢核、處理、分析及儲存後，再傳回環保署的電腦機房，經由中心端的管理資訊系統處理後，再傳送至民眾瀏覽的空氣品質監測網或環境即時通 APP 等平臺，若在資料擷取、轉換、處理、儲存、傳送過程中，因程式、軟體、資訊設備、監測儀器等任一環節出現異常，往往會造成數據缺漏或傳輸延遲，致民眾無法查到即時數據，當民眾需要資訊卻無法獲得時，對數據的信賴程度便會降低。

二、民眾各種不同需求尚有待滿足

空氣品質監測網是民眾瀏覽最新空氣品質資訊的入口網，經統計瀏覽紀錄，民眾主要的瀏覽量最多在首頁、空品預報、前一日空品、AQI、即時 AQI、各空品區的 AQI 列表等資訊，多半已能滿足一般民眾查閱資訊需求。由於空氣品質監測網不斷改版及更新，隨使用人口成長，資料使用需求愈加多元，例如有些民眾希望能持

續整合其他機關的監測資訊，或能更容易看懂資訊，或需要下載資料自行應用，或希望能提供小工具直接使用於網頁，這些不同需求，需要更進一步處理資料，或轉換為圖像，或以網路服務提供，若無法持續精進，恐難對環保署的服務感到滿意。

三、空氣品質惡化時需要更早預警

空氣品質監測網或環境即時通 APP 是民眾獲取官方空氣品質資訊的主要媒介，此類媒介需由民眾主動查閱才能瀏覽其資訊，惟空氣品質時時刻刻都在變化，當造成空氣品質不佳的 O_3、$PM_{2.5}$、PM_{10} 等主要污染物濃度有升高及惡化的趨勢時，民眾往往不易主動查覺，若缺乏將訊息主動發送予民眾或未提早示警提醒民眾時，如長期處於空氣品質不佳環境中，即容易讓民眾暴露在健康風險中，長期下來可能影響民眾身體健康。

四、區域污染不易掌握及有效監控

由於環保署空氣品質監測網所提供的即時監測數據，僅能反映全國性、跨縣市及長期空氣品質狀況，且其設置與維運成本高昂，現況已足夠滿足監測需要，較無增設條件，惟其不適合用於監測空間尺度較小的區域範圍內空氣污染來源，例如，當周遭發生露天燃燒時，若非距離監測站很近，燃燒產生的污染物經過大氣擴散後，會均勻混合於大氣中，使其濃度變稀薄了，造成監測站難以測得民眾於污染源鄰近感受到的污染程度，因此，民眾生活周遭如發生局部性的空氣污染時，從空氣品質監測網或環境即時通 APP 獲得的 AQI 或污染物濃度數值，尚不足以判斷真實的污染狀況，故民眾有時會透過公害陳情管道，向環保機關舉報空氣污染事件，而根據環保署近三年的公害污染陳情案件統計（如表 13-1），每年空氣污染與異味污染物類別的案件合計約 10 萬餘件，而多數空氣污染案件具有短時及稍縱即逝的特性，且空氣沒有顏色，往往稽查人員到場時已無味道，或難以找到污染源頭。

表 13-1　近三年的公害污染陳情事件統計

年度	公害陳情 案件總計	空氣污染 （不含異味污染物）	異味污染物
110	279,384	10,258	83,256
109	279,622	10,494	89,006
108	276,933	10,738	89,927

資料來源：環保統計查詢網。

五、空氣品質監測資料服務供不應求

依據政府資料開放平臺所統計各級政府開放資料集下載次數，最高的前 30 項資料中，環保署所提供空氣品質監測相關資料集占了三項，包含 $PM_{2.5}$、AQI 及空氣品質預報資料等，顯示空氣品質監測相關資料的應用需求居高不下。由於開放資料集主要以提供結構化資料為主，並透過 API 提供機器對機器的傳輸介接，由於空氣品質監測數據每小時更新一次，其資料必須具備即時性、正確性、完整性與一致性，且資料傳輸服務必須維持可用性、可靠性及穩定性，確保資料能夠遞送至應用端，以利應用者能提供良好的加值應用服務。

肆、對策

為持續服務廣大關切空氣品質的民眾與資料需用者，解決前述痛點，實施對策如下：

一、測站數據蒐集管理及檢核自動化，以減少延遲或缺值

為確保監測儀器的運轉品質及數據可信度，環保署自測站運轉以來皆定期執行品保品管稽核作業，由獨立第三方每年至少執行一次績效查核作業，每站每二個月一次功能檢查。此外，委由專業技術服務廠商執行監測站各項儀器設備操作維護作業，作業內容包含定期的基本保養校正、精密性檢查、每月流量多點校正、每季分析

儀多點校正及每半年總保養及品保查核作業等，以確保每年監測數據可用率達 95% 以上。

　　除了確保監測儀器的運轉品質與數據可信度外，監測儀器量測的數據與儀器狀態主要交由 DAS 及 IOMS 進一步處理以確保資料品質，前者負責數據擷取，後者則擔負數據傳送工作。過去造成資料異常或缺值或延遲的原因，多半是儀器本身異常或是 DAS、IOMS 故障導致，若未及時修復，往往造成資料品質降低，產生錯誤或缺值；若系統運作環境如電力、空調、通訊等異常也會造成資料無法傳送至中心端處理。

　　另各測站為無人站房，操作維護作業頻繁，資料安全也必須予以考量，故 IOMS 也需要結合門禁進出紀錄與攝影機作動，以確保僅有經授權人員得進站房操作，以避免因不當的資料操作造成資料毀損或遺失。

　　為減少因人為錯誤或儀器設備異常造成數據損失或傳送延遲，故另建立──智慧型監控系統，整合測站內所有資訊，當異常發生時，系統即時分析相關儀器及設備的狀態訊息，結合 LINE 機器人即時訊息發送機制，自動發出通報訊息至維護人員專用 LINE 群組，以使維護人員能立即掌握異常狀況，系統並自動派發報修單，維護人員同時收到通報後，即依報修單進行維修作業，當維修人員進行維修時，並可參照系統提供的異常或故障排除指引，予以診斷與排除問題，一旦排除後，數據即可恢復正常。

二、跨機關整合監測資訊並多元展示，滿足不同用戶需求

㈠ 跨機關合作整合監測資訊

　　空氣品質監測資訊已成為國人日常生活所需重要資訊，在我國「政府網站流量儀表板」統計資訊（國家發展委員會，2016），經常可以見到環保署建置的空氣品質監測網名列於熱門排行前茅。環保署於 2019 年元月推出新版空氣品質監測網，主要以介面改善為

主，開啓網站首頁後（如圖 13-3），映入眼簾的便是簡易圖像化後的最近一小時的全國空氣品質概況，透過 AQI 不同等級顏色代表各地的現況。首頁除一覽空氣品質全貌，提供環保署設置的 85 個監測站外，環保署並持續擴展機關整合其他部門監測資料，包括有各地方政府 31 個監測站、大型事業 69 個監測站及特殊性工業區 35 個監測站等，各有詳細的空氣污染物監測結果，對於需要閱覽詳細資訊的人們很容易就能一覽全貌。

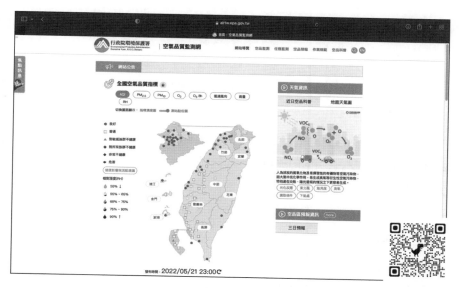

圖 13-3　空氣品質監測網首頁

㈡ 發展 widget 小工具

在環保署尚未發展 widget 小工具前，雖然空氣品質監測網已經提供相當完整的空氣品質資訊，惟爲滿足來自民間、機關及學校進階使用者需求，希望藉由嵌入網頁的方式，讓組織或單位內部的人員能夠直接在經常瀏覽的網站瀏覽空氣品質資訊，考量其具有擴散效果，便著手開發簡易「即時空品測站資訊看板」（如圖

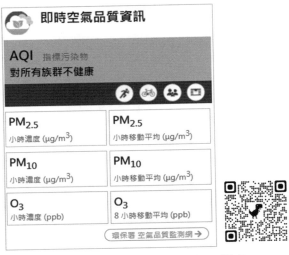

圖 13-4　Widget 小工具資訊視窗

13-4）作為即時空氣品質資訊 widget 服務，將環保署單一測站的指標污染物 PM$_{2.5}$、PM$_{10}$、O$_3$ 小時值及移動平均值，利用該 widget 鑲嵌於其他網站內，以讓查閱其他網站的民眾也可以瞭解空氣品質即時現況，已有約千個網站鑲嵌該 widget 小工具。

㈢ 提高監測數據更新頻率

　　過去尚未導入物聯網技術前，原有的中心端應用程式存取測站端資料係採用 RESTFul API 呼叫方式來達成，要達成每分鐘從各測站傳送資料至中心端是件棘手的問題，由於物聯網資料中心建立後，運用 Apache Kafka 訊息傳送機制成功解決了這個問題，以各測站端為資料的發布者，物聯網資料中心端為訂閱者，一旦測站端產生資料後，中心端即可在極短的時間收到資料，空氣品質監測網即能透過 API 取得即時資訊，展示以分鐘尺度計的氣態污染物即時監測濃度值於查詢頁面（如圖 13-5）。

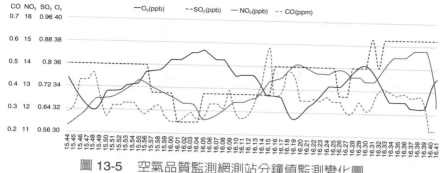

圖 13-5　空氣品質監測網測站分鐘值監測變化圖

三、於空氣品質不佳或有惡化趨勢時，及早發送示警訊息

㈠ 個人化空氣品質示警推播

　　因應行動化趨勢，環保署於 2013 年 3 月推出「環境即時通」APP，提供民眾個人化、適地性及即時性的環境資訊整合性查詢應用服務，可查詢居家生活環境有關資訊，含空氣品質監測、紫外線監測、沙塵訊息、鄉鎮天氣、豪（大）雨特報等訊息，其中空氣品質相關資訊與空氣品質監測網同步，可便利民眾隨時隨地取得即時資訊，累計下載使用人數逾 50 餘萬次。

　　為了讓民眾在空氣品質不佳時，能夠及早獲得提醒，該 APP 提供設定功能，可自行設定示警門檻，如將 AQI 等於 150 以上時設定為示警門檻，一旦程式判斷 AQI 已達到門檻值時，系統即利用 iOS 平臺或 Android 平臺訊息推播服務，快速及主動將示警訊息推送至民眾手機，其他主要污染物，包括 $PM_{2.5}$、PM_{10} 及 O_3 等，都可以自行設定（如圖 13-6）。

㈡ 未來十二小時 AQI 預測

　　為提供更進階的預警功能，環保署開始運用過去長期累積與妥善保存的資料資產，包含中央氣象局 387 個自動氣象站及環保署過去十年 76 個空氣品值監測站資料，應用入大數據及人工智慧（AI）演算法建立預測模型，推出「AQI 十二小時逐時預測服務」，該服務

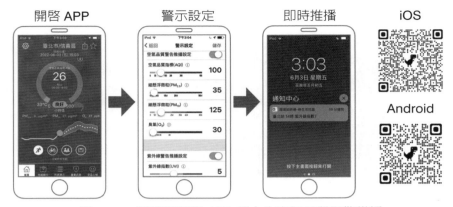

圖 13-6　環境即時通 APP 個人化空氣品質示警推播

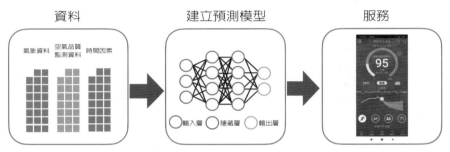

圖 13-7　AQI 十二小時預測之資料處理程序

於每小時都會自動運算未來十二小時 AQI 預測數據（如圖 13-7），並將推估的 AQI 數值傳送至環境即時通 APP，以利民眾於每日通勤上班、戶外運動及學校戶外上課前，瀏覽該 APP 的 AQI 十二小時預測情形，預為規劃當日最適的戶外活動時段及交通方式。

㈢ O_3 超標預警

環保署考量近年空氣中的 O_3 濃度過高導致空氣品質不佳的情況尚無減緩趨勢，於 2019 年以近三年各測站 O_3 監測數據，運用大數據方法建立各測站的 O_3 預警模型，每小時 O_3 即時濃度經過預警模型處理後，預測當日可能超標，即發送預警推播訊息至手機（如

圖 13-8）。經實際驗證，最佳情況下可於 O_3 濃度超標前三小時即發送預警，也就是說當 O_3 小時濃度達到一定程度時，即可推估未來 AQI 會達到不良的程度，民眾利用 APP 能掌握未來空氣品質，以適當調整外出規劃，避免暴露在不良的空氣中。

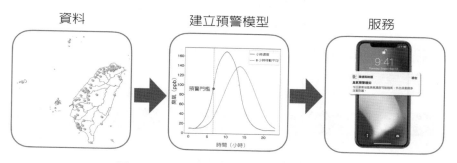

圖 13-8　O_3 超標預警之資料處理程序

㈣ 空氣品質惡化告警服務

　　近年來空氣品質雖然已經逐年改善，惟極端氣候發生或偶發性空氣污染事件仍會造成空氣品質惡化，鑑於空氣污染嚴重惡化時，可能影響民眾健康，如能即時分析數據，於惡化時主動發送告警訊息通知民眾，將能減少暴露健康風險。

　　環保署為利用多元管道提供民眾空氣品質示警，除於空氣品質監測網、環境即時通 APP 提供即時示警特報及推播外，另依據《災防告警細胞廣播訊息發布作業指引》（中央災害防救會報，2020），以懸浮微粒物質災害主管機關申請訊息發布，自 2019 年起，運用自建之空氣品質惡化告警訊息發送平臺介接「災防告警細胞廣播訊息系統」，利用該系統細胞廣播服務（cell broadcast service, CBS），能夠在短時間內將訊息以一對多的模式傳送至指定區域內支援細胞廣播功能的行動裝置的特性，當空氣品質惡化時，於最短時間內將告警訊息發送給位於空氣品質不良區域的民眾。

空氣品質惡化告警訊息發送平臺處理數據係採半自動方式運作，每小時自動檢查全國各測站 AQI，當 AQI 大於 175 時，自動以即時訊息通知相關人員，經數據管理員審查確認無誤後，即待命準備發送，一旦接下來 AQI 達到非常不健康的程度（AQI > 200）時，即再次通知發送人員啟動發布程序，經發送人員與權責主管確認後，立即發送予空氣品質不良之測站方圓 20 公里內持有手機的民眾，民眾收到訊息，即可避免於戶外活動，減少空氣污染傷害，整體作業程序如圖 13-9。

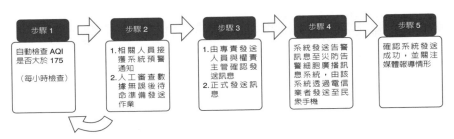

圖 13-9　空氣品質惡化告警訊息發送程序

四、運用廣為布建的微型空污感測器，強化污染事件監控

　　為解決查緝困難並掌握時效，隨 PM$_{2.5}$ 感測器研發具備可行性，且物聯網、AI 及雲端技術不斷發展與日趨成熟，環保署自 2017 年起，陸續與 16 個地方政府合辦，費時四年時間，完成逾萬個空污感測器布建，覆蓋達 282 個行政區、111 個工業區及科學園區，感知超過 8 萬家列管工廠空污概況。為利各單位正確使用感測器及確保數據品質，訂有《空品感測物聯網布建及數據應用指引》（行政院環境保護署，2020），另為妥為蒐集、分析及應用感測器數據，將環境物聯網整體分三層架構，分別為感測層、分析層及應用層，由感測層將原始數據傳輸至物聯網資料中心，再透過物聯網分析平臺執行運算、分析及處理後，再送至應用層以空氣網提供稽

查所需資訊與功能，以使環保人員能掌握即時污染事件動態，並瞭解污染熱區與研判可能污染排放源頭。此外，民眾可隨時瀏覽空氣網即時動態資訊，包含近七十二小時監測 $PM_{2.5}$ 動態。

㈠ 物聯網資料中心

建置初期，對於感測數據要求著重於資料規範、資料品質與資料安全等。由於原始資料來自各地環保機關委託不同的感測設備廠商提供多種感測設備將資料傳輸至環境物聯網資料中心（如圖13-10），由資料傳輸介接模組接收資料，各來源資料並須遵循統一格式標準上傳。由於感測裝置安裝於戶外環境，往往受外力影響造成資料無法及時上傳，相關資料回補作業也必須依規範辦理，以避免資料完整率不足。由於各地感測設備傳回的有效資料完整率須達 90% 上，為利監控資料傳輸情形，物聯網資料中心提供監控儀表板、檢核與告警功能，可隨時掌握資料品質，一旦低於水準時，即會發送通知予相關人員，並定期以電子郵件寄送報表予相關人

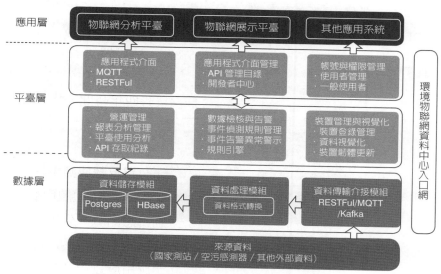

圖 13-10　環境物聯網資料中心邏輯架構圖

員，裝置需要新增或異動時也可以透過裝置管理功能進行操作，所儲存的感測數據除可直接自網站下載外，另藉由 RESTFul API 與 MQTT 傳輸提供物聯網分析平臺、物聯網展示平臺即其他內外部應用系統介接應用。

㈡ **物聯網分析平臺**

分析平臺建置著重於資料整合、資料建模與資料分析等（如圖 13-11），該平臺介接物聯網資料中心的國家測站與空污感測器資料，再自其他資料源介接列管污染源、公害陳情資料及其他有助污染事件推估或分析污染潛勢熱區相關資料，透過數據分析與機器學習模組找出可疑污染事件、異常污染排放熱區，當系統透過演算法判釋異常污染事件後，立即以串流推播模組發送通知相關人員，相關資訊並以 API 方式提供給環境物聯網展示平臺，供稽查人員透過網頁圖像化介面查詢資訊。

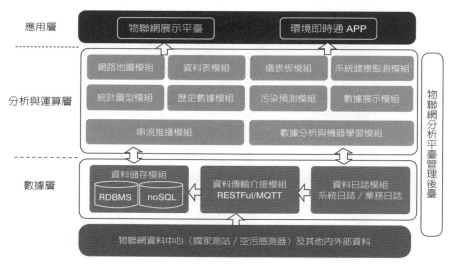

圖 13-11　物聯網分析平臺邏輯架構圖

(三) 物聯網展示平臺（空氣網）

　　物聯網分析平臺利用各種分析、運算、預測及圖像化等模組產出可供介接資訊後，由空氣網（如圖 13-12）介接並提供稽查人員操作使用，透過網路地圖及儀表板介面瀏覽污染熱區與歷次污染事件，僅需檢視污染熱區位置及污染事件時間熱點，再將可疑潛勢區位與列管工廠比對等幾個簡單步驟（如圖 13-13）就能初步研判可疑污染源，並可以回溯動畫方式播放該事件影響。過去稽查單位面對陳情案件需人工比對相關報案資訊，並赴現場查看才有可能找出可疑污染來源，現在有了空氣網二十四小時全天候智慧監控，可疑物染事件都能即時發布告警，該可視化平臺並提供污染事件時間與空間分布情形，亦可回溯歷史資料，讓空氣污染無所遁形。

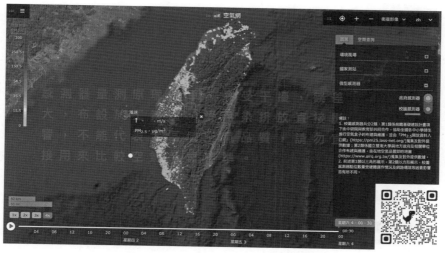

圖 13-12　物聯網展示平臺首頁

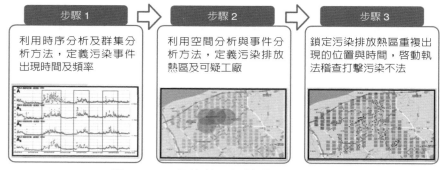

圖 13-13　污染熱區智慧稽查簡易步驟

五、確保開放資料供應穩定可靠，滿足民間加值應用

㈠ 環境資料整合與開放資料

環保署為整合環境資源資料，以邁向數位治理時代，建立環境資源資料交換平臺作為跨機關環境資源資料流通及共享使用，逾 95 個單位參與資料發布或訂閱，交換資料集有 2,000 餘筆，隨開放資料政策推動，另建置「環境資料開放平臺」（如圖 13-14），並

圖 13-14　環保署環境資料開放平臺

將過去在環境資源資料庫累積的大量歷史資料全數整併至該平臺，無論是即時的監測資料或歷史資料目前都已能在該平臺下載，或以API方式介接。

由於服務水準影響廣大的使用者，故該平臺服務的可用性、可靠性及穩定性至為重要，民眾申請介接取得服務金鑰後，平臺即納入服務監控，如有服務異常，系統即會通報專人排除問題，並定期檢視系統運作資源，倘有不足即予以擴充，以滿足取用監測資料之需求。

㈡ 開放空污感測資料予民生公共物聯網整合應用

由於物聯網數據以數據流（data stream）模式持續產生數據，數據時間解析度以分鐘計，傳統政府資料開放平臺難以承載其大量數據供應，為能開放感測數據供公眾應用，環保署物聯網資料中心收到空污感測器資料後，亦同步透過我國跨部會共同建構「民生公共物聯網」，將資料傳輸至由財團法人國家實驗研究院國家高速網路與計算中心建置的資料服務平臺，由其高效的運算資源對外開放，該資料服務平臺除提供環保署空氣品質監測數據及空污感測器數據外，尚有其他含中研院、科技部、大同股份有限公司、暨南大學及台固公司等單位提供的空污微型感測器數據，並整合其他異質感測器資料，有利於民間發展相關應用。

伍、效益

一、即時正確監測資訊，出門活動的好夥伴

環境即時通APP自2013年推出迄今已經九個年頭，環保署仍持續不斷地精進，也廣納民眾於iOS與Android軟體市集所提的意見，以切合民眾的需求，在以手機瀏覽資訊為主流的世代，該APP已成為關切空氣品質資訊的重要工具及外出活動的小幫手。

二、空氣品質情況惡化，精準快速告警通知

環保署自 2019 年啟用細胞廣播示警服務以來，已發送九次示警訊息，以強風導致河川揚塵造成的 PM_{10} 濃度劇烈上升居多，一次則以倉儲火災造成 $PM_{2.5}$ 濃度升高影響，這些經過即時擷取及計算出來的結果，經過專人確認為環境污染後，在最短的時間發送至民眾手機，讓民眾可以很快因應，以避免長時間暴露於品質惡化的空氣中影響了健康。

三、主動監控污染熱區，違規事件無所遁形

民眾除可透過公害陳情專線舉發污染外，藉由空污感測數據與物聯網相關系統全天候監控，大量數據經過不斷地分析與運算，藉由數據分析模型產出污染物類型、污染熱區及時段等資料，針對可疑對象進行許可、申報等資料蒐集及比對，篩選出可疑產業及業者，當污染事件發生時，立即以自動化告警方式通知稽查人員進一步研判，若有民眾陳情空氣污染公害時，稽查人員便可利用空氣網所整合環保署列管污染源資料、風向風速等氣象資料、公害陳情資料、消防署火災等資料，使用 GIS 圖像化互動式查詢介面，輔助研判可疑污染來源，再輔以科學儀器進行採證後，擬定稽查專案執行，以查處可能的違規污染事件。經統計自 2017 年至 2021 年 6 月底止，環境執法稽查告發違規為 450 件次，裁罰金額新臺幣 1 億 1,448 萬元，追繳空污費約 43.6 億元。

四、開放資料極大化，促進民間發揮創意

依照過去幾年空氣品質監測數據在政府開放資料平臺被下載使用的統計，儼然已成為加值應用重要的資料集，許多非政府部門運用多元化的環境資料集開發網站或 APP 應用服務，此外，平面或電子媒體也常有運用空氣品質情形。例如，現在在晨間新聞或氣象播報時段，經常可見到畫面顯示最新的空氣品質狀況，讓民眾在尚未出門前，就可以透過電視臺新聞播放的空氣品質資訊做好出門前

的準備，遇有空氣良好的日子，也可以安排合適的戶外活動。

五、監測資訊公開透明，公私協力環境永續

　　空氣品質監測資訊持續確保公開透明，讓民眾容易取得資訊，不但可以刺激民眾對監測資料的需求，也讓民眾更願意接觸環境資訊，使民眾的環境意識提升、促進民眾參與。例如，空污感測資料應用於污染稽查，環保處除裁處不法外，也將裁處資訊公開，有民間運用相關資料，自主建置透明足跡網站，讓公眾瞭解國內企業是否善盡企業社會責任，更有多家金融機構於授信申請時，查詢環保署公開資訊，針對借戶是否為污染源列管對象，或有重大污染裁罰處分資訊或違規紀錄，評估其營運對環境及社會的潛在影響，顯示公私協力下，將使環境永續有更好的發展。

陸、未來方向

　　為保障國人生活環境的空氣品質，需要持續善用科學及資通訊技術，加強污染或高風險的監測，而產出的高品質監測資料則是環保署需要妥善保存的重要資產。現階段空氣品質監測資訊隨著雲端、大數據、AI 等技術的導入應用已具有成效，也持續引導組織進入數位轉型的程序，由數據驅動的自動化及數位應用有效減少了重複性的管理與操作，不但工作效率提升使得資料更具有價值，確保資料的安全性、可用性、可信任、正確性、共享性和及時性是治理監測資料重要的課題，不但能最小化組織內部對環境治理的決策成本和風險，對於民眾也可以提供更佳的應用服務，使民眾獲得更好的生活品質。

　　由於各階層主管支持與重視，且組織內部有良好的跨功能或跨業務的決策機制，使得資料治理工作能系統性及長期性地進行，雖然這是一個漫長並須持續檢討的過程，但過去良好的經驗已逐漸推展至其他工作，隨水質感測器研發布建應用於水污染稽查，運用既

有基礎縮短發揮成效所需的時間成本，透過相關監測數據分析，掌控不肖業者偷排廢水的頻率及時間，破獲業者非法排放未經處理之廢水情形，依法裁處及追究其不法利得。

　　監測資料治理已間接對企業社會責任的實現有正面的影響，經由資料運用的結果可以提供一客觀的指標，無論是基於氣候變遷興起的環境、社會及治理（environmental, social, and governance, ESG），乃至邁向 2050 年淨零排放（國家發展委員會等，2022）的國際共識，均以致力減碳為主要目標，未來監測範疇將不侷限於空氣品質，將有更多決策需仰賴良好的資料治理，監測資訊工作將秉持以民為本與數據驅動的理念下持續精進，創造更好的資訊服務。

參考文獻

1. 中央災害防救會報（2020）。行政院函頒「災防告警細胞廣播訊息發布作業指引」，2022 年 5 月 19 日，取自：https://cdprc. ey.gov.tw/Page/B370E7DF675168E1/56131791-6198-4019-990d-be26cda41700。

2. 行政院環境保護署（2019）。**空氣品質監測站數據處理手冊**。未出版。

3. 行政院環境保護署（2020）。**空品感測物聯網布建及數據應用指引**。未出版。

4. 行政院環境保護署（2021）。110 年空氣品質監測年報，2022 年 6 月 2 日，取自：https://www.epa.gov.tw/Page/672FA 2BDDEAA22C7/71fedbd8-9829-49e0-b02b-0addb5bd470a。

5. 國家發展委員會（2016）。中華民國政府網站流量儀表板，2022 年 6 月 5 日，取自：https://www.webcheck.nat.gov.tw/dashboard.aspx。

6. 國家發展委員會、行政院環境保護署、經濟部、科技部、交通部、內政部、行政院農業委員會、金融監督管理委員會（2022）。臺灣 2050 淨零排放路徑及策略總說明，2022 年 6 月 5 日，取自：https://www.ndc.gov.tw/Content_List.aspx?n=FD76ECBAE77D9811&upn=5CE3D7B70507FB38。

第 14 章

小驢行：新北市長照交通大平臺*

侯勝宗

壹、前言

> 以下是二位新北市民的心聲。一位是長照個案的家屬，一位是從事長照交通接送的駕駛司機，分別述說著新北市衛生局推動的「長照交通大平臺」所帶給他們的幫助和他們心中的感動：
>
> 「我是一位職業婦女，因為夫家的關係，無法和自己的母親同住，對失能又獨居的媽媽感到十分抱歉。媽媽近來身體愈來愈弱，必須固定到醫院看病拿藥，但每次都必須有人開車帶她去，這造成我很大的困擾。還好新北市推出了『長照交通大平臺』，提供長照 2.0 的貼心就醫接送服務，除了讓我可以線上幫媽媽叫車之外，系統還用手機簡訊主動通知我媽媽的行蹤和狀態，省去我上班請假的困擾與奔波，和心中的掛念與擔心。」（新北市長照個案家屬）

---

* 本個案目的在作為課堂討論之基礎，而非指陳公部門或個案事業經營之良窳。有興趣使用本個案者，請聯絡作者（Samuel.hou@gmail.com）。

> 「我是烏來的原住民，在新北市的一家長照交通車隊服務，是一位長照專車司機。謝謝新北市的『長照交通大平臺』，除了讓我可以有一份穩定的開車收入之外，還可以接送我們族人下山看病，長照專車十分受到部落的歡迎。」（新北市長照專車駕駛）

　　臺灣將於 2025 年邁入超高齡社會，屆時會有超過 20% 人口為 65 歲以上長者。在高齡化與少子化二股人口力量的夾擊下，廣大的照顧人力要從何而來，將成為未來社會發展的隱憂。政府於 2017 年開始推動「長期照顧十年計畫 2.0」，提供符合長照資格補貼的民眾享有「照顧及專業服務」、「交通接送服務」、「輔具服務及居家無障礙環境改善服務」、「喘息服務」等四項補助，簡稱「長照四包錢」。而長者就醫與復健的交通接送，是過去衛福與社福公務人員較陌生的業務和服務。

　　但主責衛福業務的地方政府衛生局，如何在繁雜的長照業務中，將交通運輸專業整合進入長照服務體系之中？又，相對較不擅長移動資訊科技應用的衛生單位公務人員，如何尋求外部專業協助，建置有效率的交通媒合調度系統，以數位媒合平臺來滿足民眾就醫所需的預約訂車服務，而不會讓民眾訂不到車呢？

　　長照 1.0 時代，新北市就醫的交通接送係併給復康巴士來服務，缺乏完整的資訊串聯與服務模式。長照 2.0 開啟了新北市衛生局導入逢甲大學所開發出小驢行交通預約媒合平臺，進行跨載具（計程車、租賃車、無障礙福祉車）、跨車隊（大型派遣車隊、小型自營車行、長照機構、日照中心）、跨服務（長照接送、身障者接送、日照接送、特殊情境的防疫接送……）與跨區域整合，系統地活化交通運能，以「政府搭建數位平臺，建構長照接送網絡」模

式來滿足符合長照 2.0 民眾的就醫與復健接送需求。新北市衛生局並改用計程費率的 1.2 倍為計價基礎來吸引租賃車交通業者「帶車投靠」，加入服務行列。並由地方政府統一建置依「里程計費」的長照交通接送估價平臺系統與 APP，提供客觀的報價依循，同時要求所有交通業者必須使用政府所提供的預約平臺，以事前報價方式來進行預約媒合。藉由簡易且具人性化的多元叫車模式，滿足資訊弱勢的長者與民眾叫車需求，更重要是藉由統一預約媒合平臺，以資訊流來彙整所有服務流大數據，建立智慧長照的服務生態小體系。而開此一由「衛福整合交通」先例的長照 2.0 創新者，就是新北市衛生局。

貳、痛點與機會

交通一直以來是鏈結社會各種民生必需服務的重要活動。在長照服務中，「交通接送」更是照護之關鍵媒介。在長照 1.0 時，許多縣市政府衛生局係將長照交通接送服務，合併給地方政府交通局的復康巴士一起管理。惟這樣的整合，因為缺乏資訊系統的整合與完整資料的掌握，造成長照接送與身障併行常常格格不入，或服務量能被無效率使用或誤用，而政府並不自知。例如，復康巴士和長照專車無法共享使用。故當政府於 2017 年展開全新長照 2.0 政策時，必須務實地面對此一結構性問題，需要有跨領域的全新整合思維，才能問對問題，提出解決方案。

但交通運輸與醫護照顧分屬二個不同領域的專業，在中央與地方政府的組織分工中，分屬於交通部（交通局）與衛福部（衛生局）二個不同的主管單位，若再將身心障礙與社會弱勢服務的多元需求加入（例如：復康巴士、送餐、到府服務），通常會再延伸到地方政府的社會局業務，其間的跨界與整合成為政府想要達到「以人為本」資料治理之一大挑戰。

健全長照交通生態系

圖 14-1　交通運輸與長期照顧的跨領域關聯性

資料來源：新北市衛生局。

過去十幾年以來，因為手持式裝置與雲端運算的快速發展，**共享經濟**（sharing economy）受到廣大消費者的青睞，並帶動各式創新商業模式與平臺運營商。「共享經濟」係為閒置資源進行有效率的分配與媒合，讓有需要的人得以較便宜的代價取用資源，持有資源者也能獲得回饋，讓隨選即需（on-demand）的創新服務得以實現。而導入資通訊科技（ICT）與共享經濟於醫療照服領域，推動共享交通專業於長照就醫的便民服務之中，成為其中的一個機會選項。

共享經濟 ▼

有別於租賃經濟，共享經濟是一種共用土地、人力、資本與企業職能的社會運作方式。它包括不同個人與組織對商品和服務的創造、生產、分配、交易和消費的共享。常見的形式有汽車共享、共乘、公共自行車、共享行動電源，以及交換住宿等。與此同時，共享經濟又具有弱化擁有權，強化使用權的作用。

參、新北市長照交通接送的困境

　　新北市轄內城鄉差距大，距離成為就醫接送的最大困難，交通接送成為長者外出時所面對的第一個難題。例如像平溪、雙溪、貢寮、坪林、石碇、萬里、石門……這些蛋白區的失能長輩常需就醫及復健，但往往礙於公共運輸系統不便捷而寸步難行。新北市的長照人口推估有 12 萬人，需要交通服務的至少 3 萬人。高齡化社會的快速變遷，勢必引發新的需求與未出現的問題。

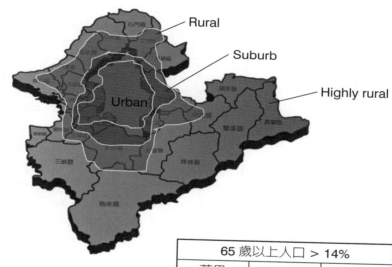

65 歲以上人口 > 20%		
平溪	1,349	28.91%
雙溪	2,285	25.79%
坪林	1,633	24.70%
貢寮	2,666	21.67%
石碇	1,639	21.20%

65 歲以上人口 > 14%		
萬里	3,955	17.92%
永和	39,092	17.68%
瑞芳	6,995	17.50%
三芝	3,910	17.02%
新店	51,409	17.01%
石門	2,009	16.58%
金山	3,406	15.64%
中和	63,658	15.43%
淡水	24,483	14.11%
三重	54,065	14.01%

圖 14-2　新北市地理區域與高齡長者人口分布

資料來源：新北市衛生局。

2018 年時，當時與新北市衛生局完成交通接送特約的業者只有四家計程車隊，雖然車隊加入長照交通接送造冊的司機和車輛超過 500 輛以上，但每個月所開出來的服務量能卻不及 1,000 趟，民眾一直抱怨叫不到車，成為衛生局被民眾詬病的主因。

表 14-1　2018 年新北市長照交通特約單位服務情形

車隊名稱	A 大車隊	B 交通	C 交通	D 衛星
車型	無障礙車型	無障礙車	無障礙車型	一般車型
特約完成日期	10 月 2 日	11 月 2 日	11 月 22 日	11 月 26 日
車輛數	20	31	3	503
照會人數	642	73	2	0
使用人數	48	7	0	0
服務趟次	91	15	0	0

資料來源：新北市衛生局（截至 2018 年 11 月 30 日）。

表 14-2　2018 年每月核訂申請長照有交通需求人數

	1 月	2 月	3 月	4 月	5 月	6 月	7 月	8 月	9 月	10 月	11 月	合計
偏區	X	X	X	4	10	3	22	14	13	28	12	106
一般	11	5	2	786	829	630	758	882	737	1,055	767	6,462

資料來源：新北市衛生局（截至 2018 年 11 月 30 日）。

此外，高齡化所帶來老人醫療問題將愈來愈迫切，長照 2.0 需要龐大的資源與人力投入，光靠政府部門的力量實難周全，若不能以系統性思維來處理，再多的補助金額也難以應付龐大的照顧需求。主責新北市衛生局長照 2.0 業務是陳玉澤專門委員，[1] 正當他被

---

[1] 陳專委是一位非典型公務員，畢業於臺灣大學社會工作研究所，早期任職於中國信託基金會主責企業社會責任工作，後來在桃園市和新北市地方政府服務。他是國內少數願意突破公務機構保守文化，積極主動導入民間創新思維，以開放資料治理與創新服務平臺來進行部門跨領域合作的公務人員。

長照交通民怨所包圍之際，他無意間讀到天下雜誌的一則報導〈專跑山區、就算 1 個乘客也載 大學教授爲何經營車行？〉，文章寫著：

> 住在風景如畫的梨山，看病卻是最痛苦的折磨？看一次病車程來回超過 6 小時，車費就要超過 3 千元，若是搭公車，一天也只有 3 班，錯過就要再等上 5、6 個小時。爲改善山上老人的處境，一個逢甲大學的教授帶領團隊開創出一套名爲小驢行的交通媒合系統，讓老人家方便就醫，再也不用忍受病痛。

陳專委想說這正是他在尋找的系統性社會解方，以資料治理爲核心精神，藉由創新服務爲推動手法，打造長照交通平臺，來串聯點（家庭）、線（就醫接送）與面（社區照顧網）的長照整合式服務模式。因爲新北市廣大的 400 萬人口，若沒有資訊化平臺來記錄並累積長照服務的各式輸送模式，未來在布建長照資源時，勢必導致「瞎子摸象」的決策盲點。他立即主動去電邀請逢甲大學服務創新與行動設計中心的筆者北上研議，共商有無可能將臺中梨山的偏鄉接送經驗導入到新北市 400 萬人口，建置成爲都會版本的長照交通預約服務系統。

肆、目標設定

對新北市衛生局而言，交通接送是一項全新且陌生的業務，但不怕犯錯的決心是新北市衛生局推動長照創新的一貫態度與信念。在團隊運作方面，新北市係由衛生局高副局長帶領，組成專案任務小組，並由陳玉澤專委負責主責，局內的高齡及長期照顧科科長負責專案控管，並由股長與科內同仁負責工作執行。

圖 14-3　衛生局召開長照交通專家學者會議（2018 年 12 月 14 日）
資料來源：筆者提供。

　　新北市衛生局陳玉澤專委為長照交通大平臺設定以下三大目標：

一、共享：由政府做莊建置長照交通的共享大平臺，免費但強制要求民間車隊業者與司機必須統一使用，建立政府與民間業者間的夥伴關係，極大化長照接送產能給民眾，同時有限度地「讓利給司機」，讓特約業者有合理的獲利空間，也可以要求司機提供長者和家屬安全與安心的溫馨接送服務。

二、智慧：長照交通大平臺必須蒐集所有新北市交通特約業者的「訂車—排車—派車」資訊、民眾個案資訊、所有司機的每一趟次任務資訊，與 70 多家 A 個管與照服員的訂車資訊。唯有藉由公部門的統一平臺來掌握所有的完整資訊，才能有效管理每一利害關係人與交易資訊，累積具有決策基礎的巨量資料，未來才有機會帶動智慧長照的其他跨服務整合。

三、整合：長照交通大平臺必須有效整合以下七大利害關係人的需要，並開放相關系統權限給相關人員使用該系統平臺。這些利

害關係人包含了：㈠ 長照個案；㈡ 個案家屬；㈢ 特約車行；㈣ 長照司機；㈤A 個管師；㈥ 衛生局管理人員；㈦ 中央衛福部等。目前長照交通大平臺除了無法自動介接中央衛福部的 CMS 系統進行資料拋轉之外，所有均已完成自動化設計。系統內所有資訊同步自動更新，讓長照交通所有「訂車—排車—派車」等流程均整合於該平臺之中，並自動產生所有資料、資訊與情報，各式的管理報表也均可以線上自動產生與查詢。

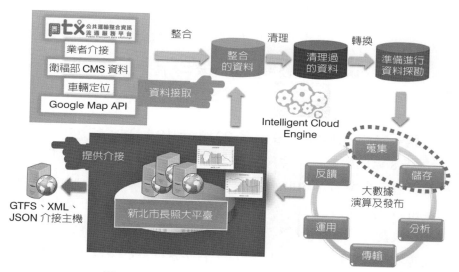

圖 14-4　新北市長照交通大平臺之資料處理

資料來源：筆者繪製。

伍、解決方法：公私協力所推動的長照交通大平臺

　　為了達到上述的三大目標，新北市委託逢甲大學團隊建置全國第一套由地方政府主導的「長照交通大平臺」，大平臺建置過程中，共經歷了四個階段過程，說明如下：

第一階段（2017 年 9 月 -2018 年 10 月）
2018 年開始執行長照交通接送階段，2019 年放寬長照交通接送特約對象，持續鼓勵交通運輸業者及具備交通服務量能之相關單位投入。

第二階段（2019 年 1 月 -2019 年 9 月）
邀請逢甲大學負責該專案的交通專家，協助規劃合理費率的計算與兼顧各方利害得失的全新特約制度的設計。

第三階段（2019 年 10 月 -2020 年 3 月）
開始規劃長照交通媒合平臺的服務委員採購與建置。

第四階段（2020 年 3 月 - 迄今）
系統地逐步開放系統的使用者開始使用交通單位、A 單位、民眾端。

圖 14-5　新北市長照交通大平臺推動歷程

資料來源：新北市衛生局。

一、第一階段（2017 年 9 月至 2018 年 12 月）：問題摸索期

2018 年開始執行長照交通接送階段，當時簽約有四家「計程車業者」，車輛將近 500 輛，惟服務量能成長卻相當有限。2019 年 1 月新北市檢討 2018 年執行情形，發現「事先預約」及「事後月結」收費方式，違反計程車司機即時接單與收費的營業誘因，故服務趨次無法大幅成長。因為司機配合接送的意願不高，會影響長照個案使用交通服務之意願及便利性。雖然新北市衛生局持續鼓勵以預約服務為主的「租賃車行」及具備交通服務量能的單位投入，惟因為必須安裝「計程車計費表」的計費規定，讓租賃車行對加入興趣缺缺。

二、第二階段（2019 年 1 月至 2019 年 9 月）：制度研究期

2019 年 1 月，逢甲大學先協助新北市研擬長照 2.0 就醫交通接送政策白皮書。經過研究後，逢甲大學盤點出新北市長照交通的問題：

㈠新北市現有長照交通係以計程車即派車輛為主力，服務不穩

定，缺乏穩定載送量能的聘僱型租賃車輛。

（二）現有以計程車跳錶費率並無誘因吸引車輛租賃公司加入長照服務行列，而且租賃車也沒有計程車計費車錶。

（三）長照交通車輛有限，應鼓勵民眾共乘。

（四）偏鄉因為載送距離過長，特約業者和司機無意願承接。

（五）長照交通載送的服務軌跡缺乏數位追蹤與記錄，政府無法掌握真實補貼資源如何被使用。

為了解決上述長照交通的痛點，逢甲大學建議應由衛生局推動「長照交通大平臺」預約媒合系統，整合長照接送的所有「訂車—排車—派車」服務流程，並修正原本的（偏鄉）補貼機制，提高車資費率，吸引更多租賃車行加入服務，藉由平臺的數位串流讓「政府、業者（司機）、民眾（家屬）」可以三贏。新北市衛生局最後採納了此一「政府搭建數位平臺，建構長照接送網絡」建議，以滿足符合長照 2.0 民眾的就醫與復健接送需求。由政府建置類似 Uber 的派車媒合平臺，以「資訊流」來彙整所有「車流」、「人流」、「服務流」與「金流」等大數據的資料治理。

三、第三階段（2019 年 10 月至 2020 年 3 月）：系統建置期

小驢行於 2019 年 10 月開始建置系統，致力於克服「空有特約車輛，卻沒有服務量」之困境。系統於 2020 年 1 月開發完成正式測試，並於 3 月開始上線服務。藉由統一平臺來進行完整的多車隊調度彈性，同步串聯「衛福部—衛生局—照顧管理單位（俗稱 A 單位）—車行（俗稱 B 單位）—長照司機員—A 個管—民眾家屬」，讓「資訊流—服務流—金流—車流」完整且透明地被政府掌握，以商業智慧的 SaaS 雲服務，來提供政府決策者所需的各式統計分析與即時資料的圖表呈現。

除了預約媒合平臺之外，新北市也導入使用者評價機制，讓車隊間產生良性的競爭，同時在預約流程中設計共乘機制，輔以車資

圖 14-6 新北市長照交通大平臺的服務特色

資料來源：新北市衛生局。

享有 66 折優惠，鼓勵民眾多多使用共乘，來提升服務量能，減少「專車專用」的過度碳排放。在服務安心上，民眾家屬除了可以透過線上預約及查詢瞭解車趟服務狀況之外，系統還會發送安心簡訊讓家屬放心，分擔無法陪伴家人又想瞭解家人狀況的不確定性。

　　值得一提的是，新北市衛生局也接受逢甲大學的建議，跳脫傳統的「資訊系統建置採購案」，改用「向民間買服務」的創新租賃模式來進行服務委外標案，讓政府保有最大的彈性，減少系統被業者綁架規格之風險。後來，透過公開招標過程，由小驢行股份有限公司取得承接資格。

四、第四階段（2020 年 3 月迄今）：系統導入與推廣期

　　新北市長照交通大平臺在小驢行的臺中經驗指引下，有系統地逐步開放使用者與利害關係人加入該平臺，以利平臺的推廣。開放階段分別為：

(一) 2020 年 3 月：先開放給三家交通特約業者與司機先試用，並檢視系統的效能，以及修正相關問題。

(二) 2020 年 4 月：全面開放給所有近 40 家的交通特約業者，但並未規定必須使用系統才能進行請款與核銷。

㈢2020 年 5 月：要求所有交通特約業者旗下的全部司機必須依系統指示執行所有任務，並在 APP 上打卡回報資訊，並規定衛生局依系統上的狀態來進行特約業者的請款與核銷。業者在自利的動機下，全面要求司機遵守此一規定來執行服務，而讓長照交通大平臺幾乎達到 100% 的使用率，獲得超出意料外的成效。

㈣2020 年 6 月：要求所有特約 A 單位的個案管理師必須使用本系統來建立資料，與進行個案車資的保留額度流用與核銷，讓長照交通大平臺不只有特約交通可以下單，特約 A 單位的個案管理師也可以協助民眾進行更有溫度的服務。

㈤2020 年 8 月：開放民眾可以自行在網路上進行預約與叫車的試營運，朝向全面開放給民眾自行預約訂車。

陸、成果與效益

　　新北市首開先例，善用中央衛福部的長照 2.0 基金，建置地方政府專屬的交通預約平臺，開啓了全新的移動創新服務。新北市長照交通大平臺除了可以讓車輛調度透明化，蒐集所有個案資料、車行資料和全部車輛的「時間—空間」繞行資料之外，系統並開放每一位個案均可以在三家車隊中選擇自己心儀的服務，將叫車選擇權還給民眾，且增加使用者評價機制，讓車隊間有良性且公平的競爭，提升服務品質。

圖 14-7　新北長照交通大平臺入口頁面
資料來源：新北市衛生局長照交通大平臺。

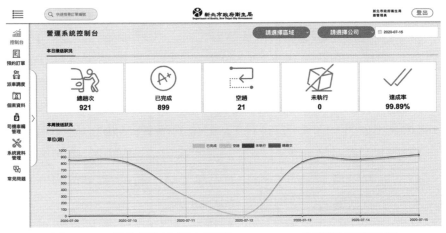

圖 14-8　新北長照交通大平臺 Dashboard 智慧分析儀表板
資料來源：新北市衛生局長照交通大平臺。

　　2020 年 3 月導入系統初期，每月服務個案數約 2,400 人，單月完成趟次爲約 9,000 趟；到了 2021 年 11 月當月服務個案人數成長到 5,500 人，服務趟次高達 3 萬 2,000 趟，服務供給大幅成長 825%。

　　截至 2021 年底，系統已營運近二年，長照交通大平臺已累計了 59 萬 6,315 筆系統紀錄資料，其中 2020 年已完成趟次爲 19 萬 2,404 趟，總里程數爲 104 萬 455.02 公里，平均每趟里程數爲 5.41 公里；2021 年已完成趟次爲 29 萬 7,902 趟。2020 年已完成的總里程數爲 152 萬 5,069.10 公里，平均每趟里程數爲 5.12 公里。經過近二年的系統驗證，新北市長照交通服所完成趟次大幅地增加。

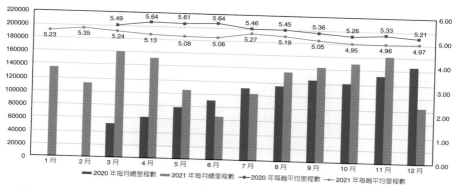

圖 14-9　2020 年至 2021 年每月交通接送里程數及每趟平均里程數比較

資料來源：新北市衛生局。

　　在民眾共乘搭車方面，2020 年共乘狀況呈現成長的趨勢，共乘比例約介於 2.11% 至 3.15% 之間。然而，2021 年 5 月開始受到 COVID-19 疫情影響，共乘狀況一路下滑，共乘比例僅剩 0.93% 至 1.40% 之間。其中特別以偏鄉共乘效果更是明顯。從 2020 年及 2021 年資料來分析，平溪區民眾的共乘比例高達 44.3% 及 41.3%，烏來區共乘比例也有 13.3% 及 11.5%。

　　如今每天在大街小巷中，均可以看見新北長照專車司機耐心且細心地接送長輩就醫與復健，也減輕照顧者身心疲憊及沉重負擔。新北市推出的長照交通接送創新服務，有如「長照 Uber」達到民間業者「互助合作」，高齡長者「有車可搭」，地方政府「有工具可管」且長照補助「花得有價值」，也讓新北市朝「智慧城市」邁進一大步，達到五贏共好。2020 年，這一套長照交通大平臺更榮獲「健康城市暨高齡友善城市」無礙獎之肯定。

圖 14-10　新北市衛生局榮獲「健康城市暨高齡友善城市」無礙獎
資料來源：新北市衛生局。

　　如今由小驢行所設計的新北市長照交通大平臺解決方案已陸續被臺北市、高雄市、屏東縣與臺東縣等地方政府採用，目前已有超過 1,000 萬人口的縣市使用小驢行的交通媒合平臺；過去三年以來，小驢行已完成超過 100 萬趟次的長者就醫復健與偏鄉交通接送出行。新北市長照交通大平臺帶動交通與衛福的跨領域融合，也示範了大學參與社會的公私協力之可能性。逢甲大學與小驢行也因爲與新北市合作所實驗出的全新數位創新與資料治理，分別榮獲「2021 遠見 USR 大學社會責任獎——福祉類」首獎，與「2022 遠見 CSR 暨 ESG 企業社會責任獎——社會創新組」中小企業特別獎。

圖 14-11　逢甲大學獲頒「2021 遠見 USR 大學社會責任獎——福祉類」首獎
資料來源：筆者提供。

圖 14-12　小驢行獲頒「2022 遠見 CSR 暨 ESG 企業社會責任獎」

資料來源:《遠見》雜誌線上直播截圖。

　　最後,交通部過往一直投放許多資源在滿足偏鄉交通的移動需求,但一直難有系統性的突破方法。然而因為新北市長照交通大平臺的擴散示範,間接地引發交通部更深入思考如何以需求反應式運輸服務（demand responsive transit service, DRTS）技術來進行不同部會間的交通運具整合,進而促成了近年來的偏鄉運輸法規鬆綁,產生更多跨部會間的合作機會。

> **需求反應式運輸服務 ▼**
> 是一種相較於傳統定班定線的公車更具彈性、營運成本較低的運輸服務;它加上了「需求反應」的概念,以較小型的車輛,調撥、客製路線,同時降低營運成本,有利於補足人口密度較低地區的公共運輸。

柒、新北市長照交通大平臺未來發展

　　以下用短期與中長期二階段來介紹新北市長照交通大平臺的未來可能發展:

一、短期:長照跨服務整合平臺

　　新北市長照交通大平臺目前專注於交通接送服務,未來將奠基

於此一預約媒合平臺所累積出來的大數據資料，進行水平的服務整合，從傳統的長照交通擴張到垂直移動的爬梯機、入宅的居家照顧服務、社區日照中心與社會參與之接送服務等「新北民眾一站式預約服務」。

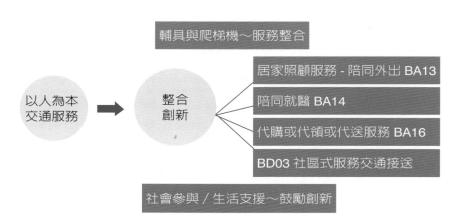

圖 14-13　新北市長照交通大平臺的水平服務整合（短期）
資料來源：新北市衛生局

二、中長期：新北市無障礙交通整合大平臺

　　具備復康巴士接送資格的身心障礙民眾，約有六成也符合長照交通資格，惟目前這二大項服務是分別屬於新北市交通局與衛生局所管轄，且因為預算來源不同，復康巴士來自地方政府公彩基金的自有財源，長照交通來自中央衛福部的長照基金，所以彼此的車輛不能共用。但未來若能擴充新北市長照交通大平臺功能，將超過450輛的新北復康巴士也加以整合，讓民眾可以用單一預約入口來取得更多元的交通服務，以實現「以人為本」的便民服務。民眾也不用個別叫車、徒增困擾，也可以提升長照專車與復康巴士的車輛使用與效率。

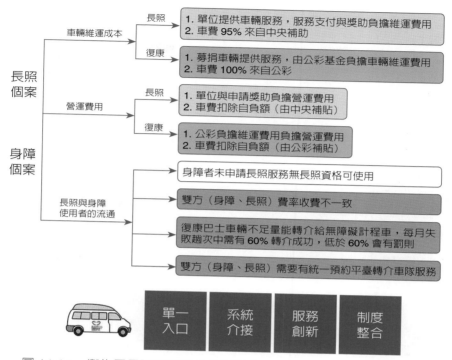

圖 14-14　衛生局長照交通與社會局復康巴士的無障礙接送服務整合
資料來源：新北市衛生局。

捌、新北市長照交通大平臺的資料治理

一、策略層面

　　新北市衛生局在導入長照交通大平臺的初期，並不將此一系統只定位於交通資訊平臺，更將它視爲一個新北市推動長照移動創新的基礎建設。新北市因爲地理範圍廣大，除了高齡化海嘯即將快速來襲之外，也面對著廣大偏鄉地區的凋零與少子化所導致的獨居家庭的照顧難題。新北市長照交通大平臺未來除了可以作爲長者、身障者的媒合預約之外，更可以結合民間企業的 CSR 力量與 ESG 資源，擴充爲全方位的地方創生與社會移動支援網絡的各種

可能服務（例如：兒童就學、到宅送餐、入宅服務、地方小旅行）。圖 14-15 為新北市政府所希冀推動的「以移動服務推動共好」的大平臺解決方案。

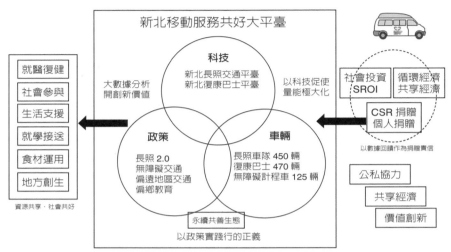

圖 14-15　以新北長照交通大平臺推動智慧城市與地方創生之想像
資料來源：新北市衛生局。

二、資料治理託管與核心層面

衛生局因為不是交通領域專業，所以引入交通產業的專家與學者，邀請交通專業人員提供建議，並大膽引入共享經濟的資通訊科技系統，並尊重領域專家的建議，以「服務採購」取代「系統建置」的招標方式，導入最新的叫車媒合軟體服務功能。公部門與民間業者建立了互信夥伴關係，以滾動式修正的合作模型逐步修正系統功能，優化服務介面，讓此一長照交通大平臺呈現有機式的人性服務，而非只是一套缺乏溫度的硬梆梆系統。此外，新北市衛生局也導入由逢甲大學輔導的臺灣計程車學院協會（www.taxi.org.tw）長照司機服務認證——司機學院線上課程，要求每一位長照專車駕駛人必須通過專業課程，具備長照服務相關的領域知識。

圖 14-16　長照司機線上數位認證課程

資料來源：臺灣計程車學院協會。

三、資料治理推動者層面

　　在資料工具的技術平臺與營運模式，新北市衛生局與逢甲大學服務創新與行動設計中心合作，共同推動長照交通大平臺的建置與優化，帶動學術研究可以參與長期照顧的社會服務之模式。長照交通服務涉及長照與交通二大領域，是一複雜的跨領域問題，長期以來社福人員都是採用十分傳統的人工訂車、排車與派車的作業模式，缺乏效率與效能。新北市衛生局藉由與交通領域的學術工作者一同合作，導入共享交通的科技平臺思維，融合傳統衛生福利的社服思維，創造出一種全新且兼融科技智慧與人文精神的服務平臺，讓大學參與社會服務。

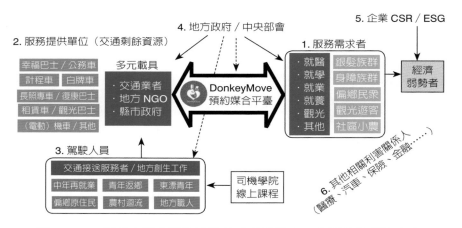

圖 14-17　逢甲大學小驢行推動的「公私協力」交通共享解決方案
資料來源：小驢行公司。

第 15 章

交通部運輸資料流通服務（TDX）

王穆衡

壹、前言：TDX 資料治理的發展

　　我國從 1996 年開始推動電子化政府，至 2019 年確立朝向智慧政府目標邁進。整體政府數位化治理樣貌，已從最初以網際網路為基礎的政府業務電子化及服務程序網路化，逐漸過渡到「以資料為核心」及「民眾需求導向」的政府治理模式。

　　為了讓機關與民眾有更友善的使用數據資料之環境，交通部自 2019 年起將各領域資料服務平臺整合至「運輸資料流通服務平臺」（簡稱 TDX 平臺），以 TDX 平臺作為單一窗口，將運輸領域開放資料透過 Open API 對外開放，資料服務供應範疇涵蓋全國之公路、鐵軌、路況、停車、氣候、觀光、空品、自行車等逾千項動靜態資料，讓使用者可從單一介面快速查找並即時獲取所需資料，迄今已有逾 4,000 個開發用戶使用過 TDX 平臺服務（https://tdx.transportdata.tw/）。

　　未來，我們希望 TDX 平臺持續強化

Open API ▼

指以公開的應用程式介面，讓使用者得以系統性地取得、使用數據資料、軟體或服務。

動靜態資料 ▼

依資料更新的頻率區分，TDX 內之動態資料如公車到離站資料（更新頻率：20 至 30 秒／次）、路況交通量／速度（更新頻率：1 分／次）；靜態資料如公車站牌位置、班表或業者資料等更新頻率相對不高者。

治理，逐步收攏跨部會、跨單位、跨產業之關鍵數據，達到公私部門協作，解決**跨域**相關問題，以提升多元數據價值。TDX平臺治理精神的演進，依據資料蒐集難度及後續推動方向，可分為「治理 1.0」、「治理 2.0」、「治理 3.0」三個時期，茲說明如下。

> **跨域 ▼**
> 跨運具（運輸工具，如公車／軌道／海空運具等）、跨單位、跨資料集、跨區域等皆屬之。

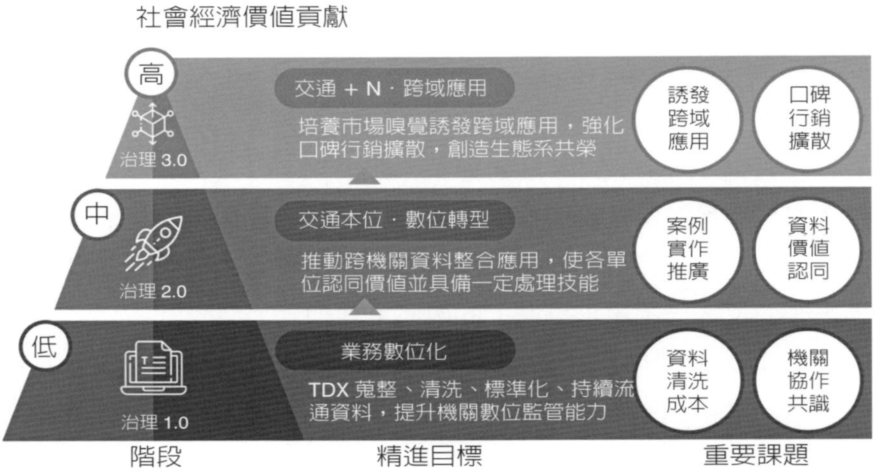

社會經濟價值貢獻
高
交通 + N · 跨域應用
培養市場嗅覺誘發跨域應用，強化口碑行銷擴散，創造生態系共榮
誘發跨域應用
口碑行銷擴散
治理 3.0
中
交通本位 · 數位轉型
推動跨機關資料整合應用，使各單位認同價值並具備一定處理技能
案例實作推廣
資料價值認同
治理 2.0
低
業務數位化
TDX 蒐整、清洗、標準化、持續流通資料，提升機關數位監管能力
資料清洗成本
機關協作共識
治理 1.0
階段
精進目標
重要課題

圖 15-1　TDX 平臺資料治理概念演進

貳、治理 1.0：業務數位化

「嗶！全票，上車！」在臺灣，不論是悠遊卡、一卡通，幾乎人手皆有一張電子票證，您或許沒有想過，這些電子票證除了讓民眾再也不需要在每次上車前都要仔細算一算自己有沒有足夠的零錢外，更是交通部資料治理的起源案例之一。當初推動的目的是為了實現自動化收費、精準統計每個班次路線的收入與使用人次、建立更為自動化且精確的公共運輸虧損補貼審核機制，沒想到卻間接開啓了臺灣非接觸式電子支付的商機，現在已經普及到我們每天的生

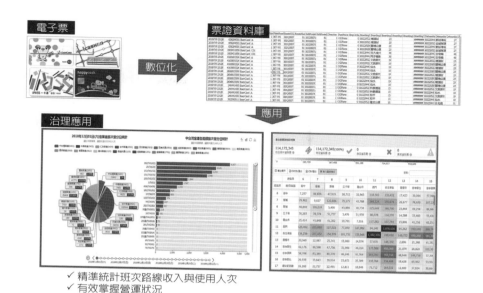

✓ 精準統計班次路線收入與使用人次
✓ 有效掌握營運狀況
✓ 公共運輸虧損補貼依據

圖 15-2　票證數位化應用

活習慣中。

　　現在搭公車您或許已經習慣聽到「下一站，仁愛杭州路口！」這樣的提醒聲，不論是透過手機、車上站名播報或是智慧型站牌提供的公車即時資訊，這些原生於臺灣一群交通先行者的「作品」，其設計構想的起源除了服務民眾外，您可曾想過它的原始動機其實是爲了監督公車的準點率、避免車輛脫班造成民怨？現在卻成爲了TDX 平臺最核心的公車即時資訊的來源。一切的故事，要從 TDX 平臺的生成開始。

一、TDX 平臺資料來源

㈠ 數據原生於業務需求

　　TDX 平臺的原始資料，最初來自於各級機關本身業務的數據化蒐集。而 TDX 協助各公務員將抽屜中厚厚一疊報表轉成電子檔案，利於日後查找、比對或加值利用，初衷僅此，並非爲打造系統

而刻意為之。如前提及的公車票證資料與公車動態資料,其本意僅是為了達成公車營運資料透明化與提高公車營運效率,進而供主管機關記錄與查核公車行駛時間、到站紀錄與乘客上下車刷卡紀錄,以瞭解每輛公車運行效率。

然而,當這些相關計畫、業務資料愈趨多元、累積的時間愈長、資料的存量也愈龐大,我們意識到,相關資料可以不再侷限於機關原始目的,透過跨部會領域的專業與想像,將得賦予它更高的價值。例如,觀光單位打算推廣一日遊行程,即可將天氣、路況、停車場資訊納入綜合考量,一併提供給遊客參考。故如何有效串接跨領域資料,便益發重要。

㈡ 資料蒐集的挑戰

1. 原始資料態樣多元清理費工

交通業務數位化的開端多發源於自身業務需求,又數據來源受限於業務領域不同、數位涵養能力不一,其數位化資料的編碼、內容、格式、更新頻率等各不相同,且須先依電子化政府政策,各級機關陸續藉導入電子化表單方式,達到監管自身業務運作績效檢討之目的後,才有餘裕分享數據給其他機關或主管單位。各式多元的資料數據,包括結構化、非結構化資料、實驗性數據等,為利後續加值應用、乃至資料治理,其初期成功關鍵在於能否「制定一致的跨資料集數位化標準,由不同業務單位在適切的欄位填寫正確資訊」。如何清洗、純化原先僅應用於各機關內部業務的資料,並依指定資料標準

結構化、非結構化資料 ▼
前者指常見的一般分類資料得以透過量化方式,以行列式表格呈現,易於讓數個表格間,藉同一欄位互相關聯的資料;後者常見如聲音、圖片、影像等。

實驗性數據 ▼
非納入常態性業務體制內持續性產生之資料,通常指為特定研究目的而調查及/或蒐集取得之資料,如為進行車聯網實驗,於道路架設影像偵測設備進而與車輛進行資料交換所偵測之影像或數據。

進行存放，是 TDX 推動治理 1.0 時期，最為費工的過程。

2. 使業務單位將數位化工作內化為自身使命

為降低資料上傳門檻，1.0 時期平臺維運者接受各主管機關上傳其手中的原始資料，惟當 TDX 蒐集之資料與涉及協作的機關愈趨繁雜，如何讓業務單位將數位化工作內化成自身職責，則成為另一個重要挑戰。平臺維運者須設法在各來源單位可接受範圍內建立標準化合作模式，如依不同資料特性、制定相對應的回傳頻率。在需求明確但原始來源龐雜的前提下，TDX 團隊也需主動出擊，勾勒出資料蒐集方針及制定資料標準，以決定各資料來源單位應提供的資料項目，如由地方政府提供公車路線、客運業者提供到離站班車、票價等營運資訊，協調相關單位編列或由交通部補助籌備費用，律定期程與目標，達成資料創建與供應。萬事起頭難，在前期建立合作模式確立的過程中，耗費的成本與溝通時間十分可觀。

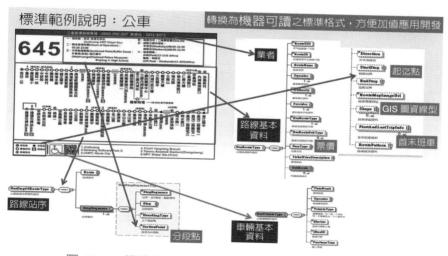

圖 15-3　傳統公車資訊轉換為結構化之數位標準範例

二、打通資料平臺任督二脈：資料治理 1.0 的推動方式

由於跨運具、跨區域之資料治理涉及多樣的公私部門資料來源單位及加值應用單位，和眾多利害關係人一起協同合作為必然趨勢。延續前述原始資料蒐集的痛點，TDX 平臺在推動資料治理 1.0，已規劃資料蒐整的基本框架，這個框架的設計動機主要考量「資料蒐集」與「資料供應」兩方面之可行性。

在資料蒐整方面，考量涉及之資料來源單位眾多，需考慮將其各自資料蒐集與回傳的成本最小化；資料供應面，考量需要將資料廣泛開放、回饋予機關或民眾分享，資料是否可以透過 TDX 平臺持續穩定地供應，會是重要的篩選條件。另外，放眼後續跨領域產官學研界使用者，可以便捷地將 TDX 平臺資料進行整合加值應用於民生、治理業務之上。普遍來說，時間與空間是進行跨資料整合的重要關聯因子，如果能夠標準化交通資訊的時間和空間特性，與其他資料交叉融合，將可以讓資料分析變得更有意義、解釋力更強。透過不斷歸納整理，逐漸累積整體綜效。此即為我們所盼望的。

另為打通資料蒐集及供應之任督二脈，交通部會視各領域資料業管單位之數位化狀況採不同的推動策略，以期提供穩定、最新的標準化資料。推動基本原則主要有二：

㈠ 資料蒐整需最小化額外投入成本

TDX 平臺的資料來源主要倚靠交通領域各級機關及其委外資訊業者定期維護配合，與日遽增的資料集勢必將逐漸提高平臺經營成本，故資料蒐集工作需以最小投入成本（意指金錢與技術）為目標，由交通部設計標準回填欄位，商請各來源單位配合定期繳回，若有業務系統，則儘量以系統化之對接，必要時由 TDX 進行標準化轉換，使該服務自然成為日常業務之一環，才能確保資料品質。

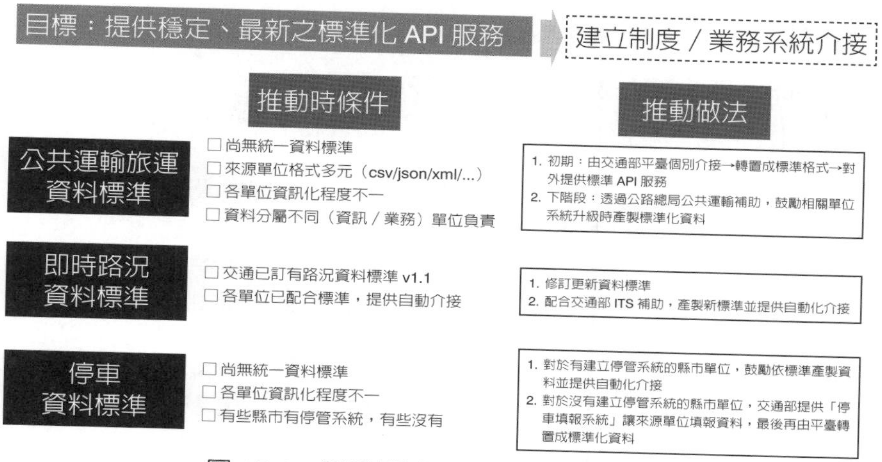

圖 15-4　不同領域資料標準化推動做法

㈡ 資料有穩定來源可持續累積供應

　　TDX 的資料與服務範圍必然持續成長，惟面對現實狀況，我們勢必無法收納所有資料，須提出相對應的資料蒐集原則。對推動公共服務或協助企業開發加值型產品，就使用者角度，數據資料的分析與加值應用需確保其資料品質及來源能夠穩定持續，故 TDX 在訂定原始資料蒐集範疇時，即將「該項資料是否可持續供應？」納為重要篩選原則。

參、治理 2.0：交通本位‧數位轉型

　　TDX 平臺於治理 1.0 階段完成資料清洗及標準化工作，然而，有了龐大資料庫之後，該如何透過跨平臺資料共享整合機制與外部資料連結，強化資料應用價值，逐步運用在交通領域關鍵課題探求解決方案完善數位轉型，淬鍊出大數據內的高社會經濟價值成分，是 TDX 平臺邁向治理 2.0 的思考方向。

一、TDX 平臺資料治理轉型

㈠「不能獨好,要大家一起好」的核心價值

「既然地方政府也有交通領域開放資料,爲什麼還需要 TDX 呢?」這是我們在推動資料治理轉型時最常被各級協作機關詢問的問題。TDX 平臺作爲交通領域整合型之開放資料中心,提供四星級的 Open API 服務,使用者可透過單一位址快速查找並即時獲取所需資料,有助開發者資料應用。有關服務之核心價值歸納如下:

> **四星級開放資料 ▼**
> 使用符合國際 W3C 統一資源標識符(URI)規範固定網址來表示資料,使其他人可以連結到資料在資料網絡中的位置,進一步達成鏈結開放資料目標。

1. 提升治理方案的整體性與高度

尋找交通解決方案必須要有全面性與縱深的觀察涵養,例如要解決高速公路匝道塞車問題,並不能單純在高速公路或是地方道路的管理中去找尋答案;又或是連假的疏運,往往需要台鐵、高鐵、高公局、公路總局及地方政府等通力合作才能提供用路人最佳的服務。交通領域議題所涉及的利害關係人及單位將隨著社會經濟與科技的發展愈趨複雜,公部門更須透過洞察數據資料,提出對應問題的治理手段,而在大部分情況下,都無法僅從單一區域的資料得到答案。透過 TDX 平臺匯集全國交通大數據,以跨區、跨領域之整體資訊著手,有助提升機關提出治理方案時的完整性與觀察高度。

2. 持續滾動式精煉數據服務品質

「數據資料必須實際使用,才有精進的可能」。TDX 平臺協助各級單位系統性蒐整業務資料,加強跨資料集之間的統合;提供資料精進之建議回饋給來源單位,並輔助職司治理服務的主管機關產生治理的決斷策略,且在機關使用資料的過程中持續擴充與優化資料欄位,進一步提升數據資料的價值。這些決策應用與資料內容的品質精進、擴充與再數位化的循環流程,已然成爲生生不息的正

向循環力量，不斷滾動精煉數據服務的品質，這是機關閉門獨立作業所無法享有的進步。

3. 各級機關達到一定智慧治理服務水準

不同機關之間的資料運用成熟度各有差異，透過 TDX 平臺以標準化之 API 提供外界加值應用，將能夠協助資源較匱乏機關所需資料清理、轉換、儲存、供應，甚納入服務品質監控及資安防護等資源投入，對於國家整體智慧治理服務供應之政策而言，可以有效節省機關資料使用的成本與降低障礙。

TDX 平臺提供核心資料與基本工具，拉近機關之間彼此的治理服務水準，機關亦可從實際操作過程中累積學習使用數據資料的力量與價值。隨著這幾年 TDX 平臺持續不間斷推動數位治理服務，促進地方政府間相互學習、模仿及良性競爭，提升各級交通機構治理的能力，例如各機關得相互參考各地區停車費率訂定做法，來施行更合理的費率調整決策。

㈡ 治理服務轉型升級的挑戰

如同大部分資料平臺之發展，其數據服務轉型從概念萌芽到具體落地，總是有著一段做中學的摸索過程。TDX 平臺治理服務的轉型，同樣遇到諸多挑戰，以下將說明其中最關鍵的挑戰項目。

1. 提高 TDX 平臺服務的能見度

TDX 平臺推動的方式為資料即服務，多採用 API 方式提供各界進行介接，因推動的 API 並非直接提供給終端消費者使用（不同於手機中的 APP），故對一般民眾而言並非下載即用的服務，若要挖掘內涵在 TDX 數據資料內的金礦，仍需要藉由加值者的創意與應用發想，才能夠彰顯出其價值所在。近年有愈來愈多外部團隊自主運用 TDX 資料產出加值成果，如 DITL 設計創新思考研究室利用 EyeBus 設計個案，透過介接 TDX 平臺公車進出站點等資料，從關懷社會弱勢的角度，提供視障者搭公車之預約、進站提示、上車詢問、下車倒數等服務，彰顯社會公益價值。未來期許有

圖 15-5　外部團隊資料創意應用：社會公益 EyeBus 設計個案

資料來源：DITL 設計創新思考研究室、Medium 跨場景 - 跨通路的服務設計驗證實務。

更多的實際案例推廣與曝光，來增加 TDX 平臺的能見度。

2. 提升公部門機關對於資料價值的認同

　　交通部雖主導與經營 TDX 平臺，但在資料的獲取上仍處處受限，交通部對不同層級機關間之業務資料回傳並不具有強制力，故如何讓各機關瞭解 TDX 能夠爲其創造更高的價值，自動自發地與TDX 平臺進行資料互惠流通，創造跨機關的正向循環，是 TDX 平臺在發展上必須面對的挑戰。

　　另外，個別部會或單位的資料集應用價值往往較爲侷限，而跨域協作的案例總能獲得廣大迴響。例如環保署的空污防治案，結合車輛的移動污染源追蹤；入境 COVID-19 擴散追蹤，則結合國際機場航班到離資訊等。如何促成跨單位的廣泛利用及介接 TDX 數據資料，在不同單位間以「公共議題導向」進行跨單位協作的分析模式，是我們這個階段所努力執行的方向。TDX 平臺扮演跨單位間的觸媒，以協助解決政府施政課題或以解決民眾生活的痛點，強化彼此間的合作與治理技能。

應用空污測站附近交流道車流量，尋找空品和移動污染源（車流量）的關聯，是否車流量愈大的區域或時段，空品愈差

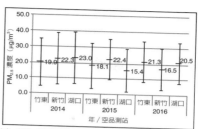

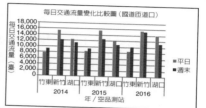

竹東、新竹、湖口測站於 2014 年至 2016 年之 PM2.5 年平均濃度比較圖

竹東、新竹、湖口測站於 2014 年至 2016 年平均每日交通流量變化比較圖

竹東、新竹與湖口測站之空間區位分布圖

圖 15-6 跨部會介接服務案例：空污監控結合移動污染源（車流量）【環保署專案】

圖 15-7 跨部會介接服務案例：入境檢疫系統

說明：應用即時入境航班資料，建置入境檢疫系統網站。

3.實作更多典範交通治理案例

　　平臺永續運作不僅得透過資料流通循環，更需要從公共治理的角度借鏡國際趨勢、社會經濟脈動與民生需求等多元面向，推出更多典範治理案例。除自我培力外，亦發揮引導效果，啓發更多單位實作應用。考量交通數據涉及公私領域、公共利益及國家發展，需透過資料的共享與活用多元資料來治理施政，且以政府的角度而言，尤須重視民生問題；以現代政府數位治理爲發展方向，未來資料、決策與服務三者必然相輔相成緊密結合。爲達上述目標，我們已著手推動多項實作。

二、交通治理應用案例

　　交通治理的實例中，最常見的是從民生需求爲出發點，藉由公私協力激發創意，驅動資料再利用。爲達到此目標，交通部近年陸續與交通領域業者合作，透過跨機關資料混合分析之方式，建構相對應的加值型解決方案，優先輔導地方政府活用 TDX 資料以解決現有交通治理上遭遇的挑戰，並藉此實證交通數據治理的效能。以下分享近期交通部與地方政府合作之兩個案例。

㈠ 行的正義：偏鄉公共運輸的改善

　　幾年前一張臺東縣老人在豔陽下等待一天兩班的公車經過的照片，震撼了社會大眾，更促成交通部進行了一系列公共運輸轉型

的努力，除了固定路線班次及服務方式的改善外，更導入了幸福巴士、幸福小黃等需求反應式運輸服務（DRTS）之服務型態。

近年來交通部爲了提升全國各地區公共運輸競爭力，透過既有路線及班次的調整經驗、車輛設備更新等手段，大幅提升國內客運服務品質，但是走出了都會區，其餘縣市仍然面臨許多瓶頸。諸如公車客運路線服務效率不佳、載客率偏低等，許多歷史悠久的服務路線多年未進行路網全盤檢討分析，致使政府單位長年投入大量資源於營運虧損補貼，但未能反轉服務狀況，反而造成政府沉重財政負擔。另一方面，部分縣市偏遠地區公共運輸班次較少，雖有規劃公車到站時刻，但若車輛未能依時刻表發車或沿途交通狀況變化，將導致時刻表可靠度不足、民眾無法順利搭乘，最終導致使用公共運輸之意願與信心不足。

有鑑於此，交通部與花蓮縣政府協力，針對轄內公車客運路線運用 TDX 平臺資料，透過路線／站點搭乘運量分析，檢討既有營運路線之乘載率效率，並配合人口統計資料，分析各鄉鎮／村里之公車客運服務覆蓋率。對於偏鄉地區服務班次數較少之公車客運路線，除前述路線檢討外，並搭配路線各站時刻表及到離站歷史資料，檢討出合理的車輛運行時刻表，在輔導駕駛人在開車時運用控制站的到離站時間進行調適，明顯改善全線各站之時刻表之準確率，確保民眾可以依據站牌公告時刻表順利乘車。此外，由於個別路線各站班次時刻表準確度獲得改善，對於不同路線間的轉乘銜接設計的便利性也大爲提升。多年來系統性的瓶頸透過數據的分析可以完整掌握，並獲得突破性解決方案，成功提高了偏鄉地區公共運輸的服務品質。這些改善成效同樣可以透過 TDX 平臺資料事後分析來獲得驗證。相關處理手段可以重複循環運用，持續守護偏鄉居民行的正義。

(二) 建構安全回家的路：道路安全課題

　　從最早的強制機車戴安全帽、後座乘客需繫安全帶，到現在國道客運旅客上車後也須強制繫安全帶，每一項新的安全措施背後都代表著曾經發生許多可怕的車禍、慘重的人命損傷案例；交通安全一直都是交通人最關心也最難處理的課題，如果能在大量的交通數據中，洞燭任何人、車、路改善的可能性，就能挽救許多生命，避免更多家庭破碎。

　　根據交通部道安資訊查詢網統計（截至 2021 年 9 月），全國歷年交通意外死亡人數平均每天約有八人因交通意外事故死亡；這顯示每日有八個家庭因親人的離開而破碎，對於交通意外死亡的議題實在不可忽視。為重視道路安全管理、避免交通意外事故發生，交通部與屏東縣政府合作，以 TDX 資料配合縣政府交通事故數據，精準地找到縣內交通事故容易發生的地點、發生時機、原因與可能的改善方案，避免事故一再發生，進而降低因車禍產生的社會成本。

　　TDX 平臺所做的就是讓「數據」說話。透過各項歷史資料，如 TDX 之路網與路況、地點資訊（point of interest），並整合交通事故歷史資料，找出每個路口的易肇事指標，當評分愈高，即代表該路口發生肇事的可能性愈大，可讓相關單位優先改善分數高的易肇事路口，並且在對的時間做對的事。TDX 平臺可以將交通肇事分析的功能以 API 的形式（即道路風險情報家 API）回饋給各地方的道路管理機關，幫助其掌握肇事熱點以及其治理方向，可能的方向包括加強取締違規行為、加強交通安全教育宣導、交通工程改善等。屏東縣導入的成功案例，可望在不久的將來複製到全國其他縣市。

（三）案例借鏡

　　上述兩案例除針對痛點提出具體解決方案外，更將輔導期間獲取的分析經驗以 API 資料形式，回饋至 TDX 平臺。「公共運輸」專案將公車營運資訊自動化分析結果，供各級政府公共運輸主管機關利用；「道路安全」專案則將事故資訊結合 GIS 圖臺分析，提供警政與道路主管機關使用者介接，形成資料與使用經驗的回饋循環，創造出更具深度的加值應用模式。借鏡這樣的循環模式，由交通部與外部廠商協力創造資料應用價值，應用後的數據透過原來的資料接收管道又會再回饋到 TDX 平臺的數據資料中，因為是自身與他人共同得到的數據，各級政府透過參與可以親身體會到痛點獲得解決的價值，進而增強各級政府資料蒐集與維護的動機，也才能促成資料的循環不息交換與增長，如此 TDX 的永續循環生態鏈才得以確立。

肆、治理 3.0：交通＋ N・跨域應用

一、治理 3.0 新思維模式

　　你 #TenYearChallenge 了嗎？對於一般人來說，這是一種人們運用社群媒體分享十年以來自身變化的趣味活動。無論你是否加入挑戰，都顯示我們及周遭的世界在過去十年內發生了龐大的變化。

　　COVID-19 疫情大流行加速了數據資料的廣泛應用，數位化儼

然已成爲提供公共與商業服務的重要手段。交通部和 TDX 平臺經常持續地詢問自己三個問題：自 TDX 平臺成立以來，交通服務環境發生了哪些變化？這些變化意味著哪些數位轉型需求？TDX 平臺還能再做些什麼來爲未來的十年做好準備？

二、TDX 治理服務的發展目標

2022 年已邁入數位化時代，智慧政府及公共服務的決策往往是涉及多重維度的綜合性議題。現今大部分的治理業務不僅需要深厚的技術知識做後盾、需要有參與公民生活日常互動的心態，更需要跨機關、跨領域談判與協作的能力。而如何能在永續前提之下，降低對政府財政預算的依賴亦是關鍵議題。由此可見，現代化的公務人員之工作專業與態度與過往傳統已經有了顛覆性的改變。回顧過去幾年跨領域的互動過程中，我們歸納 TDX 平臺可以持續精進的方向有五：

㈠ 跳脫本位思考：逐步將發展成熟的 TDX 資料應用效益擴散到其他領域

在公務預算支出競爭及緊縮的時代，創造力對智慧政府治理的重要性益發彰顯，與私部門及業務夥伴的合作增加，建立關係網絡的利害關係人橫跨各類文化、專業領域及組織特性。而豐富的交通大數據，正是政府機關業務推廣最有力的底氣。

爲將 TDX 應用效益擴散到其他領域，近期 TDX 試圖以交通數位治理中心之概念，從鏈結國際、深耕在地、智慧剖析爲發展策略著手，致力對接國際數據治理趨勢、定義及規範，針對在地民生議題，集結數據整合、管理、分析專家，期能強化數位治理輔助決策之分析能力，逐步將發展成熟的 TDX 資料應用效益擴散到其他領域。

㈡ 培養市場嗅覺：聚焦具市場導向的數據應用需求

隨著跨機關間的治理服務界線愈加模糊，數據資料已不僅止於

組織內部應用，更轉向網絡化、跨組織協作，以提升服務成果。作為中央主管機關，交通部對於地方層面的數據業務應用需求，其掌握性不如直接面對民眾服務的地方政府；以產業界而論，哪些數據具較高度之變現價值及商轉可行性，政府部門亦沒有私部門對價值的敏感度。彼此各有強項，雙方關係絕非競爭而應該是合作，透過跨域交流及專案合作，持續追求「數據＋聰明的用戶＝更好的應用決策」的目標。

TDX 平臺正嘗試與公部門、私部門以及民眾（數據使用者）建立共享夥伴關係，依序鎖定 B2G、B2B、B2C 三大受眾客群，在與之互動協作過程間，逐步培養 TDX 平臺對市場需求導向的數據應用敏銳度。透過交通數據資料、標準化格式，TDX 試圖引入多元跨域的專業知識，以共創的概念擴大集體參與決策，將跨領域資料逐步整合，重塑平臺核心服務，提升經濟價值貢獻。

希望在不遠的未來，TDX 可以再度昇華運用不斷累積的知識、經驗與資料整合成果，培養出對公部門、企業、民眾三大受眾之市場導向數據應用的敏銳嗅覺，晉升為我國資料產業生態系中不可或缺的核心角色。

㈢ 借鏡飛輪模型：彰顯 TDX 在數據產業生態系中的價值貢獻

TDX 平臺依循我國智慧政府上位政策，加速開放資料釋出，逐步建立交通運輸資料申請、授權、收費等原則性規定，交通部亦於 2021 年起推動「創新驗證系列計畫」，試圖擴大產製高價值資料集、訂定資料再利用程序化、跨領域資料互通創新獎勵機制等。然而，在過程中可以觀察到，雖然資料有價之概念深植人心，但由政府機關所提供的開放資料，在數據交易市場中的議價能力相對弱勢，尤其在原始資料清洗、平臺儲存空間與平臺運算資源的重要性與價值，往往容易被數據生態系中的其他夥伴所忽略，甚至希望其能無償化，就永續發展的角度來看，這並非健康的概念。

順應使用者體驗優化的發展趨勢，TDX 平臺將借鏡飛輪模型（flywheel model）概念，從吸引、黏著、認同三個階段，鼓勵跨域應用以擴散更多使用者族群，滾動式優化資料服務以提升用戶黏著度，釋出試辦成果提升用戶對 TDX 品牌的價值認同。

㈣ 交通＋ N．跨域應用：打造數據生態系共榮環境

您可曾想像過，生活在由巨量數據、新興科技和以人本為中心設計的公共治理環境下可能會是什麼樣子？那裡會有無縫隙的通勤轉乘服務，簡便的城市廢棄物管理體系，以及由數據驅動的廣告精準投放推播，讓我們經歷的每一段外出體驗，都像是為自身量身打造的舒適旅程。我們深信，交通數據可以運用在各個領域的加值服務，透過可持續性數據整合、資料互聯等手段，擴展到各種智慧領域與商業案例。

隨著公私部門數位轉型的蓬勃發展，數據經濟的商業型態不僅將深植交通領域，更具備未來參與任何新商業模式的權利。TDX 平臺不斷努力的目標，是讓各行各業的民眾和交通大數據的關係自接觸、進而擁有、進階至應用，降低數據跨領域整合、落地創新應用的門檻。交通數據具有無限潛力，得以運用在各個領域，我們希望有朝一日，「交通＋ N」的概念能夠在社會中廣為盛行。

㈤ 成立顧問團隊：扮演資料前瞻應用的驅動者，誘發跨領域資料混合加值

借鏡英國 Open Data Institute 等國際數據平臺營運模式，可預期 TDX 仰賴公共支出主導的趨勢將逐步下修，未來勢必將持續關注投資成本控制與政策目標達成度，引入新興科技與創新管理流程以提高 TDX 生態系價值貢獻。

不同於大多以網路系統安全等基本面為重之公共服務組織，TDX 平臺重視第四次工業革命的力量，預期「創造力」以及「技術應用」在不遠的未來更顯重要，TDX 將以前所未見的方式與速度，把實體環境、公民、數據結合在一起。

綜觀全球數據發展的洪流趨勢，欲加速數據產業生態系轉型，平臺技術建設是基礎，而組建一支擁有創新思維、具備熟練技術能力的顧問團隊，將是 TDX 下一步的機會點，以持續驅動平臺成長。在技術應用的部分，隨著人工智慧（AI）等新興科技被運用地更加普遍，從事數據輸入等基礎管理任務的投資占比相較預期將有所下修，TDX 目前管理大量標準化規則的數據交換與維護所付出的代價，可以從新興技術中受益，降低成本輸出，並且相對地，培育與維持具豐富經驗的數位加值應用與 AI 專家的支出預期必將顯著增加，這些專家將能夠代表 TDX 平臺對外誘發更多數據應用的可能性，並開創出更大的價值機會。

伍、結語

短期內，TDX 平臺除持續維運高品質資料流通服務，也將持續穩健地朝幾個目標做嘗試，包含強化政府的交通數據治理、加速跨領域的交通創新應用、深化人才培育等方面，希冀建構公私協作的共享媒合模式。而中長期，期待 TDX 營運團隊有能力主動觀察並認識到世界是如何變化的前緣，並站在對的位置與掌握對的時機，發揮引導或促進改變的功能，協助產業生態系夥伴充分利用自身的能力，創造共享共榮，提升跨域經濟價值貢獻，共同為未來做好準備，相信這是大家對 TDX 的共同期待。你 #TenYearChallenge 了嗎？

第 16 章

HELLO TAIPEI：
臺北市單一陳情系統

黃銘材

壹、前言

　　臺北市政府於 1995 年 10 月由前市長陳水扁在網路上建置的
「阿扁信箱」（後更名為「市長信箱」、「市政信箱」），是各級
政府中最早設立的電子信箱，以透明化的處理流程、上網填寫滿意
度調查表等服務，吸引民眾多用網路反映市政問題，各機關因而開
始對於市政問題有了系統性的蒐集與分析，開創政府資料治理先河
（圖 16-1）。

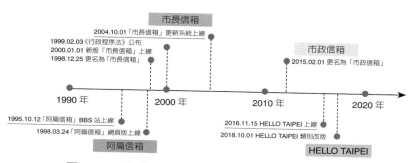

圖 16-1　臺北市政府人民陳情案件受理系統演進

　　近年來，資通訊科技快速發展、智慧型行動裝置普及，民眾藉
由網路取得政府資訊、參與公共事務及施政決策益加頻繁，處於網
路數位時代的政府必須加速處理及彙整大量來自跨平臺、多管道所

反映的多元市政問題，因此臺北市政府也積極推動數位轉型與大數據分析，除了提供民眾行動化的陳情管道外，也結合最新資訊技術及透過流程再造，讓網路、1999 臺北市民當家熱線、書面及臨櫃等不同陳情管道受理的陳情案件得以加速處理，並統一以數位形式儲存在系統中，便於民眾隨時查詢反映案件的辦理情形，同時也將案件內容、案件類別、受理機關等案件資料導入大數據平臺，以便於後續的資料探勘、再製分析與研究應用（圖 16-2）。

　　日常生活中遇到的疑難雜症、市政問題的通報處理，相較於已經運作十幾個年頭、民眾耳熟能詳的「1999 臺北市民當家熱線」，嶄新的陳情服務平臺——臺北市單一陳情系統「HELLO TAIPEI」（簡稱 HELLO TAIPEI）於 2016 年 11 月 1 日正式上線，秉持著「即時問題回報，打造友善臺北」的理念，提供民眾不受時空限制的網路服務。HELLO TAIPEI 自 2016 年 11 月 1 日上線至 2021 年 12 月 31 日止，累計受理案件數達 171 萬 6,388 件，平均每月受理近 3 萬件人民陳情案件，統計自 2017 年至 2021 年間，HELLO TAIPEI 網路成案件數平均每年成長率 8.3%，相較於 1999 臺北市民當家熱線成案件數平均每年成長率 3.5%（圖 16-3），亦有較為顯著的成長趨勢。

　　這些民眾反映的問題，不全然代表民怨或民眾不滿意，其中亦包含建議、查詢或感謝等反映事項。而 HELLO TAIPEI 不僅是對外提供陳情服務的平臺，對內更是仰賴法規、資訊技術支持的行政運作體系，讓後端陳情案件的處理上，各業務機關能發揮共同一體的行政機能，使其於權限範圍內具備互相協助的政府運作模式，協助民眾解決或改善市政問題。而民眾日常生活中最常遭遇到的問題（表 16-1），舉凡「公車過站不停」、「防火巷搭蓋違建」、「停車空間不足」等，在政府人力資源有限的情形下，民眾同時也扮演著協助機關稽核監督的角色，可達到增進社會公益的目的。因此，如何有效蒐集及運用陳情案件資料，公私協力改善市政問題，是現

階段資料分析與應用上的首要課題。

　　本文即以臺北市政府推動人民陳情服務的經驗爲個案，分享人民陳情服務的轉變、痛點、解決對策及未來推動方向。

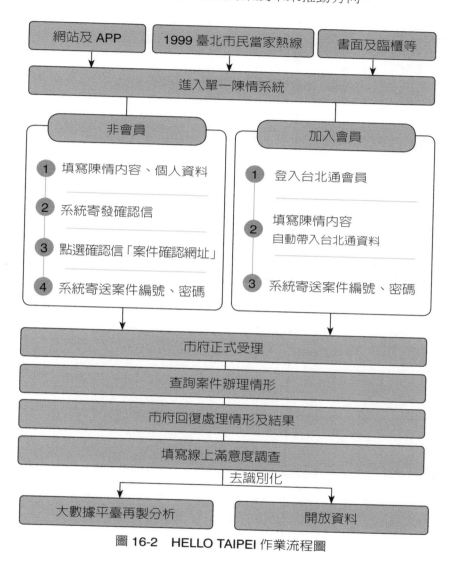

圖 16-2　HELLO TAIPEI 作業流程圖

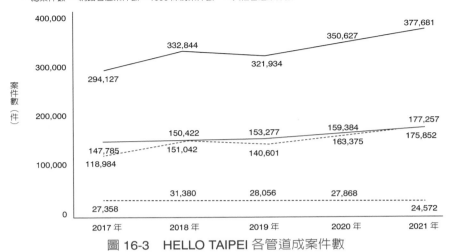

圖 16-3　HELLO TAIPEI 各管道成案件數

表 16-1　2019-2021 年前五大陳情案件類別

排名	案件類別	案件數	占比
1	公車、計程車、復康巴士問題	80,359	7.65%
2	建築物使用管理、違建查報及拆除（含防火巷占用、固定式騎樓障礙物）	56,336	5.36%
3	停車管理及收費問題（含停車場內違規停車）	49,459	4.71%
4	疾病防治及醫療管理（含疫情相關）	48,408	4.61%
5	違規停車	40,810	3.89%

貳、人民陳情服務的轉變

一、市長信箱（1995 年 10 月至 2016 年 11 月）待改進之處

　　早期市長信箱的設立，提供市民「一處交件、全程服務」的網路陳情服務，但電子化的作業流程，仍存在以下問題（黃琮祐，2015）：

㈠ 非全面性的管道整合

市長信箱與機關首長信箱等多管道併行的運作模式，造成民眾一案多投的情形屢見不鮮，且民眾透過書面、臨櫃或電話管道反映的市政問題，相關案件資料未納入單一資料庫進行存取，也讓後續進行陳情案件資料分析時，需要額外進行資料的清理、整合及轉換，影響資料分析效率。

㈡ 缺乏自動化分案功能

民眾不論是透過網路或 1999 臺北市民當家熱線陳情，皆須仰賴人工分案到權責機關，容易因假日、民眾連署、檢舉達人或突發事件而累積大量案件，且網際網路普及率的提升，伴隨陳情案件量的成長，陳情案件的分派效率也備受考驗。

㈢ 受限於系統設計與架構，導致資料開放及介接運用受限

早期系統設計未將陳情案件資料去識別化存取，造成民眾個人資料與陳情案件可公開欄位資料無法分離；另外，受限於系統架構，針對資料介接大數據平臺再製分析或開放資料等功能需求，無法由原系統再進行開發擴充。

二、HELLO TAIPEI（2016 年 11 月迄今）優化重點

臺北市政府為改善行政處理流程、收整市政資料以驅動城市治理，建置 HELLO TAIPEI，新系統有以下特點：

㈠ 受理管道整合，集中列管追蹤

停用各機關的首長信箱及市容查報系統等網路受理管道，使網路受理管道集中於 HELLO TAIPEI 之單一窗口，且民眾不論是透過網站、APP、1999 臺北市民當家熱線、書面、臨櫃、機關電話等管道反映的市政問題，皆會於 HELLO TAIPEI 錄案受理，統一處理及列管追蹤。

㈡ 增加網路派工服務

　　爲了增加服務的多元性，整合 1999 臺北市民當家熱線派工項目服務，讓民衆毋須透過 1999 臺北市民當家熱線，即可通報臺北市政府即時派員前往現場排解問題，除可減輕話務人員接線量負擔，同時也提升派工案件處理流程的效率。

㈢ GIS 定位、即時上傳

　　民衆可以使用 GIS 地理資訊系統定位，免去查找及輸入地址的麻煩，以及即時拍照、錄影、錄音或上傳檔案，讓權責機關能快速瞭解民衆所要反映的問題及發生地點，而機關也可以透過文字、圖片及多媒體等多元方式完整回覆，使案件更能被有效處理解決。

㈣ 自動分案，提升案件分派效率

　　於 HELLO TAIPEI 建置案件類別選單，透過案件類別對應權責機關及「語意分析」、「機器學習」等技術，建置全國首創的系統自動分案功能，可將案件即時派送至權責機關，有效改善過去遇到假日、民衆連署、檢舉達人或突發事件而累積大量案件，導致人工分案延遲的問題。

㈤ 縮短案件辦理時效，快速回應

　　原市長信箱案件處理方式爲案件成立之次日起六個工作日內答覆（一案件僅由一單位處理）或十個工作日內答覆（一案件分由主辦及協辦單位處理），調整爲「一機關一案」（不分主辦或協辦）六個工作日內答覆，減少機關間彙整回覆的時間。

㈥ 去識別化，促進資料開放

　　因民衆陳述習慣及反映的問題性質不同，案件內容往往可能潛藏著民衆的個人資料，爲了將民衆陳情案件資料介接大數據平臺再製分析或開放資料，HELLO TAIPEI 使用系統自動判斷及人工指定關鍵字遮罩方式，讓機關同仁依據《個人資料保護法》、《政府資訊公開法》及《臺北市政府個人資料遮罩作業 SOP》等相關規定，

將機敏性資料去識別化處理，以利於後續資料的加值應用。

(七) 開放介接，跨領域擴散應用

提供開放資料 Open API，讓民間企業、產官學界可以自行開發系統介接，達到跨領域擴散應用，促進社會創新。

參、人民陳情服務的痛點

網際網路的普及化、社群媒體的蓬勃發展，資訊科技帶來的社會變遷所衍生之資料治理問題是多面向的，接下來我們就從系統面與資料治理面說明臺北市政府在提供人民陳情服務時所面臨的主要問題。

一、系統面

《行政程序法》自 2001 年 1 月 1 日施行，將人民陳情納入法律規範，明定民眾對於行政興革之建議、行政法令之查詢、行政違失之舉發或行政上權益之維護，都可以向業務主管機關陳情。但是在處理人民陳情案件實務上，不時會遇到非理性的陳情行為，使得臺北市政府的行政效能受到影響。

(一) 民眾真實姓名及聯絡資訊，難以落實查驗

民眾在 HELLO TAIPEI 立案時，必須填寫案件主旨、具體內容、真實姓名、電子信箱及聯絡電話，但系統對於真實姓名及聯絡資訊正確性的查驗，仍難以落實，往往在業務機關需要進一步聯繫民眾釐清案情時，才發現民眾所留的真實姓名、聯絡資訊不完整或有錯誤，甚至為謊報。

(二) 電子信箱驗證機制，無法避免惡意檢舉

為避免民眾冒用他人電子信箱進行不實檢舉，系統在接獲民眾立案後，會發送確認信至民眾的電子信箱，待民眾完成確認後，臺北市政府即會正式成案，惟系統的電子信箱驗證機制，僅得確認為民眾本人進行陳情，無法避免有心民眾透過建立多個一次性信箱帳

號頻頻惡意檢舉的情形，造成機關行政資源的浪費，也影響到利害關係人的權益。

> 　　曾經有民眾反映南港區一處門牌地址，每次立案的案件內容都只有寫門牌地址和夾帶一張建築物的照片，卻沒有寫出要反映什麼問題，經機關多次回覆請民眾具體說明訴求，這位民眾仍持續一再陳情，也還是沒有說明要反映的問題是什麼，在 2016 年、2017 年間總計立了 2,759 件案子，占了機關總受理案件量的 12.3%，讓機關不堪其擾！
>
> | 年 | 案件數 |
> |---|---|
> | 2016 年（11-12 月） | 597 件 |
> | 2017 年（01-07 月） | 2,162 件 |

二、資料治理面

　　承前言所述，民眾反映的問題諸如公車過站不停、違建等，業務機關會依規定裁處業者、強制拆除或限期改善來解決或改善個案問題，但針對多數民眾會有的共通性問題，仍待透過陳情案件資料與機關業務數據資料的整合運用分析，輔助業務機關研擬政策與調整資源配置來回應民眾的訴求。然而在資料的整合運用分析上，會遇到以下問題：

㈠ **民眾立案時點選的案件類別為無效分類或有錯誤，導致數據分析結果失真**

　　因民眾於 HELLO TAIPEI 立案時，必須先選擇案件類別，但案件類別多達 100 項以上，容易讓民眾不知如何尋找或判別而直接選擇「非屬前述各類之其他事項」或有誤選的情形，造成資料分析的困難及錯誤；此外，民眾反映的問題有時是複合性的，但是系

統設計一個案件只能選擇一項案件類別，容易造成資料分析上的偏誤。

㈡ 市政資料跨機關使用衍生管理維護成本與風險，降低開放資料意願

由於 HELLO TAIPEI 的陳情案件資料僅能代表部分市政服務資訊，為能以綜觀的角度規劃政策，推動跨機關、跨領域整合市政資料進行分析有其必要性。然而，各機關的業務資料可能具有機敏性、不適宜公開，或缺乏知情同意，再加上跨機關資料管理維護的權責劃分、權限控管、資料加密及維護成本，降低了各機關提供業務資料供其他機關使用的意願。

肆、解決對策

數據管理是城市治理的基礎，隨著大數據、機器學習與人工智慧（artificial intelligence, AI）技術的廣泛應用，臺北市政府在提供服務的過程中，亦不斷尋求資料探勘的可能性，期望能在數位化的基礎上更進一步地將各機關處理人民陳情案件的實務經驗與民眾回饋意見納入政府施政過程中，滾動修正檢討機關現行法規暨作業機制，持續精進政府服務效能。以下提出近年來針對前述人民陳情服務主要問題的改善精進作為。

一、身分驗證機制

HELLO TAIPEI 結合臺北市政府會員單一入口台北通的身分驗證機制，當民眾以台北通會員身分在 HELLO TAIPEI 反映市政問題時，毋須再填寫個人資料及進行電子信箱驗證，大大提升使用的便利性，同時也避免民眾匿名謊報、濫用行政資源的問題，並減少業務機關需要進一步聯繫民眾釐清案情時，因民眾所留的真實姓名、聯絡資訊不完整、有錯誤或為謊報，造成無法聯絡確認的情形。另外，為避免有心民眾頻頻惡意進行不實之檢舉，或假借詢問

業者各項問題（如營業登記、建築物安全、食品安全、環境衛生等）是否符合規定，讓各業務權責機關頻頻趕赴現場稽查，造成被陳情人或其他利害關係人權益受損情形，臺北市政府已加強宣導各機關對於類似的陳情案件應提高警覺處理，核實進行民眾身分查驗。

二、優化案件類別，提升案件分析品質

HELLO TAIPEI 分別於 2018 年 10 月、2022 年 1 月進行案件類別優化，案件類別由系統上線之初的 68 類細緻化爲 121 類，期能減少無效分類案件數，以提升案件分析品質。統計細緻化分類後（2018 年 10 月至 2022 年 4 月）的「非屬前述各類之其他事項」類別案件量占總收案量 8.2%，較細緻化分類前（2016 年 11 月至 2018 年 9 月，占總收案量 20.2%）減少 12.0%。

三、落實個資保護

臺北市政府於 2020 年 12 月率全國之先，成立資料治理委員會，目的是希望在數位便民與個資保護兼具的前提下，達到資料治理的目標，結合政府及產學界的外部專家學者，共同監督市政資料運用，並參採歐盟《一般資料保護規則》（*General Data Protection Regulation*, GDPR），建立資料加密與交換機制，來確保各機關對於民眾資料的保護，並在符合法規、公益性、必要性的原則下，進一步做到跨機關資料整合。

四、資料探勘與分析

爲因應民意調整治理模式，串聯政府服務與民眾需求，臺北市政府在以落實個資保護爲前提下，發展資料探勘與分析。首先第一步，就是打造資料匯流的基礎。

㈠ 資料匯流

由臺北市大數據中心整合跨機關、跨領域的市政資料，建立安全連線通道，將去識別化的市政資料匯流至資料儲存池中，自動化

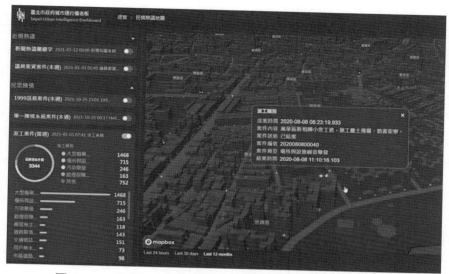

圖 16-4　臺北市政府城市運營聯合儀表板：民情熱議地圖

介接更新，並即時視覺化呈現於臺北市城市運營聯合儀表板，截至
2021 年底，已完成民情熱議、城市安防、城市交通、城市建設共
四個主題資料集，而其中的民情熱議主題資料集（圖 16-4），已
與 HELLO TAIPEI 資料庫介接，將相關陳情案件統計數據及個案
資訊透過虛擬三維圖臺呈現，提供機關施政決策參考。

（二）資料分析運用

　　臺北市政府為促進各機關數據資料應用，主動覺察異常情形，
及時因應處理，著手在數位化的基礎上，推動資料探勘與資料視覺
化，期望導入視覺化決策管理概念，打造資料驅動決策的智慧政
府。就推動資料應用情形，說明如下：

1. 視覺化儀表板

(1) 臺北市政府自 2017 年起著手建置 HELLO TAIPEI 數位儀表板，
　　推動自動預警與資料視覺化，建置警示燈號（圖 16-5）、熱區
　　熱詞（圖 16-6）等儀表板，透過系統介接方式，每日自動更新

重點數據及圖表，不僅可以簡化人員例行性行政作業，更可以幫助機關快速掌握異常情形，當有某一個案件類別的陳情案件量異常增加時，除了會在儀表板中警示，也會自動寄信給權責

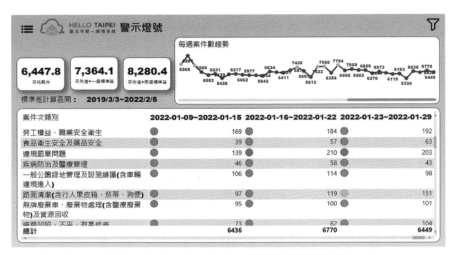

圖 16-5　HELLO TAIPEI 警示燈號儀表板

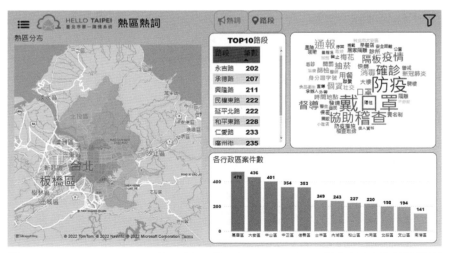

圖 16-6　HELLO TAIPEI 熱區熱詞儀表板：2021 年 5 月衛生局暨所屬機關
　　　　受理案件之熱區熱詞

機關及其上級機關，機關可以隨時登入儀表板查看所受理案件中民眾集中反映的行政區、路段及關鍵字，即時檢索及分析民眾陳情案件內容，當機關管理者對於民眾意見有了更好的掌握度時，便可以針對問題加以解決，形成良好的正向循環模式。

(2) 臺北市政府也會主動針對「市區道路坑洞處理」、「交通號誌異常」、「場所與設施噪音舉發」、「路燈故障或設施損壞」、「用戶無水、漏水報修」、「鄰里無主垃圾清運」、「污染舉發」及「道路散落物或油漬處理」，共計八項案件類別進行路段分析，並將分析結果提供機關，作爲機關人力及資源配置的參考。舉例來說，臺北市政府工務局新建工程處依據「市區道路坑洞處理」的分析結果，於雨後加強巡查較常發生道路坑洞之路段，並將熱門路段作爲年度更新道路排序之參考依據。

2. 預警通報機制

(1) 臺北市政府針對各項陳情案件類別每週案件量進行監控，以統計學標準差的概念爲理論基礎，運用近三年（一百五十六週）的歷史資料，評估陳情案件量可能的變化程度，並以紅、黃、綠三色警示燈號作爲指標，建立陳情案件預警通報的機制。

標準差 ▼
係統計學上用於表示一組數值資料中的各數值相對於該組數值資料之平均數的分散程度，若標準差愈大，則表示陳情案件量波動範圍愈大。

(2) 針對當週陳情案件量異常的案件類別（即警示燈號呈現紅燈），臺北市政府會將民眾集中反映議題或地點通報權責機關及上級機關，督促機關分析民眾陳情內容，適時調整機關作爲、改善處理機制，或主動更新機關網站公告資訊及常見問答，宣導相關施政內容，以減少不必要的陳情案件；若機關的處理結果無法有效抑止問題持續發生或擴大情形，權責機關就必須進一步通報市府高層。

3. 文字探勘

　　HELLO TAIPEI 立案選擇的案件類別雖已多達 100 項以上，但對於各案件類別中民眾所反映的問題，仍需要透過瀏覽案件內容才能夠得知，且若民眾直接選擇「非屬前述各類之其他事項」類別或誤選類別，再加上案件為複合性問題的情況下，資料分析經常需要耗費大量時間。為瞭解民眾所關心的問題點，讓機關管理者毋須逐一瀏覽陳情案件，快速聚焦在大量陳情案件中的主要內容，臺北市政府推動建置市政關鍵字詞庫，透過 HELLO TAIPEI 熱區熱詞儀表板呈現詞頻分布，可以瞭解不同期間、行政區民眾關心問題點的差異性，強化機關區域管理，奠定日常管理的基礎。

　　就民眾經常反映「公車、計程車及復康巴士」類別案例而言，2019 年 7 月 1 日起雙北市公車同步實施上下車刷卡政策，首週即爆炸性湧入上百件陳情案件，進入紅燈警示狀態，臺北市政府透過關鍵字分析，發現民眾反映的事項主要集中在「溢扣」、「超收」及「緩衝區」等事項上，臺北市公共運輸處在瞭解民眾反映的問題後，研判可能是因為駕駛未依核定路線之緩衝區操作驗票機，後續便要求公車業者加強駕駛教育訓練，並給予民眾適當的補償。經過一段時間的改善與調整後，陳情案件量也就趨於平穩，成功化解了民眾的問題，也讓政策能夠順利推動。

㈢ 人才培育

　　為實踐臺北市政府推動數據管理，養成以數據支持取代經驗推測制定決策的習慣，形塑資料治理文化，培養具備數據規劃、分析能力的人員刻不容緩。臺北市政府自 2021 年起開辦 HELLO TAIPEI 資料分析課程，調訓各機關執行 HELLO TAIPEI 管考業務人員，學習運用視覺化軟體建置 HELLO TAIPEI 管考儀表板及瞭解各項功能操作，引導機關善用工具，並結合機關自有業務數據資料以觀察情境變化，從中發掘潛在問題，以便及早因應，減低問題發生頻率或避免惡化。

㈣ 資料開放

　　政府資訊公開、資料開放透明，是資料治理的基石，亦是促進公民參與的基礎。臺北市政府近年來致力於增進開放資料的深度與廣度，鼓勵各機關以結構化、機器可讀及開放格式為前提，主動新增開放資料集（目前在臺北市資料大平臺已累積 2,700 多筆資料集），並在既有開放資料集擴充資料欄位，以提升開放資料品質及運用價值；更於 2016 年建立臺北市政府獎勵研究報告運用資料之評獎機制，鼓勵民間運用開放資料從事政策相關研究，並將研究成果及建議提供權責機關作為擬定相關政策及執行參考。

　　由於 HELLO TAIPEI 是機關施政上接收民眾意見回饋的最直接管道，臺北市政府每個月會將案件主類別、案件子類別、受理日期、送達日期、結案日期、受理機關及受理科室等欄位資料，透過系統介接上傳至臺北市資料大平臺，鼓勵機關與民間共同發掘施政問題，進而提升施政品質；而除了研究應用外，臺北市政府也將科技與藝術做結合，與黑川互動媒體藝術有限公司合作運用 HELLO TAIPEI 開放資料，參加 2021 年奧地利林茲電子藝術節，透過機械手臂、動態資料藝術影像展示輿情的力量與政府溝通的緊密度（圖 16-7），促進市政行銷與國際交流。

伍、未來推動方向

一、優化預警通報

　　目前臺北市政府針對民眾陳情案件的預警暨通報機制屬於事後統計，而根據統計分析結果，發現影響陳情案件量的因子，包含社群媒體報導（如虐童案）、機關政策（如公車上下車刷卡政策、微笑單車 2.0）、群眾活動（如萬華青山宮遶境、大稻埕煙火節）、天候狀況（如豪大雨、颱風）、公安問題（如高雄城中城大火）等，如何達到事前預測、事中監控，朝向智慧政府目標邁進，除仰

圖 16-7　2021 年奧地利林茲電子藝術節展出作品：The Weight of Data
資料來源：http://garden2021.metarealitylab.com/2021/09/02/the-weight-of-data/。

賴資訊技術與數位化程度提升外，資料蒐集及取用更是一大課題，雖在市府一體的框架下，但各機關持有的業務數據資料尚未能完全串接、流通；若能匯集機關業務數據資料，探求影響陳情案件量的綜合影響因子，發展出科學化的統計方法，建構出智慧化的預警模型以評估事件可能影響及問題發生率，從而挑出一些需要進一步優先處理的問題讓機關制定對策來處理，是未來持續努力的目標。

二、結合學術合作應用

　　HELLO TAIPEI 是蘊含民眾對於政府服務與市政建設期待的資料寶庫，但因為陳情案件的內容具有機敏性，因此臺北市政府在作業規範中要求機關在案件辦理完成後，須將具機敏性的內容去識別化處理，以利於後續研究應用。為強化陳情案件資料研究應用的可

行性，臺北市政府於 2022 年推動結合學術合作應用計畫，以專案簽署合作契約及保密協定方式，督促合作單位採行安全維護措施，防止資料被竊取或洩漏，在個人資料保護為前提下，提供去識別化的案件資料供學界進行分析，期能透過公私協力方式，結合大專院校或學術機構的研究量能，反饋對施政具參考價值的研究成果。

三、提高系統分案準確率

機關受理陳情案件時，會因為系統分案錯誤或一案涉及多個機關權責的狀況，須與他機關進行溝通協調以釐清案件權責歸屬，而造成作業以及等待時間的耗費；如能提高系統分案準確率，讓案件分派到正確的權責機關，就能從源頭減少需要釐清權責的案件量，進而降低溝通協調的時間成本，甚至能間接提高機關回覆的效率。為此，臺北市政府將從以下幾個面向著手：

㈠ 優化案件類別

透過系統報表進行統計分析，找出分案正確率較低之案件類別予以檢討，並與相關權責機關共同研商類別新增及修訂，滾動式調整既有案件類別，讓民眾更好選擇。

㈡ 優化類別檢索機制

除讓搜索介面以更加清晰的方式呈現，也規劃讓搜尋引擎以模糊查找方式進行檢索，提供具關聯性的案件類別給民眾選取，便於找到想要反映的案件類別。

㈢ 建置關鍵字分案功能

透過關鍵字分案功能的建置，在特定狀況下，讓所設定的關鍵字詞優先於 AI 語意分案邏輯進行判斷，輔助 AI 語意分案功能之不足，發揮最佳分案效能。

陸、結語

　　HELLO TAIPEI 為臺北市政府建置與民眾溝通的平臺，以「市民服務」為宗旨，提供兼具市民參與及行政服務雙重特性的網路化政府服務，面對數位化時代帶來的社會變遷，民眾陳情頻率、行為模式轉變及市政問題的複雜程度提升，皆促使臺北市政府必須積極進行數位轉型，透過系統優化、流程再造、身分驗證機制及強化個人資料保護等多項策略與方法，提升行政處理效率，並促進市政資料開放與研究應用，其發展與改善歷程應足以作為同類型 e 化服務的重要參考個案。未來因應科技進步與市民需求持續研議改進，滾動修正調整現行法規暨作業機制，並透過大數據分析及資料探勘，優化機關決策品質及精進政府服務效能，期望提供民眾更有效率與溫度的服務。

參考文獻

1. 黃琮祐（2015 年 12 月）。單一陳情系統 臺北市政府人民陳情系統再進化。政府機關資訊通報，338。

國家圖書館出版品預行編目資料

政府資料治理：理論建構與個案演練／朱斌妤
　等主編. --初版--. --臺北市：五南圖書出版
股份有限公司, 2023.06
　　面；　公分.
ISBN 978-626-366-125-7(平裝)

1.CST: 資訊化政府　2.CST: 資訊管理
3.CST: 個案研究

572.9029　　　　　　　　　112007799

1PDD

政府資料治理：
理論建構與個案演練

主 編 群 ― 朱斌妤（34.9）、陳敦源、黃東益、蕭乃沂
　　　　　　廖興中、曾憲立、黃妍甄

作　　　者 ― 王穆衡、朱斌妤、李洛維、侯勝宗、張濱璿
　　　　　　陳昭文、陳敦源、曾憲立、黃東益、黃俊銘
　　　　　　黃銘材、廖興中、劉嘉凱、蕭乃沂、戴豪君
　　　　　　羅凱文、饒志堅、衛生福利部中央健康保險署

發 行 人 ― 楊榮川

總 經 理 ― 楊士清

總 編 輯 ― 楊秀麗

副總編輯 ― 劉靜芬

責任編輯 ― 黃郁婷、吳肇恩、許珍珍

封面設計 ― 姚孝慈

出 版 者 ― 五南圖書出版股份有限公司

地　　址：106台北市大安區和平東路二段339號4樓

電　　話：(02)2705-5066　　傳　真：(02)2706-6100

網　　址：https://www.wunan.com.tw

電子郵件：wunan@wunan.com.tw

劃撥帳號：01068953

戶　　名：五南圖書出版股份有限公司

法律顧問　林勝安律師

出版日期　2023年6月初版一刷

定　　價　新臺幣450元

經典永恆·名著常在

五十週年的獻禮——經典名著文庫

五南，五十年了，半個世紀，人生旅程的一大半，走過來了。
思索著，邁向百年的未來歷程，能為知識界、文化學術界作些什麼？
在速食文化的生態下，有什麼值得讓人雋永品味的？

歷代經典·當今名著，經過時間的洗禮，千錘百鍊，流傳至今，光芒耀人；
不僅使我們能領悟前人的智慧，同時也增深加廣我們思考的深度與視野。
我們決心投入巨資，有計畫的系統梳選，成立「經典名著文庫」，
希望收入古今中外思想性的、充滿睿智與獨見的經典、名著。
這是一項理想性的、永續性的巨大出版工程。
不在意讀者的眾寡，只考慮它的學術價值，力求完整展現先哲思想的軌跡；
為知識界開啟一片智慧之窗，營造一座百花綻放的世界文明公園，
任君遨遊、取菁吸蜜、嘉惠學子！